汉语史讲义

HANYUSHI JIANGYI

汪维辉　编著

浙江大学中国古典学系列教材

浙江省普通本科高校『十四五』重点教材

中国教育出版传媒集团

高等教育出版社·北京

图书在版编目（CIP）数据

汉语史讲义 / 汪维辉编著. —北京：高等教育出版社，2023.7（2024.7 重印）

ISBN 978-7-04-060222-7

Ⅰ. ①汉… Ⅱ. ①汪… Ⅲ. ①汉语史—高等学校—教材 Ⅳ. ①H1-09

中国国家版本馆 CIP 数据核字（2023）第 060907 号

策划编辑 张晶晶　**责任编辑** 张晶晶　叶也琦　**封面设计** 张文豪　**责任印制** 高忠富

出版发行	高等教育出版社	**网　　址**	http://www.hep.edu.cn
社　　址	北京市西城区德外大街 4 号		http://www.hep.com.cn
邮政编码	100120	**网上订购**	http://www.hepmall.com.cn
印　　刷	上海当纳利印刷有限公司		http://www.hepmall.com
开　　本	787mm×1092mm　1/16		http://www.hepmall.cn
印　　张	14		
字　　数	215 千字	**版　　次**	2023 年 7 月第 1 版
购书热线	010-58581118	**印　　次**	2024 年 7 月第 2 次印刷
咨询电话	400-810-0598	**定　　价**	36.00 元

物 料 号　60222-00

前　　言

很多大学的中文系或文学院都开设有“汉语史”这门课程，这是在同学们修读了语言学概论、现代汉语、古代汉语三门基础课和音韵学、训诂学、文字学等相关选修课之后的一门高阶选修课，其教学目的是让修读者对“汉语史”学科有一个基本的了解，树立正确的语言史观，初步掌握汉语语音、词汇、语法发展演变的一些基本知识和规律，培养研习汉语史的兴趣，受到语言学研究方法和思维的训练。同时，汉字是中华民族文明智慧的结晶，是传承中华优秀传统文化的重要载体，学生可以通过对汉语悠久而光辉的历史的了解更加崇敬和热爱自己的母语。对于以后想在语言学方面继续深造的同学，“汉语史”是必备的基础之一。

为了配合这门课程的教学，一些高校先后编写过几种跟“汉语史”相关的教材，但是数量很少，读者选择的余地不大，而且都属概论性质，重在叙述基础知识，内容大同小异，特色不明显。本人在浙江大学讲授“汉语史”课程已有十余年，每年一次，一直使用自己编写的教案，学生反映不错，认为“干货很多，收获颇丰”。现在把它改编成这本《汉语史讲义》，希望能为寂寞的“汉语史”教材园地增添一点新绿。这本书也是浙江大学中国古典学系列教材之一。

本书的特点是点面结合，知识与方法并重，通过若干专题及个案的深入剖析，结合课外阅读和适当的讨论，传授相关的知识和基本的研究方法，并启发同学们思考一些问题。遵循由浅入深、从易到难的编排原则，全书分为绪论、词汇史、语法史、语音史四章，后面三章每章选取五个专题，借助具体案例展示汉语词汇、语法、语音发展史的主线，重在激发学生的学习兴趣，而不求面面俱到。书中融入了作者的许多研究心得，也吸收了学界的一些最新成果,有较强的学术性和前沿性。全书重点突出,举例恰当,难度适中,叙述简明,寓趣味性于知识性之中,内容应该是引人入胜的。每章最后都附有"课外阅读"和"思考题",可供学生进一步拓展宽度和深度。本书适合中文系或文学院高年级本科生和语言学专业的硕士生使用,也可供对汉语史有兴趣的读者自学。

汪维辉

2023 年 2 月

目　　录

第一章　绪论 …… 1

第一节　语言在变　/1

一、时代差异　/2

二、地域差异　/8

第二节　意义与目标　/9

一、研究意义　/9

二、研究目标　/11

第三节　材料与方法　/12

一、研究材料　/13

二、研究方法　/22

第二章　词汇史 …… 24

第一节　词的时代性和地域性　/24

一、每个词都有时代性和地域性　/24

二、词的时代性和地域性的表现　/26

三、词的地域性比时代性更难论证　/31

四、词的地域性与作品的考订　/34

第二节　词是怎样变了意义的　/35

一、词义扩大、缩小和转移　/35

二、"今义"产生和取代"古义"的时间　/37

第三节　概念是怎样变了名称的　/39

一、寻找　/40

二、寒冷　/41

第四节　词汇双音化进程　/46

一、双音化是汉语词汇发展的大势 /46
二、汉语双音词的主要衍生方式 /47
三、双音词衍生的机制 /51
四、双音词的历时发展特点与词化程度的等级 /54
第五节 基本词汇的历时演变与共时分布 /56
一、“站立”义词 /56
二、“脖子”义词 /70

第三章 语法史 ………………………………………………… 77
第一节 古今语法大同小异 /77
第二节 上古汉语的几个句法特点及其消失 /78
一、宾语前置 /79
二、词类活用 /98
三、动量表示法 /101
第三节 古今汉语判断句的差异及其发展过程 /103
一、上古汉语判断句的特点 /103
二、汉语判断句的历史发展 /104
第四节 近代汉语新兴句式的产生与发展 /118
一、处置式 /118
二、述补结构 /121
第五节 近代汉语代词系统的变化 /130
一、第三人称代词“他”的产生和发展 /131
二、指示代词“这”“那”的由来 /135
三、疑问代词“什么”的产生和发展 /141

第四章 语音史………………………………………………… 149
第一节 音韵学常识 /149
一、音韵学与汉语的音节结构 /149
二、声 /151
三、韵 /154

四、调 /155
五、切 /156
第二节 《切韵》音系——沟通古今语音的桥梁 /158
一、《广韵》简介 /158
二、《广韵》的声母系统 /160
三、《广韵》的韵母系统 /162
四、《广韵》的声调系统 /165
五、从音类到音值 /166
第三节 上古音简述 /167
一、上古的韵部 /168
二、上古的声母 /171
三、上古的声调 /179
四、上古音研究中的困难 /179
第四节 近代汉语阶段语音的三大变化 /180
一、浊音清化 /180
二、-m 并入-n /182
三、入派三声 /182
第五节 字音的演变 /187
一、阴阳对转 /187
二、避讳改音 /190
三、例外音变 /194
四、特殊来源的字音 /195

主要参考文献…………………………………………………… 199

后记………………………………………………………………… 209

第一章　绪　论

本章分三节谈谈跟汉语史及本课程相关的一些问题。

第一节　语言在变

语言在变。东西方哲人如是说：

既然自然的法则是变动，那么不变就成了怪事。（约翰·魏摩特《斯特勒芬和丹弗尼的对话》）

在语言中从来都没有真正静止的片刻，就好像人类思想之火永远不停一样。根据自然规律，它永远处于不断的发展之中。（德国哲学家、语言学家洪堡特）

时间改变一切，没有理由要求语言能逃过这一宇宙的法则。（瑞士语言学家费尔迪南·德·索绪尔）

经传之文，贤圣之语，古今言殊，四方谈异[①]也。（东汉·王充《论衡·自纪》）

时有古今，地有南北，字有更革，音有转移，亦势所必至。（明·陈第《毛诗古音考·序》）

凡观一代书，须晓一代之语；观一方书，须通一方之言，不尔不得也。（明·杨慎《丹铅续录》卷三“阿堵”条）

① 吕叔湘《语文常谈》“6. 古今言殊”“7. 四方谈异”两章的章名即取自《论衡》。

> 渠们底个，江左彼此之辞；乃若君卿，中朝汝我[①]之义：斯并因地而变，随时而革，布在方册，无假推寻。（唐·刘知幾《史通·外篇·杂说中·北齐诸史》）

“古今言殊，四方谈异”和“因地而变，随时而革”都是对“语言在变”这个客观事实的高度概括。

下面从时代差异和地域差异两个方面列举语言在变的若干证据。

一、时代差异

（一）语音的变化

汉语的语音在历史上发生了巨大的变化，下面举两个例子以见一斑。

例 1 “斜”的读音问题

杜牧《山行》：

> 远上寒山石径斜，
> 白云深处有人家。
> 停车坐爱枫林晚，
> 霜叶红于二月花。

“斜”应该读 xié 还是读 xiá？

《现代汉语词典》和《汉语大词典》均注音 xié，未收 xiá 音。《汉语大字典》[②]注音：xié（旧读 xiá）。（修订本 2415 页）有人说，为了跟“家、花”押韵，应该读 xiá。这会带来一个问题：今人读古代韵文，不能押韵的地方很多，如果为了要押韵和谐而可以临时改变读音，那将改不胜改。比如僧志南《绝句》：

> 古木阴中系短篷，

---

① 浦起龙注：当作“尔汝”。

② 《汉语大字典》《汉语大词典》以下简称《大字典》《大词典》，或合称“二典”。

杖藜扶我过桥东。
沾衣欲湿杏花雨，
吹面不寒杨柳风。

为了跟“东”押韵，是否也应该把“篷”改读成 póng、“风”改读成 fōng 呢？（有些方言的确是这么读的。）这会带来更大的麻烦，因为普通话音系中并没有 bong、pong、mong、fong 一类音节，唇音声母后面的 ong 韵母都要改读成 eng。

在唐代，斜、家、花是押韵的，它们在《广韵》里都归属麻韵；今天读起来不押韵了，是因为古今语音发生了变化，在后面的“语音史”部分我们会讲到这个问题。

宁波话“斜”虽读[꜁ʑia]，但与“家[꜀ko]”“花[꜀huo]”仍不押韵，因为宁波话和普通话一样，“斜”与“家、花”也已经属于不同的韵了。

例 2　“他”的读音问题

“他”是“佗”的异体字，《广韵·歌韵》“托何切”，与拕（俗作“拖”）、它同一小韵，上古属歌部。按照古今语音对应规律，“他”今音当读 tuō，①为何却读作 tā？

唐诗中“他”均与歌韵字押韵，无一例外，如：

半额画双蛾，盈盈烛下歌。玉杯寒意少，金屋夜情多。香艳王分帖，裙娇敕赐罗。平阳莫相妒，唤出不如他。（唐·张谔《岐王席上咏美人》）蛾、歌、多、罗、他押韵，均属《广韵·歌韵》。

这种读音由来已久，比如：

有豕白蹢，烝涉波矣。月离于毕，俾滂沱矣。武人东征，不皇他矣。（《诗经·小雅·渐渐之石》）波、沱、他押韵，均属上古歌部。

---

① 浙江宁波鄞州区鄞江有著名古水利工程“它山堰”，“它”当地音“拖”，符合古今语音对应规律。“其他/其它”的“他/它”北方有些方言的老派读作 tuō，也是同样的现象。

《左传·隐公元年》“佗邑唯命”的“佗”即“他”字，唐石经、宋本、岳本、足利本均作“他”，本来也应该读作 tuō，《大字典》《古汉语常用字字典》均音 tuō，《大词典》亦音 tuō，又云：“今读 tā。”王力先生主编的《古代汉语》教材《郑伯克段于鄢》篇末注音，欠妥。

大约从宋代起，“他”开始读入麻韵，例如：

> 肠断送韶华。为惜杨花，雪球摇曳逐风斜。容易着人容易去，飞过谁家？聚散苦咨嗟，无计留他，行人洒泪滴流霞。今日画堂歌舞地，明日天涯。（张先《浪淘沙》）华、花、斜、家、嗟、他、霞、涯押韵。

但在《全宋词》中“他”字仍有读歌韵的，如：

> 把酒花前欲问他，对花何吝醉颜酡。春到几人能烂赏？何况，无情风雨等闲多。艳树香丛都几许？朝暮，惜红愁粉奈情何。好是金船浮玉浪，相向，十分深送一声歌。（欧阳修《定风波》）他、酡、多、何、歌押韵。

最有意思的是《董解元西厢记诸宫调》，押歌戈韵和家麻韵的都有，例如：

> 急离门首，连忙开放锁，直奔书帏里来见他。天色儿又待明也，不知做甚么，书帏里兀自点着灯火。（卷四）锁、他、么、火押韵，歌戈韵。
>
> 打拍不知个高下，谁曾惯对人唱他说他？好弱高低且按捺。话儿不是朴刀杆棒，长枪大马。（卷一）下、他、捺、马押韵，家麻韵。

这种情形在元曲中仍然存在，可见宋金元时代“他”的读音正处于转变的过渡期。[①] 现代方言中“他”的读音情况如下：在北方方言区里差不多全都说 tʻa，但南京及其附近有些地方说 tʻɔ，吴语区里也有韵母作 o 的，如宜兴

---

① 吕叔湘《近代汉语指代词》，5—6 页。

及溧阳 tʻo，无锡 do。[1]

“他”字在北方方言区没有跟着歌韵的其他字读作 tuō，而读 tā，显然是保存了古音，这是因为常用词的读音演变有其特殊性；[2]但是在南方官话区却情形不同，韵母也跟着歌韵的其他字发生了变化，其中原因值得研究。

（二）词汇的变化

汉语的词汇在历史上发生过广泛而深刻的变化，这里也约举两例。

例 1 “汤”是什么？

《孟子·告子上》：

> 冬日则饮汤，夏日则饮水。

“汤”是什么？《说文解字·水部》：“汤，热水也。”此义一直是古汉语中“汤”字的主要意思，“汤婆子”的“汤”就是此义，直到明清的吴语小说中仍多有用例，比如：

> 又烧下一桶热汤，督他洗涤臭秽。（明·冯梦龙《喻世明言·张道陵七试赵升》）
>
> 每日早间，问店小二讨些汤洗了面，便出门。（明·冯梦龙《警世通言·俞仲举题诗遇上皇》）
>
> 当时吩咐家人烧汤洗澡。（清·陈朗《雪月梅传》第十二回）
>
> 从此众姊妹都聚一处，但遇除日，若花就同红红诸人煎汤洗浴。（清·李汝珍《镜花缘》第二部第五十六回）
>
> 早有三等丫头听见，替他送脸汤水进来。（清·大桥式羽《胡雪岩外传》第八回）

---

① 吕叔湘《近代汉语指代词》说：“‘他’，也写作‘它’，上古属歌部，中古属歌韵，唐人韵语中还是如此……到了宋词里边，有跟家字叶韵的，似乎已有归麻韵的趋势……元曲里，或入哥戈……或入家麻……”（5—6 页）

② 唐代以后“他”成了通语中的第三人称代词，在口语中高频使用。详见下文第三章第五节“第三人称代词‘他’的产生和发展”。

不过词义大概已经缩小为专指洗脸、洗澡用的热水了。今天东南部方言吴语、客家话、闽语中仍有一些地方管热水叫“汤”，如温州、金华、于都、福州等。宁波话旧有“汤锅”一词，如嘲笑人脖子脏就说“头颈像铁汤锅介（脖子像铁汤锅般）”。汤锅是一种嵌入大灶边上的热水锅，里面的水在烧菜做饭时顺便就加热了，但是一般不饮用，只用来刷锅洗碗或者洗脸洗脚等，可能是没有烧开之故。“汤”的意思就是“热水”。不过这个古义在宁波话里只降级保留在“汤锅”一词里，已经不能单用。

“汤”在通语中后来转指菜汤、面汤的汤，当是比较晚近的事，《大词典》释作“带汁水的菜肴”，所引的始见书证是唐李绰《尚书故实》：“韦拜而上，命坐，慰劳久之，亦无肴酒汤果之设。”但唐宋时代用例罕见，普遍行用大概在元明以后，如《水浒传》第三十八回：“宋江因见了这两人，心中欢喜，吃了几杯，忽然心里想要鱼辣汤吃。”有意思的是，“汤”的古义在日语中还保留着，是个训读字，读作ゆ，[①]可以表示：① 热水；② 温泉；③ 澡塘。[②] 这些都是“汤”在汉语中的古义，后两义是第一义的引申。可见日语从汉语中借用“汤”字，必在转指义行用之前。表示“温泉”义集中反映在地名上，凡是地名中带有“汤”字的，除取姓氏义外（如“汤家桥”之类），其地通常都有温泉，如南京之汤山、汤泉，黄山脚下的汤口，北京的小汤山，等等。此义从南北朝起即有，唐代更是常见，如唐封演《封氏闻见记·温汤》：“海内温汤甚众，有新丰骊山汤，蓝田石门汤，岐州凤泉汤，同州北山汤，河南陆浑汤，汝州广成汤，兖州乾封汤，邢州沙河汤。”

“汤”是古今词义发生了变化的例子——词还是那个词，可是意思不同了。

例 2 从词到短语

《论语·乡党》：

> 食不语，寝不言。

这句话翻译成现代汉语该怎么说呢？应该是：

> 吃饭的时候不交谈，睡觉的时候不说话。

---

① 也有音读的用法，但都出现在复合词中，如汤治（とうじ）、热汤（ねっとう）等。

② 还有其他一些义项，参看《广辞苑》（第五版），这里从略。

原文中用单音词“食”“言”表达的意思，到了现代汉语里要用动宾短语来表达：吃饭，说话。我们不能仅仅将“食”“言”对译成“吃”“说”，因为它们是隐含了宾语的。所谓从“隐含”到“呈现”，或者从“综合”到“分析”，就是指的这种现象。

（三）语法的变化

语法没有词汇和语音那样多变，但是在历史上也发生过若干变化，下面也举两个例子。

例 1 判断句的差异

《论语·里仁》：

富与贵是人之所欲也，不以其道得之，不处也；贫与贱是人之所恶也，不以其道得之，不去也。

划线的这两句话翻译成现代汉语应该怎么说？“是”的词性是什么？

今天的现代汉语母语者很容易把“是”看作系词，认为这两句话是判断句。大家学过“古代汉语”的都知道，其实在《论语》里不是这样，“是”是近指代词，相当于“这”，复指前面的“富与贵”和“贫与贱”，“富与贵”和“贫与贱”后面都可以逗开。这是古今语法的不同。实际上现代汉语的系词“是”就是在这种语境中由近指代词变来的，在后面的“语法史”部分我们再来详谈这个问题。

例 2 语序问题

《左传·昭公七年》：

及正考父佐戴、武、宣，三命兹益共，故其鼎铭云：“一命而偻，再命而伛，三命而俯，循墙而走，亦莫余敢侮。”

贾逵注：“循墙而走，不敢安行也。”杜预注：“其恭如是，人亦不敢侮慢之。”

清代有两位学者不同意贾、杜的注，黄扶孟（黄生）《义府》卷上说：“循墙而走，指小儿之学步者。虽学步小儿，予亦莫敢侮之，所谓三命滋益恭也。

旧注非。”沈钦韩《左传补注》说:“言无有余所敢侮之人。此自铭,不当言人之无侮于己也。”

哪一种解释正确? 这个问题先留给同学们思考,后面再揭晓答案。

二、地域差异

汉语自古就有方言,每个时代都存在地域差异,下面也约举两例。

例 1 上古方言

《战国策·秦策三》:

> 郑人谓玉未理者璞,周人谓鼠未腊者朴。周人怀朴,过郑贾曰:“欲买朴乎?”郑贾曰:“欲之。”出其朴,视之,乃鼠也。因谢不取。

璞、朴同音,在周、郑方言中所指不同,以致在语言交际中产生了误会。这反映了上古方言的歧异。

例 2 唐代方音

《全唐诗》卷八七〇胡曾《戏妻族语不正》:

> 呼十却为石,唤针将作真。忽然云雨至,总道是天因。

这是一首文人的游戏之作,却给我们透露了唐代方音的珍贵信息,胡曾妻子一族的人十、石不分,针、真不分,阴、因不分。这六个字在《广韵》中的归属如下:

表 1-1 十、石、针、真、阴、因在《广韵》中的归属

字	韵	字	韵
十	缉韵(-p)	真	真韵(-n)
石	昔韵(-k)	阴	侵韵(-m)
针	侵韵(-m)	因	真韵(-n)

可见在胡曾妻族的方言中，闭口韵-m、-p 已经消失，并入了-n 和-k。胡曾嘲笑其妻族“语不正”，是站在唐代“正音”的立场上说的，其实并非“语不正”，只是方音不同。

由上面所举的例子不难看出，语言的确在变，它会随着时间的推移而发生变化，也会随着地域的不同而产生差异。时和地是语言发生变化的两大因素。我们学习和研究汉语史，首先必须确立这样的语言史观。

语言的变化，词汇最快，也最容易被察觉到；其次是语音，一般来说在一个人的一生中也能观察得到；语法最慢，最不容易被观察到。不管是语音还是词汇、语法，语言的变化都是有规律可循的。

第二节　意义与目标

一、研究意义

研究汉语史有多方面的意义，下面只说说主要的三点。

首先，语言史是语言学的一个重要分支（属于历史语言学），汉语具有悠久的历史，是孤立语的重要代表，而且有三千多年从未间断的文献资料，这在世界语言中是独一无二的，因此把汉语史研究清楚必将对普通语言学有重要贡献。

其次，对于现代汉语研究有重要的意义。语言是一条奔流不息的长河，现代汉语是汉语发展历史中的一个截面，各种共时语言现象的解释需要从历史中去寻求答案。当今全世界的“汉语热”方兴未艾，汉语国际推广尤其需要汉语史研究作强大的后盾。

最后，对于阅读和整理古籍、继承传统文化、编纂大型历史性语文辞书等有巨大的功用。汉语史虽然是一门独立的学科，有自己的研究目标，但是其研究结果可以为整理和解读古典文献服务，更是编纂大型历史性语文辞书的必备基础。下面试举三例。

例 1　条桑

《诗经 · 豳风 · 七月》：

蚕月条桑，取彼斧斨，以伐远扬，猗彼女桑。

有多位《诗经》研究专家根据《韩诗》和《玉篇》引《诗》作“挑桑”，认为“条”是“挑”的假借字，解释为“挑选”。从词汇史角度来看，这一说法根本站不住脚，因为“挑”有“挑选”义差不多是《红楼梦》时代的事，《诗经》时代表示“挑选”义用“选、择、简、拣”等词而不用“挑”。《郑笺》“条桑，枝落之，采其叶也”所释正确。“条”本是名词，指树枝、枝条，这里活用作动词，即“砍下枝条”，因此“条桑”就是砍下桑树枝条。《搜神记》有一条旁证：“魏舒字阳元，任城樊人也。少孤，尝诣野王，主人妻夜产。俄而闻车马之声，相问曰：‘男也？女也？’曰：‘男。书之，十五以兵死。’复问：‘寝者为谁？’曰：‘魏公。’舒后十五载诣主人，问所生儿何在，曰：‘因条桑，为斧伤而死。’”（卷九）“条桑”为以斧截取桑树枝条甚明。今蚕区取桑饲蚕，犹连枝取之，其法古今如一。可见词汇史研究对于准确理解词义具有十分重要的意义，这是一种全局性、根本性的把握。

例 2 助动词“应”

汪维辉《东汉—隋常用词演变研究》“宜、当/应、合”条

关于助动词“应”，《大字典》和《大词典》“应”字条“应当；应该”义下所引的第一条书证都是《诗·周颂·赉》：“文王既勤止，我应受之。”毛传：“应，当也。”史存直《汉语语法史纲要》把这个“应”字列入助动词，程俊英等《诗经注析》也说：“应受，即应当承受。”其实这是一种误解。毛传所谓“应，当也”，跟《尔雅·释诂下》“应，当也”、《说文·心部》“应，当也”一样，“当”都是动词“承当”的当，而不是助动词“应当”。汉语史的研究告诉我们，先秦西汉尚未发现助动词“应”的用例，“应”的大量使用最早是在东汉佛经里。我们对现存的东汉诸家译经作了调查，结果如下：

	长阿含十报法经	人本欲生经	一切流摄守因经	中本起经
应	37	55	12	18
当	75	42	7	86

例 3 蜂午

王念孙《读书杂志·史记第一·项羽本纪》“蜂起”条：

> “楚蜂起之将。”集解:“如淳曰:蜂起,犹言蜂午也。众蜂飞起,交横若午,言其多也。”念孙案:“蜂起”本作“蜂午”,集解引如淳《汉书》注本作“蜂午犹言蜂起也”,盖“蜂午”二字必须训释,故曰“蜂午犹言蜂起”,又曰“众蜂飞起,交横若午”,皆是释“蜂午”,非释“蜂起”也。若正文本作“蜂起”,则无烦更以“蜂午”释之,且不必如此词费矣。《汉书·项籍传》亦本作“蜂午”,故如淳以“交横若午”释之,而今本《汉书》作“蜂起”,颜师古曰:“蜂起,如蜂之起。”则师古所见本已误作“蜂起”(《汉书》作“蜂起”,即涉如注“蜂起”而误),是以即据误本为注,而不用“交横若午”之说。《汉纪》作“蜂起”,亦后人据《汉书》改之。今考索隐单行本出“蜂午”二字,而释之曰:“凡物交横为午,言蜂之起交横屯聚也。故《刘向传》注云:‘蜂午,杂沓也。’郑玄云:‘一纵一横为午。’”(此《大射仪》注)据此则小司马本正作“蜂午”,故详释“午”字之义,并引《刘向传》之“蜂午”为证。裴本亦作“蜂午”,故引如淳“交横若午”之注,是《汉书》虽误,而《史记》尚未误也。乃后人又据《汉书》以改《史记》,且改如注为“蜂起犹言蜂午”以就之,其失甚矣。学者据如注以正《汉书》,并据集解、索隐以正《史记》可也。

这条校释的意思是说,《史记》《汉书》的“蜂午”,被后人改成了“蜂起”,原因大概是人们只知道“蜂起”,而不知道早期它还被说成“蜂午”(王念孙说“盖‘蜂午’二字必须训释”,正是此意),二者是同义词。这是因古词不为后人所知而被误改的例子,赖有王念孙的细致校理,才使人们了解《史记》《汉书》原文的真相;从词汇史的角度看,王念孙也为我们“救活”了一个古词。《辞源》和《大词典》“蜂午”条都采纳了王念孙的意见,引校正后的《史记·项羽本纪》(及裴骃集解)为首见书证。《读书杂志》的这条札记虽是为校释《史记》《汉书》而作,实际上已经具有词汇史的意义。

二、研究目标

汉语史的研究目标是把汉语数千年的演变历史描述清楚,并总结演变的规律。当研究水平达到相当的高度时,也有可能可以部分地预测某些语言现象的发展趋势。

为了把长达三千多年的汉语发展史研究清楚,像其他历史学科一样,汉语史的研究也需要进行分期。关于汉语史的分期,以前比较有影响的是王力和吕叔湘两家的意见,目前比较新的也得到较多学者认同的是王云路、方一新伉俪所表述的看法:

王云路、方一新《中古汉语语词例释·前言》

先秦、秦汉——上古汉语

西汉——上古汉语向中古汉语演变的过渡阶段

东汉、魏晋南北朝、隋——中古汉语

初唐、中唐——中古汉语向近代汉语演变的过渡阶段

晚唐五代以后——近代汉语①

本书的汉语史分期就采用这一说法。

从三千多年前的甲骨文时代,到今天的21世纪,汉语(包括通语和方言)经历了漫长的历史演变,各个时期的面貌是很不一样的,分段研究有助于深入细致地考察语言事实,探寻其中的规律,然后再把各个时期贯通起来,就有可能较好地实现研究目标。

汉语历史绵长,方言复杂,加上历朝历代政权更迭、政治中心转移、民族融合、大规模移民等因素,使得一部汉语史无比纷繁复杂,同时也异彩纷呈。汉语的发展,既有内部各方言间的接触交融,又有跟周边民族语言的相互影响,演变的原因多种多样,错综交织。汉语史研究要达到理想化的目标绝非易事,可能需要几代人的持续努力。因此对汉语史研究的复杂性和艰巨性我们要有充分的认识。

第三节　材料与方法

研究材料与研究方法是一门学科的基本问题,汉语史也不例外,下面作些介绍。

① 见王云路、方一新《中古汉语语词例释·前言》,吉林教育出版社1992年,第8页。

一、研究材料

汉语史研究的材料主要是历史文献，包括传世文献和出土文献，同时也需要用到方言、周边少数民族语言及域外汉籍（包括借词）等资料。

汉语历史文献异常丰富，但也极为芜杂，研究汉语史应该尽量选择可靠的口语性文献，否则便不能得到汉语历史发展的真相。比如《世说新语·雅量》下面的一条就包含了丰富的魏晋口语（划线部分）：

> 褚公于章安令迁太尉记室参军，名字已显而位微，人未多识。公东出，乘估客船，送故吏数人，投钱唐亭住。尔时，吴兴沈充为县令，当送客过浙江，客出，亭吏驱公移牛屋下。潮水至，沈令起彷徨，问："牛屋下是何物人？"吏云："昨有一伧父来寄亭中，有尊贵客，权移之。"令有酒色，因遥问："伧父欲食饼不？姓何等？可共语。"褚因举手答曰："河南褚季野。"远近久承公名，令于是大遽，不敢移公，便于牛屋下修刺诣公，更宰杀为馔具，于公前鞭挞亭吏，欲以谢惭。公与之酌宴，言色无异，状如不觉。令送公至界。

又如《文选·任昉〈奏弹刘整〉》，首尾是典雅的骈文，用的是书面语，中间的审案记录部分则相当接近口语，是研究梁代初年（公元六世纪初）建康一带汉语的珍贵资料。

> 御史中丞臣任昉稽首言：臣闻马援奉嫂，不冠不入，氾毓字孤，家无常子。是以义士节夫，闻之有立，千载美谈，斯为称首。臣昉顿首顿首，死罪死罪。谨案，齐故西阳内史刘寅妻范，诣台诉，列称：
>
> "出适刘氏，二十许年。刘氏丧亡，抚养孤弱。叔郎整常欲伤害，侵夺分前奴教子、当伯，并已入众，又以钱婢姊妹、弟温，仍留奴自使。伯又夺寅息逡婢绿草，私货得钱，并不分逡。寅第二庶息师利，去岁十月往整田上，经十二日，整便责范米六斗哺食。米未展送，忽至户前，隔箔攘拳大骂。突进房中，屏风上取车帷准米。去二月九日夜，婢采音偷车

栏、夹杖、龙牵，范问失物之意，整便打息逡。整及母并奴婢等六人来至范屋中，高声大骂，婢采音举手查范臂。求摄检，如诉状。”

辄摄整亡父旧使奴海蛤到台辩问，列称：“整亡父兴道，先为零陵郡，得奴婢四人，分财，以奴教子乞大息寅。亡寅后，第二弟整仍夺教子，云：‘应入众。’整便留自使。婢姊及弟各准钱五千文，不分逡。其奴当伯，先是众奴。整兄弟未分财之前，整兄寅以当伯贴钱七千，共众作田。寅罢西阳郡还，虽未别火食，寅以私钱七千赎当伯，仍使上广州去。后寅丧亡，整兄弟后分奴婢，唯余婢绿草入众。整复云：‘寅未分财赎当伯，又应属众。’整意贪得当伯，推绿草与逡。整规当伯还，拟欲自取。当伯遂经七年不返，整疑已死亡不回，更夺取婢绿草，货得钱七千。整兄弟及姊共分此钱，又不分逡。”

寅妻范云：“当伯是亡夫私赎，应属息逡。当伯天监二年六月从广州还，至，整复夺取，云：‘应充众，准雇借上广州四年夫直。’今在整处使。”

进责整婢采音，刘①：“整兄寅第二息师利，去年十月十二日，忽往整墅，停住十二日。整就兄妻范求米六斗哺食。范未得还，整怒，仍自进范所住，屏风上取车帷为质。范送米六斗，整即纳受。范今年二月九日夜失车栏子、夹杖、龙牵等，范及息逡道是采音所偷。整闻声仍打逡，范唤问：‘何意打我儿？’整母子尔时便同出中庭，隔箔与范相骂。婢采音及奴教子、楚玉、法志等四人，于时在整母子左右。整语采音：‘其道汝偷车校具，汝何不进里骂之？’既进，争口，举手误查范臂。车栏、夹杖、龙牵实非采音所偷。”

进责寅妻范奴苟奴，列：“娘去二月九日夜失车栏、夹杖、龙牵，疑是整婢采音所偷。苟奴与郎逡往津阳门籴米，遇见采音在津阳门卖车栏、龙牵，苟奴登时欲捉取，逡语苟奴：‘已尔，不须复取。’苟奴隐僻少时，伺视人买龙牵，售五千钱。苟奴仍随逡归宅，不见度钱。”

并如采音、苟奴等列状，粗与范诉相应。重核当伯、教子列：“娘被夺，今在整处使。”悉与海蛤列不异。以事诉法，令史潘僧尚议：“整

① 应作“列”。

若辄略兄子逡分前婢货卖，及奴教子等私使，若无官令，辄收付近狱测治。诸所连逮絓[1]，应洗之源，委之狱官，悉以法制从事。”如法所称，整即主。

臣谨案：新除中军参军臣刘整，闾阎阘茸，名教所绝。直以前代外戚，仕因纨袴，恶积衅稔，亲旧侧目。理绝通问，而妄肆丑辞，终夕不寐，而谬加大杖。薛包分财，取其老弱；高凤自秽，争讼寡嫂。未见孟尝之深心，唯敩文通之伪迹。昔人睦亲，衣无常主，整之抚侄，食有故人。何其不能折契钟庾，而襜帷交质？人之无情，一何至此！实教义所不容，绅冕所共弃。臣等参议：请以见事免整所除官，辄勒外收付廷尉法狱治罪。诸所连逮，应洗之源，委之狱官，悉以法制从事。婢采音不款偷车[2]、龙牵，请付狱测实。其宗长及地界职司，初无纠举，及诸连逮，请不足申尽。臣昉云云，诚惶诚恐以闻。（《文选》卷四十）

又如唐代诗僧王梵志的白话诗：

他人骑大马，我独跨驴子。回顾担柴汉，心下较些子。

城外土馒头，馅草在城里。一人吃一个，莫嫌没滋味。

真是明白如话。跟杜甫、韩愈等典雅的格律诗相比较，文白差异显而易见。研究唐代口语自然应该用《王梵志诗》这样的语料。

又如《元史·泰定帝纪》里记载的泰定帝即位诏，明洪武本采用的是从蒙文直译为汉语的白话体，直到乾隆四年刊本仍保留原貌，后来的版本才改译为文言。今中华书局点校本《元史》这一段仍为白话体，如下：

薛禅皇帝可怜见嫡孙、裕宗皇帝长子、我仁慈甘麻剌爷爷根底，封授晋王，统领成吉思皇帝四个大斡耳朵，及军马、达达国土都付来。依着薛禅皇帝圣旨，小心谨慎，但凡军马人民的不拣甚么勾当里，遵守正道行来的上头，数年之间，百姓得安业。在后，完泽笃皇帝教我继承位

① “絓”字疑衍。

② “车”下疑脱“栏”字。

> 次,大斡耳朵里委付了来。已委付了的大营盘看守着,扶立了两个哥哥曲律皇帝、普颜笃皇帝,侄硕德八剌皇帝。我累朝皇帝根底,不谋异心,不图位次,依本分与国家出气力行来;诸王哥哥兄弟每,众百姓每,也都理会的也者。今我的侄皇帝生天了也么道,迤南诸王大臣、军士的诸王驸马臣僚、达达百姓每,众人商量着:大位次不宜久虚,惟我是薛禅皇帝嫡派,裕宗皇帝长孙,大位次里合坐地的体例有,其余争立的哥哥兄弟也无有;这般,晏驾其间,比及整治以来,人心难测,宜安抚百姓,使天下人心得宁,早就这里即位提说上头,从着众人的心,九月初四日,于成吉思皇帝的大斡耳朵里,大位次里坐了也。交众百姓每心安的上头,赦书行有。

这是蒙古族统治下的元代口语(所谓“汉儿言语”),可以用作汉语史研究的资料。《四库全书》本则改为文言:

> 朕考晋献武王色辰皇帝之嫡孙,裕宗皇帝之长子也。圣慈眷爱,封受晋王,统领青吉斯皇帝四大鄂尔多及军马达勒达国土。就国以后,格遵色辰皇帝圣旨,小心谨慎,凡军马人民一切事宜咸由正道而行,故数年之间,群臣各敬其事,百姓得安其业。嗣后鄂勒哲图皇帝命朕继承藩服,仍统领四大鄂尔多及北边军马,翼戴朕兄库鲁克皇帝、布延图皇帝、朕侄硕迪巴拉皇帝,历事累朝,无贰尔心,以继朕皇考固让之志,恪恭厥职,屏卫王家。朕行之事,诸王宗室臣民皆所素知。今大行皇帝上宾,迤南诸王大臣军士及诸王驸马臣僚达勒达百姓等,咸谓天位不宜久虚,乾纲固有专主,近属之中,惟朕为色辰皇帝嫡曾孙、裕宗皇帝嫡冢孙,以长以亲,于义皆无可让,况大行晏驾,事变非常,及今加意抚绥,犹恐皇皇未定,宜早正宸极,安抚百姓,使天下人心得宁。朕以臣民劝戴之故,俯顺舆情,九月初四日即位于青吉斯皇帝之大鄂尔多,布告中外,咸与维新。可大赦天下。

这样的资料当然不可能反映元明汉语的真相了。

再如高丽、朝鲜时代汉语教科书《老乞大》的四种版本:

《原本老乞大》(约1346年前一至数年)

《老乞大谚解》(1481—1483[1])

《老乞大新释》(1761)

《重刊老乞大》(1795)

下面选取该书的开头一节：

原本：伴当恁从那里来？

谚解：大哥你从那里来？

新释：阿哥你打那里来？

重刊：大哥你从那里来？

原本：俺从高丽王京来。

谚解：我从高丽王京来。

新释：我从朝鲜王京来。

重刊：我从朝鲜王京来。

原本：如今那里去？

谚解：如今那里去？

新释：这回儿那里去？

重刊：如今那里去？

原本：俺[往]大都去。

谚解：我往北京去。

新释：我往北京去。

重刊：我往北京去。

原本：恁几时离了王京？

谚解：你几时离了王京？

① 这是指《老乞大谚解》所据汉文部分的修改年份。

新释：你多站在王京起身来着？

重刊：你几时在王京起身来着？

原本：俺这月初一日离了王京。

谚解：我这月初一日离了王京。

新释：我在这个月初一日间离了王京。

重刊：我在这个月初一日离了王京。

原本：[既]恁这月初一日离了王京，到今半个月，怎么才到的这里？

谚解：既是这月初一日离了王京，到今半个月，怎么才到的这里？

新释：既然这个月初一日间从王京起身的，到得半个月怎么才到这里来呢？

重刊：既是这个月初一日离了王京，到得半个月怎么才到这里？

原本：俺有一个伴当落后了来。俺沿路上慢慢的行着[等]候来。为那上，迟了来。

谚解：我有一个火伴落后了来，我沿路上慢慢的行着等候来，因此上来的迟了。

新释：我因有个朋友落后了，所以在路上慢慢的走着，等候他来，故此来的迟了。

重刊：我有一个朋友落后了，所以在路上慢慢的走着，等候他来，故此来的迟了。

原本：那伴当如今赶上来那不曾？

谚解：那火伴如今赶上来了不曾？

新释：那朋友如今赶的上啊赶不上啊？

重刊：那朋友如今赶上赶不上啊？

原本：这[个]伴当便是，夜来才来到。

谚解：这个火伴便是，夜来才到。

新释：这个朋友就是那个，昨儿个才到来了。

重刊：这个朋友就是他，昨儿个才到来了。

原本：恁这月尽头到的大都那到[不]得？

谚解：你这月尽头到的北京么到不得？

新释：你这个月底能到北京么到不得呢？

重刊：你这个月底能到北京么，到不得？

原本：知他！那话怎敢道？天可怜见，身已(己)安乐呵，也到[得][有]。

谚解：知他！那话怎敢说？天可怜见，身已(己)安乐时，也到。

新释：这话我不能料。万一天可怜见，身体平安，想来也可到了。

重刊：这话我不能料。万一天可怜见，身子平安，想来也可到了。

四种版本内容相同，而语言则随着时间的推移而不断进行修改，反映了汉语从元代到清代的变化，上面所引的这一节中，四个版本之间就有许多词汇和语法方面的变化，值得仔细琢磨。这样的文献当然是绝佳的汉语史研究资料，只是不可多得。

口语用汉字记录下来，总会或多或少地有所失真，因为有不少口语词有音无字，蒲松龄辑录《日用俗字》时做了大量记录俗语词的工作，然而他也在“自序”中感叹：“每需一物，苦不能书其名。”清道光《遵义府志》卷二十“风俗”说：“地方常言，有其声不得其文者多矣。”(清道光刻本，616页下)因此完全跟口语一致的文献资料不是很容易得到，比如元陶宗仪《说郛》卷七引宋吕居仁《轩渠录》：

族婶陈氏顷寓严州，诸子宦游未归。偶族侄大琮过严州，陈婶令代作书寄其子。因口授云：“孩儿要劣妳子，又阅阅【音吸】霍霍地。且买一柄小剪子来，要剪脚上骨出【上声】儿肐【音胖】胝【音支】儿也。”大琮迟疑不能下笔。婶笑云：“元来这厮儿也不识字。”闻者哂之。因说昔时京师有营妇，其夫出戍，尝以数十钱托一教学秀才写书寄夫。云：“窟赖儿娘传语窟赖儿爷，窟赖儿自爷去后，直是忔【音肸】憎儿。每日恨【入声】特特地笑，勃腾腾地跳，天色汪【去声】囊，不要吃温吞【入声】蠖托底物事。”秀才沉思久之，却以钱还，云：“你且别处倩人写去！”与此正相似也。

其中族婶陈氏和京师营妇所说的地道口语，读来如闻其声，这种语料实属难得。

有些书面记录未必完全可信，需要分析，比如所谓“训读字”。下面举几个例子。

闽语海南琼州方言单数第三人称口语说[i²³]，本字应写作“伊”，《广韵》平声脂韵於脂切。“伊”作第三人称代词见于古籍，如《世说新语·品藻》：“王僧恩轻林公，蓝田曰：‘勿学汝兄，汝兄自不如伊。’”广东潮州闽语口语中单数第三人称也说“伊”[i²³]。但琼州多把“伊”训读为“他”。例如：他 i²³ | 他们 i²³mun²¹(mui²¹)。按，“他”字《广韵》平声歌韵托何切：“非我也。”琼州方言读[ha²³]，例如：他人 ha²³zin²¹(或 ha²³naŋ²¹) | 他乡 ha²³hiaŋ²³(或 ha²³hio²³)。因此，“他”字有两读，本音[ha²³]，训读音[i²³]。① 我们不能因为琼州方言的第三人称代词写作“他”，就认为口语中真的是“他”，实际上口语里说的是“伊”，“他”只是一个表义不表音的“训读字”而已。

又如“左”“右”二字，书面上写作“左”“右”，但在方言中常常读作“借”(或“济”)、“顺”等。比如明冯梦龙《山歌·鞋子》：“奉劝姐儿没要自道是脚力大，就是拖脚蒲鞋还胜子左嫁人。”作者自注：“吴语再醮曰左嫁人。左，俗音际。”②也就是说，“左”只是方言口语音“际”的训读字。

又如“尿”字，口语中的实际读音很可能是[꜀sui](水)之类，③而不是 niào。管小便叫“水”，自古即如此，如《素问·至真要大论》：“水液浑浊，

① 参看董绍克《汉语方言词汇差异比较研究》附录“训读字选释”，民族出版社 2002 年，267—268 页。

② 参看汪维辉《宁波方言词语札记三则·三、借手和顺手》。

③ 参看李荣主编《现代汉语方言大词典》“尿”条，第二卷，1938—1939 页，“尿脬”条，第二卷，1941 页，江苏教育出版社 2002 年。

皆属于热。"唐王冰注："水液，小便也。"《说文·尾部》："尿，人小便也。"徐灏注笺："今俗语尿，息遗切，读若绥。"《六书故》"尿"字"息遗切"。动词"撒尿"也可以说成"水"，例如《左传·襄公十五年》："师慧过宋朝，将私焉。其相曰：'朝也。'慧曰：'无人焉。'相曰：'朝也，何故无人？'慧曰：'必无人焉。若犹有人，岂其以千乘之相易淫乐之蒙？必无人焉故也。'子罕闻之，固请而归之。"杜预注："私，小便也。""私"可能就是"水"的记音字。

又如吕叔湘《近代汉语指代词》谈到"这"和"此"的关系："除了（者、這、遮）这三个字，又有沿袭地写'此'而实际上可以断定是代表口语里的这的，例如说此箇。"例如：

> 这个修行是道场。（维摩诘经变文 17 页）
>
> 此个名为真道场。（维摩诘经变文 19 页）
>
> 这个老人来也不曾通名，去也不曾道字。（庐山远公话，敦煌变文集 170 页）
>
> 此个老人前后听法来一年。（同上）

这种"此"实际上就是"这"的训读字。

另外，语料需要鉴别，不能把有问题的材料当作立论的依据，比如潘允中先生《汉语语法史概要》在讨论系词"是"时说："到了西汉时代，系词已经发展完成，判断句已经渐渐使用系词。例如：吾以尔是元子，早有立意。（汉高祖手敕太子，见古文苑卷十）……"按：所谓的"汉高祖手敕太子"，出自南朝梁代殷芸编纂的《殷芸小说》卷一"秦汉魏晋宋诸帝"，共有五条，语言鄙俗，一望而知非西汉人语，当为六朝人伪托，不能用作西汉口语用系词"是"的证据。① 历史上有不少伪托之作，比如：今天看到的《列子》一书非战国时代庄子的朋友列御寇所著，而是魏晋人的伪作；②《齐民要术》卷前

---

① 西汉已经有系词"是"是没有问题的，比如《史记》中就有可靠的例子（详下文），但是不能把伪托之作用作证据。

② 参看张永言《从词汇史看〈列子〉的撰写时代》，载《季羡林教授八十华诞纪念论文集》上卷，江西人民出版社 1991 年；"修订稿"刊于《汉语史学报》第六辑，上海教育出版社 2006 年。

太田辰夫《中国语历史文法·跋》

《杂说》非贾思勰所作,而是后人加上去的;①《京本通俗小说》是缪荃孙的伪作,实际上是从《警世通言》和《醒世恒言》中抄出来的;②等等。这些都是选择语料时应该注意的。关于语料鉴别问题,太田辰夫先生的《中国语历史文法·跋》是一篇经典性的文章,应该参考。汉语史语料学是一门专门的学问,这里不能详述,以后还会谈到。

二、研究方法

汉语史的研究方法主要是"文献考据法",就是依据文献资料来重建汉语发展的历史,还要结合现代方言和域外资料。具体方法较多,这里暂不详述。当然,这些方法都需要用现代语言学理论特别是历史语言学的基本原理作指导。

考据学又叫考证学,梁启超《清代学术概论》认为它是我国传统的四大学问之一:"其在我国自秦以后,确能成为时代思潮者,则汉之经学,隋唐之佛学,宋及明之理学,清之考证学,四者而已。"

季羡林《朗润琐言》谈到"考据"之学:

> 在义理、辞章、考据三门学问中,我最怕前者,独爱后者。……我喜欢考据这种似乎能抓得住看得见的东西,写起来放心,谈起来也放心。(序)
>
> 谈到考证,亦称考据,是我最喜欢的东西,也是清代朴学大师所最擅长的东西,同时又是解放后受到一些人责难的东西。(《论考证》)

今天我们研究汉语史,就是要通过扎实的考据把汉语发展的历史尽可能地还原出来,但是要想全部还原是不可能的,这是一切历史学科共同的遗憾。

---

① 参看柳士镇《从语言角度看〈齐民要术〉卷前〈杂说〉非贾氏所作》,《中国语文》1989年第2期;汪维辉《〈齐民要术〉卷前"杂说"非贾氏所作补证》,《古汉语研究》2006年第2期;汪维辉《〈齐民要术〉词汇语法研究》第一章第二节,上海教育出版社2020年。这篇序一般推测为唐人所作,但是也可能还有唐代以后的东西。

② 参看汪维辉《〈京本通俗小说〉系伪书的语言学证据》,《历史语言学研究》第十三辑(庆祝蒋绍愚先生八秩华诞特辑),商务印书馆2019年。

最后我想引用日本学者大庭脩的一段话来结束“绪论”部分：

> 总之结论是这样的：我们所掌握的历史常识有时并不能真正反映历史的原貌。……当然此书的目的并不在于构筑和叙述体系，而是将一些鲜为人知的历史话题集中起来，展示、呈现给人们。如果这些话题确实饶有兴趣，那么希望你也能置身于探索历史的行列中。①

课外阅读

1. 王力《汉语史稿》第一章“绪论”
2. 吕叔湘《语文常谈》
3. 爱切生《语言的变化：进步还是退化？》（徐家祯译）
4. 太田辰夫《中国语历史文法·跋》
5. 汪维辉《汉语史研究的对象和材料问题——兼与刁晏斌先生商榷》
6. 汪维辉、胡波《汉语史研究中的语料使用问题——兼论系词“是”发展成熟的时代》

思考题

1. 请根据你的日常观察，举出活语言中“语言在变”的各方面实例。
2. 试解释上文所引《世说新语·雅量》中划线的词语。
3. 选读一篇考辨伪书的文章，谈谈你的读后感。
4. 《汉语大词典》“容易”条：① 做起来不费事。《汉书·杨恽传》：“郎中丘常谓恽曰：‘闻君侯讼韩冯翊，当得活乎？’恽曰：‘事何容易！胫胫者未必全也。’”北齐颜之推《颜氏家训·勉学》：“校定书籍，亦何容易，自扬雄、刘向方称此职耳。观天下书未遍，不得妄下雌黄。”……请问这两条书证跟义项①能否吻合？为什么？

---

① 大庭脩《江户时代日中秘话》，徐世虹译，中华书局1997年，15—16页。

第二章　词汇史

词汇随时随地在变，而且数量庞大，系统性比语音和语法都差，所以汉语词汇史的内容是异常丰富和复杂的，研究难度大于语音史和语法史。限于课时，本章着重讨论五个问题。

第一节　词的时代性和地域性[①]

词有时代性和地域性，这是我们从事词汇史研究时所秉持的基本理念；[②]研究历史上的词汇问题，时代性和地域性是两个最重要的分析维度，因此本章先讨论这个问题。

一、每个词都有时代性和地域性

从理论上说，每一个词[③]都有其时代性和地域性。时代性是指词只在一定的时段内使用，地域性是指词只在一定的地域内通行。揭示词的时代性和地域性是词汇史学科的基本任务之一，也是正确训释词义的一个重要因素。树立词有时代性和地域性的观念对于研习汉语词汇史具有重要的指导

① 参看汪维辉《论词的时代性和地域性》，《语言研究》2006 年第 2 期。

② 徐复先生《〈广雅疏证〉弁言》指出："王氏解释词义，多明时代特性，考证详尽，方法周密，为研治汉语词汇史者所当效法。"举了"黔首"和"花"两例，可以参看。王念孙《广雅疏证》，江苏古籍出版社 1984 年，7—8 页。

③ 这里所说的"词"实际上更多的是指词的"义位"，不过为了称述方便起见，仍然笼统地称为"词"。

意义。

洪诚先生曾指出：

> 一个时代有一个时代的语言特点，这是汉语史研究的对象。一部书或一个作家，也有自己的用字用词的特点。例如：《论语》用“予”不用“余”；用“是”与“斯”，不用“此”；用“於”不用“于”（引书用“于”不算）。《左传》用“余”不用“予”；用“是”与“此”，不用“斯”（指代词的“斯”）；介词“於”“于”兼用。《书经》没有语气词“也”字，《尔雅》没有词尾“然”字，《诗经》没有“吾”字。《书经》用“惟”，《诗经》（毛诗）用“维”，《论语》用“唯”（引书用“惟”不算）。全部十三经不用“真”字（连西汉著录的《公羊传》也不用“真”字，与十二经同例），不用“镜”字（用“鉴”字）。用词用字，各有通例……注意一个时代或一部书的用词通例，训诂可以避免“合理”的错误。①

这段话很给人以启发。

论证词的时代性和地域性都是难度很大的工作，地域性比时代性更难。我们应该承认，由于文献有限，汉语史上有相当多的词的时代性和地域性已经无法阐明，但是这并不妨碍这一工作的开展。能够大致确定其时代性和地域性的词还是数量众多的。对于这样的词，我们应该力求从使用时段和通行地域两个角度给它一个定位。

有的词从古到今一直使用，它们的时代性表现为“泛时性”。有的词没有地域限制，它们的地域性表现为“泛空性”。既具有“泛时性”又具有“泛空性”的词属于“泛时空性”词。汉语中有一批“泛时空性”词，它们属于基本词汇，比如天、人、手、山、牛、东、来、大、一等。如果从一种语言的“通史”着眼，具有“泛时空性”的词不会太多，词库中的绝大多数词是有时代性和地域性的。确定“泛时空性”词的范围和成员也是一项重要的基础性工作，而更难的是解释其为何不变。罗曼·雅柯布森曾经指出：

① 洪诚《训诂学》，江苏古籍出版社 1984 年，106 页。

> 如果说共时是动态的，那么历时（即把语言一个漫长时期的不同阶段放在一起进行分析）就不能而且决不能仅仅局限为变化的动态性。我们也必须考虑静态的成分。法语在数千年的发展过程中，什么东西变化了，什么东西恒定未变；原始印欧语分裂成印欧语之后，印欧部落在数千年的迁徙过程中，他们语言中什么东西没有变化；这些问题都值得深入细致的研究。[①]

此话值得深思。在以往的词汇史（包括语言史）研究中，人们关注的焦点是变化及其过程、动因、机制等，而对于亘古未变的基本词汇通常只是一笔带过，不予深究。这种偏向应该纠正。我们有必要经过深入的考证列出一个从甲骨文时代直到今天都没有变化的“汉语泛时空词表”，并寻求其不变[②]的原因。

二、词的时代性和地域性的表现

词的时代性和地域性表现在多个方面。

一是有些词只在一定的时段内使用，有些词只在一定的地域内使用，也有些词只在一定时段的一定地域内使用。在汉语发展史上，这样的词非常多。下面举几个常用词为例。

例 1 行（háng）

《诗经・豳风・七月》：

> 女执懿筐，遵彼微<u>行</u>。

毛传：“微行，墙下径也。”孔颖达疏：“行，训为道也。步道谓之径，微行为墙下径。”这个“行”是“道路”的意思。在上古时期，不管大路小路都可以

① 罗曼・雅柯布森《雅柯布森文集》，钱军、王力译注，湖南教育出版社 2001 年，121 页。

② 当然，所谓“不变”只是相对而言，如果着眼于一个词的全部义位和组合关系，真正不变的词是极少的。详见下文。

叫“行”,《七月》的“微行”是小路,《诗经·周南·卷耳》“嗟我怀人,置彼周行”的“周行”则是大道。据现代学者研究,“行”的本义就是“道路”。[1] 这个义项在上古早期曾经是通行义,仅在《诗经》中就有约十例,《左传》《国语》等均有用例。因此《尔雅·释宫》说:“行,道也。”大概战国以后就逐渐少见了,如《吕氏春秋·下贤》:“桃李之垂于行者莫之援也,锥刀之遗于道者莫之举也。”“行”与“道”对文同义。[2] 到了汉代,这个词(义位)可能已经从口语中消失,因此毛亨对《诗经》中的这个“行”字常常用“道”字来作释,说明对当时人解释《诗经》已经有这样的必要。[3]

例 2　困

“困”字在汉魏六朝唐宋时期有一个常用义位——“(病)重;(病)危”。[4] 书证极多,这里酌举一部分:

卜占病者祝曰:“今某病困。死,首上开,内外交骇,身节折;不死,首仰足肣。”(《史记·龟策列传》“褚先生曰”)

初疾畏惊,见鬼之来;疾困恐死,见鬼之怒。(《论衡·订鬼》)

东阳陈叔山小男二岁得疾,下利常先啼,日以羸困。(《三国志·魏书·方技传·华佗》)

裴令公有俊容姿,一旦有疾,至困,惠帝使王夷甫往看。(《世说新语·容止》)

至六日,病者稍困,注痢如泉。(《法苑珠林》卷九十五引南朝齐王琰《冥祥记》)

“病困/疾困”是这一时期表示“病重/病危”义的通用说法,在东汉至唐的各类文献中出现频率都很高。除单用外,困又常跟剧、笃、危、重等字构成

---

① 《说文解字·行部》:“行,人之步趋也。从彳,从亍。”按,甲骨文、金文“行”作、、等形,罗振玉《殷虚书契考释》云:“象四达之衢,人之所行也。”动词义应是后起的。

② 张双棣等著《吕氏春秋词典》(山东教育出版社 1993 年)失收此义。

③ 《大词典》此义下所引的最后一条书证是唐韩愈《感二鸟赋》序:“贞元十一年,五月戊辰,愈东归……见行有笼白乌白鸜鹆而西者。”这应该看作一种仿古的用法。在考定一个词(或义位)的使用下限时,如何区分口语用法和书面语中的仿古用法是一个重要而复杂的问题。

④ 《大词典》释作“指生命垂危”,尚欠准确。《大字典》则失收此义。

同义复词困剧、困笃、危困、困重等。① 此义的最早例子见于《管子·内业》：“思索生知，慢易生忧，暴傲生怨，忧郁生疾，疾困乃死。”②但西汉以前罕见，见于《管子》的这个孤例只能看作它的露头。东汉开始才多见起来，在《论衡》《汉书》《东观汉记》《风俗通义》《伤寒论》等东汉典籍中都很常见。《史记》称病重/病危一律说“病甚”，没有一例用“困”的（上引褚少孙所补的一例除外）。而汉末的服虔、郑玄等人注经时就常常称病重病危为“疾困”，如《左传·襄公十九年》“疾病而立之”服虔注：“病，疾困也。”《礼记·檀弓上》“曾子寝疾病”郑玄注：“病谓疾困。”《论语·子罕》“子疾病”郑玄注：“病谓疾益困也。”我们有理由认为这是服、郑用当时通用熟知的口语词来释“病”字的古义。③ 大约到了宋代以后，这种“困”字就比较少见了。尽管明人笔记《谷山笔麈》《万历野获编》等偶或还见用例，但大概已经是仿古的用法了。

汪维辉
《释“困”》

例 3 勾当（gòudàng）

“勾当”④是近代汉语的一个常用词，开始是动词，指“料理，处理，办理；做（事情）”，后引申为名词，指“事情”。现代汉语只保留了“事情”义，并且多指坏事情。据笔者初步调查，此词始见于唐代，其动词用法主要通行于唐宋时期，例如：

并可摄监察御史，勾当租庸地税，兼覆囚。（李隆基《遣御史分巡诸道诏》）

新妇向来专心为勾当，已后之事，不敢预知。（张文成《游仙窟》）

其东都太原置寺，此令人勾当。事缘功德，理合精严。（白居易《与回鹘可汗书》）

头陀自从台山为同行，一路已来，勾当粥饭茶，无所阙少。（[日]

① 《论衡·订鬼》：“病者困剧，身体痛。”北京大学历史系《论衡》注释小组《论衡注释》注：“困剧，被病折磨得非常厉害。”高中《语文》第四册（人民教育出版社 1988 年）注：“困剧，意思是因病而受到很大的困扰。剧，甚，厉害。”按，这都是因不明“困”的古义而误释。

② 唐房玄龄注：“既疾而困，可谓弥留而死。”

③ 参看汪维辉《释“困”》，浙江省语言学会编《’94语言论丛》，杭州大学出版社 1994 年。

④ 宋人避高宗赵构讳，又改作“干当”。参看《大词典》“干当”条。

圆仁《入唐求法巡礼行记》卷三）

自从夫去辽阳，遣妾勾当家事。（敦煌变文《舜子变》）

后作典座，子曰："厨务勾当不易。"师曰："不敢。"子曰："煮粥邪？蒸饭邪？"师曰："人工淘米着火，行者煮粥蒸饭。"（《五灯会元》卷十四"芙蓉道楷禅师"）

（曹）彬克江南，入见，诣阁门进榜子云："奉敕差往江南勾当公事回。"时人美其不伐。（司马光《涑水记闻》卷三）

某尝见一种人汲汲营利求官职，不知是勾当甚事。（《朱子语类》卷五九）

见谕中山、河间府差官分画疆界，今差官两员付张邦昌下，可令分遣勾当三府，诏书图本。（金佚名《大金吊伐录》卷一）

元代以后，名词用法占据上风，动词用法就明显少见了，虽然《水浒传》中尚有一些例子，①最晚的用例在清末小说《二十年目睹之怪现状》中还可见到，②但可以断言，明代以后动词用法就渐趋消亡了。因此我们大体可以确定动词"勾当"的主要使用时段是唐宋。

例 4　戴

有的词可能只在一个很短的时期通行于某个地域，在历史的长河中可算是"昙花一现"。比如"戴屋"的"戴"。南朝梁周子良、陶弘景所撰的《周氏冥通记》多次用到这个词：

其正月欲戴屋，而所顾（雇）师永不来。（卷四）

明是戊寅，上玄治建，可戴屋。（同上）

其本欲取此日戴屋，而师不来，又小雨，遂不果。此丁亥日方得戴耳。（同上）

清代黄生《义府》卷下"冥通记"条解释说："戴屋，盖屋也。"释义正确。

---

① 如第二十二回："柴进道：'不敢动问，闻知兄长在郓城县勾当，如何得暇，来到荒村敝处？'"

② 如第五十五回："安息了一天，便出去勾当我的正事，一面写信给继之。"

“戴屋”这一说法很特别,未见于其他文献资料,①很可能就是南朝时期通行于金陵一带的一个方言口语词。“戴屋”的得名途径应当和“盖屋”相同,都是就建造房屋时铺上屋顶这道工序而言,“戴上屋顶”和“盖上屋顶”是一回事。②

在汉语中,有些词在使用一段时间后退出了词汇系统,作为词它们不再单独使用,但常常可以降格为构词语素而长期存在。这是汉语词汇的特点之一。现代汉语中一批很活跃的构词语素,在历史上都曾经是可以独立运用的词。比如“视”字,在现代口语中已不能单用,我们说“看电影/看书”,不说“视电影/视书”,但可以构成“视觉、视力、视线、视听、视点、视野、视事、注视、凝视、俯视、仰视、平视、回视、环视、扫视、巡视、审视、熟视、探视、珍视、正视、重视、轻视、忽视、无视、斜视、歧视、敌视、仇视、傲视、蔑视、藐视、漠视、鄙视、小视、窥视、觇视、虎视、雄视、自视、远视、近视、短视、透视、电视、收视率、可视电话”等复音词。但是构词语素和词的性质是不一样的,因此这样的词同样具有时代性。

二是有些词在不同的时代或地域有不同的义位或组合关系。一些看似“泛时空性”的词,如果深入观察,就会发现它们其实也是有时代性和地域性的,这主要就表现在义位和组合关系等方面。

比如“肉”这个词,从古到今各地方言一直通用,在表示“人或动物体内接近皮的部分的柔韧的物质”这一义位上可以说是一个“泛时空词”。③ 但是古代它还可以用作动词,表示“使其长肉”“吃肉”“吞噬,欺

① 《大字典》《大词典》“戴”字下都未列这一义项,《大词典》也没有“戴屋”这一词条,均可补。

② 参看汪维辉《〈周氏冥通记〉词汇研究》,载浙江大学汉语史研究中心编《中古近代汉语研究》第一辑,上海教育出版社 2000 年。

③ “肉”最初是指“供食用的动物肉”,见于甲骨文和早期典籍《周易》,从字形也可以看出这一点。《论语》中的“肉”还都是此义。人的肉古称“肌”,古代特指人的皮肉时总是“肌肤”连用。大约到春秋战国之际,“肉”可指人肉,如《左传》和《仪礼》中都已见到“肉袒”一词,《墨子·节用中》:“衣三领,足以朽肉;棺三寸,足以朽骸。”《孟子》有“人肉”,《荀子》有“肉刑”。同时,大概从很早的时候起,“肉”就是个可泛指人和动物的肉的上位词——“肉”是动物肉的统称,“肌”则是人肉的特称,因此《说文·肉部》说:“肌,肉也。”人肉可以称“肉”,动物肉则一般不能称“肌”。正因为如此,除非在需要特别强调的场合或习惯搭配中,先秦典籍中对人肉称“肉”并无严格的限制。汉代以后,“肌”和“肉”的分别逐渐消泯,“肌肉”连用在汉代典籍中很常见,而先秦未见。到了现代汉语,“肌”已不能独立成词,它原有的使用域完全被“肉”所占有了。

凌”三个意思，作名词时可以指“从口中发出的歌声，对乐器之声而言”“泥土”“当中有孔的圆形物之边体”三个意思，作形容词可以“形容声音丰满洪美”，这些意思在现代汉语里都已经不用。而在现代方言中，“肉”可以用作形容词“不脆；不酥”和“性子缓慢，动作迟钝”两个意思，这也是古代所没有的。① 可见外表看似“不变”的“泛时空性”词，其内涵实际上往往是有变化的。

又比如“少（shǎo）”字，在“数量小；不多”这个义位上古今词义差别不大，但是组合关系却有所不同。在现代汉语里，“少”一般不能直接修饰名词（作定语），如*少人、*少书、*少技术员——这些都是动宾结构，而非偏正结构；但在古代却是可以的，少师、少饭、少肉、少饼、少火、少水、少人、少粪、少泥、少物、少酒食……一类的组合从西汉的《史记》到明代的《训世评话》均可见到，虽然使用频率不是太高，但一直有用例，在先唐翻译佛经、《齐民要术》和宋代禅宗语录等著作中尤为多见，大约到元代以后，才逐步从口语中消失。②

汪维辉《从汉语史看“多”“少”直接修饰名词问题》

三是同一个义位在不同时代或不同地域用不同的词来表示。

王力先生在《汉语史稿》下册“概念是怎样变了名称的”一节中首次集中讨论了词的历时更替问题，即同一个义位在不同的时代用不同的词来表示，举例分析了腿、走、跑、错、怕、偷、硬、吃、喝等一批常用词。汪维辉《东汉—隋常用词演变研究》则详细描述了41组常用词在中古（东汉—隋）时期的历时替换过程。同学们可以参看。这个问题留待下面第三部分再详细讨论。

三、词的地域性比时代性更难论证

说到词的地域差异，我们自然会想到西汉扬雄的《方言》。的确，这部书为我们提供了大量西汉时期方言词汇的实例——同一个义位在不同的方言

① 参看汪维辉《撰写〈汉语100基本词简史〉的若干问题》“肉”字条，载《历史语言学研究》第一辑，商务印书馆2008年。

② 详细的讨论及造成这种差别的原因可参看汪维辉《从汉语史看“多”“少”直接修饰名词问题》，《语言学论丛》第二十八辑，商务印书馆2003年。

区常常用不同的词来称说。比如《方言》卷一第一条："党、晓、哲，知也。楚谓之党，或曰晓，齐宋之间谓之哲。"知是通语词，党、晓、哲则是方言词，党、晓的通行地域是楚地，哲则通行于齐宋之间。现代方言中这样的例子也比比皆是，无烦举证。但要确切地指明一个词的通行地域，却是极不容易的事，有时几乎就是不可能的。词的地域性之所以比时代性更难以论证，是因为词的通行地域随时在变。有些词，前代是通语词，后代降格为方言词，或者相反；有些词，前代和后代都是方言词，但是通行地域有大小，或是从甲方言词变成了乙方言词。[①] 这些情况在汉语史上都可以找到众多的例子。下面试举"下饭"一词为例。[②]

表示"菜肴"的名词属于汉语中的基本词，人们的日常生活从古到今都离不开这样的词。

吴语明州片（也叫甬江片）管菜肴叫"下饭"，不论生熟、荤素，都统称"下饭"，如下饭好、鲜下饭（指海鲜）、咸下饭（腌制品，尤指咸鱼之类）等，宁波话有"下饭呒告（没什么）饭吃饱""三十年夜下饭多，还差一碗割蛳螺（去尾的螺蛳）"等俗谚。据笔者的初步调查，名词"下饭"在今天的通行地域主要是宁波市（包括下属各县区[③]）和舟山市，此外还有浙江的萧山、上虞、新昌等地。《现代汉语方言大词典》所收的 42 个方言点，"菜肴"叫"下饭"的只有宁波一个点。傅国通、方松熹等《浙江吴语分区》把"'小菜'叫'下饭'"作为吴语明州片的词汇特点之一。

但是名词"下饭"在近代汉语阶段通行的地域比今天要广得多。

"下饭"最初是一个动宾词组，意为"把饭送下去"，现在见到的早期用例出现于宋代，如：［王子野］正食，罗列珍品甚盛。水生适至，子野指谓公曰："试观之，何物可下饭乎？"生遍视良久，曰："此皆未可，唯饥可下饭尔。"（宋范公偁《过庭录》）此义的"下饭"今天很多方言里仍说，又引申为形容词，意为"能把饭送下去"，如"这个菜很下饭"。推测"下饭"连用的产生时

① 参看王国维《书郭注方言后（二）》，《观堂集林》卷五，中华书局 1959 年。

② 参看汪维辉《宁波方言词语札记三则·一、"下饭"古今谈》，载上海市语文学会、香港中国语文学会合编《吴语研究：第二届国际吴方言学术研讨会论文集》，上海教育出版社 2003 年。

③ 宁海县只限于城关以北的部分地区。

代当更早,[①]因为由此凝缩成一个名词、意为“菜肴”的“下饭”在宋代文献中也已经见到,如:

[刘岑]未达时,贫甚,用选官图为下饭,饥时以水沃饭,一掷举一匙。(宋·张端义《贵耳集》卷中)

早泛索:皇后:下饭七件、菜蔬五件、茶果十合、小碟儿五件。(宋·周密《武林旧事》卷八《皇后归谒家庙(用咸淳全后例)》)[②]

下酒:水饭、簇饤下饭。(宋·孟元老《东京梦华录》卷九《宰执亲王宗室百官入内上寿》)

由动宾词组凝固成一个名词是需要时间的。

宋代以后,名词“下饭”[③]在文献中时见记载和用例,如元杂剧(《小尉迟》《襄阳会》《白兔记》《幽闺记》)、《原本老乞大》《老乞大谚解》《六十种曲·杀狗记》、明哈铭《正统临戎录》及《水浒传》《三遂平妖传》《西游记》《金瓶梅词话》《喻世明言》《醒世恒言》《初刻拍案惊奇》《型世言》《醒世姻缘传》《续金瓶梅》《后西游记》《浪史奇观》《杏花天》等,都见使用。在明清以来的方志类书籍中也多有记载,如明万历中谭城余云坡刊本陆嘘云编《世事通考》“荤食类”云:“……肋条、坐臀、前甲、腈肉、肥肠、肉羹、汤汁、下饭、软爤、添豢、酱醋……”咸丰六年(1856)《鄞县志》、光绪十年(1884)《畿辅通志》、民国二十四年(1935)《萧山县志稿》、民国七年(1918)《新昌县志》、民国四年(1915)《象山县志》等都记录了此词。[④] 从上举文献资料来看,名词

① 《齐民要术·种李第三十五》:“饮酒时,以汤洗之,漉着蜜中,可下酒矣。”又《脯腊第七十五》:“白如珂雪,味又绝伦,过饭下酒,极是珍美也。”这是目前所见的“下酒/饭”之“下”的最早用例。饭曰“过”,酒曰“下”,两者是同义词。从理论上说,既然“酒”可以说“下”,那么“饭”也应该可以说“下”,只是目前尚未找到实际用例。

② 周志锋先生说:文献中“下饭”与“果子”“菜蔬”等对举时,往往指荤腥的菜肴。明周祈《名义考》卷十一:“今谓折俎曰案酒,谓腥曰下饭。”(参看顾之川《明代汉语词汇研究》,河南大学出版社 2000 年,119 页、314 页。)

③ 字又写作“嗄饭”。“嗄”显然是一个所谓的“后出专字”,从口,夏声,这样可以避免因写作“下饭”而误解为动宾词组。

④ 值得注意的是,各种辞书往往把上述“下饭”解释为“下(佐、过)饭的菜肴”,如《大词典》《汉语方言大词典》、龙潜庵《宋元语言词典》、高文达《近代汉语词典》、许少峰《近代汉语词典》等。这个释义有欠准确。“下饭”就是菜肴,既可下饭,也可下酒,甚至什么都不下,清吃。释义的不确恐怕是泥于字面所致。

“下(嗄)饭”曾经是一个通行南北的“通语词”,《汉语方言大词典》“下饭”条释作“佐餐的菜肴”,列了北京官话、徽语、吴语三项(第一卷,212页),“嗄饭”条注明为“吴语”,却引了《金瓶梅》和《醒世恒言》(第五卷,6513页),“嗄飰”条注明“官话”,引《醒世恒言》(第五卷,6514页)。《红楼梦》《儿女英雄传》《蒲松龄集》等清代北方作品中均未发现名词“下饭”,但清初的《醒世姻缘传》(用山东方言写成)还偶见用例,这自然让我们联想到《金瓶梅》多见“下(嗄)饭”这一事实,两者应该有传承关系。光绪十年(1884)刊本《畿辅通志》云:“北人称肴馔为下饭,饭借此而下也。(乔钵《奕心》)谨案:畿南人有‘下饭’之语,保定以北无之。”可见此词在19世纪末尚存于某些北方话中,它在这些地区的最后消亡当是20世纪的事。①

四、词的地域性与作品的考订

一个词的通行地域随时代的不同而不同,这是汉语词汇史需要研究的一个重要问题。比如对作品的断代或者推定其作者,就牵涉到这样的问题。以《金瓶梅》为例。对此书中方言成分的考察是近三四十年来的一个研究热点,根据现有研究结果,几乎现今所有的方言区都可以在《金瓶梅》中找到自己方言的影子,特别是词汇。实际情形果真如此吗?恐怕不然。有些词,在明代的通行地域跟今天可能是不同的,比如“下饭”,如果我们以今天此词的分布地域为依据,就很容易得出《金瓶梅》中有吴方言成分的结论,而根据上述的调查,这个看法显然是不能成立的。因此在作此类研究时,一个不容忽视的问题是,必须把古方言和今方言区别开来,词的“今籍”不等于词的“祖籍”,不宜将古书中的词语和今天的方言词语作机械的对应。②“人客”一词也与“下饭”类似,殷晓杰《再谈“人客”》“提要”说:

> 本文对“人客”“客人”这对同素逆序词进行了历时考察,发现在近代汉语的很长一段时间里,“人客”一直是通语中表示“宾客、来宾”义

① 石汝杰、[日]宫田一郎主编的《明清吴语词典》(上海辞书出版社2005年)收“下饭(嗄饭)”,看作吴语词,恐欠妥。

② 参看蒋绍愚《近代汉语研究概要》(修订本),北京大学出版社2017年,442—443页。

的主导词；而“客人”的“宾客、来宾”义处于劣势，它完全取代“人客”是较为晚近的事情。有学者依据现代汉语方言的分布情况，将《金瓶梅》中的“人客”析为吴语词，其论证方法是值得商榷的。“人客”一词的历时演变，再一次说明：在考察近代汉语作品的方言成分时，绝不能简单地把“今籍”和“祖籍”等同起来。

词汇史的研究成果可以有两种表达形式：一是专著，对一种语言的词汇的历史演变作详尽的描述和分析；二是词典，除对每一个词的词义、词性、组合关系、感情色彩和用法等提供详细准确的信息之外，还应该对词的通行时代和地域——也就是词的时代性和地域性——作出尽可能确切的说明。这样的词典比现有的《大词典》《大字典》还要详尽细致得多，在目前还只是一种美好的设想，付诸实施绝非易事，但也并非不可能，我们可以先从一部分词做起。

第二节　词是怎样变了意义的

词的意义不是一成不变的，而是会由于各种原因而发生变化。本节简要介绍传统的词义演变理论。

一、词义扩大、缩小和转移

王力先生在《汉语史稿》下册“词是怎样变了意义的”一节中对此有集中的论述，根据西方语言学的传统说法，举例分析了词义扩大、缩小和转移三种情况，分别举了“江、河、脸，瓦、谷、生、舅姑，玄、穷”等例子，在《汉语词汇史》中又补充了“房、屋、卧、睡”四个例子，删去了“脸”。可以参看。

蒋绍愚先生《古汉语词汇纲要》对词义范围扩大、缩小和转移所下的定义是：

> 一个义位在历史发展过程中减少了限定性义素，这个义位由下位义变成上位义，这就是扩大。（74页）

> “缩小”和“扩大”相反，从义素看，是原来的义位增加了限定性义素，从语义场的上下位关系看，是由上位义变成了下位义，从概念来看，是属概念变成了种概念。（76 页）
>
> 转移是一个义位某一限定义素保留，其他义素，特别是中心义素变化而引起的词义变化，这就使得这个义位由一个语义场转入了另一个语义场。（78 页）

词义范围扩大、缩小和转移的例子都是成批的，蒋先生举了下面这些例子（表 2－1）：①

表 2－1　词义范围扩大、缩小和转移举例

类别	例词	古	今
扩大	唱	领唱	歌唱
	嘴	鸟的嘴	鸟、兽、人的嘴
	响	回声	声响
	洗	洗脚	洗
	涉	徒步渡水	渡水
	雄	鸟的雄性	鸟兽的雄性②
	强	弓有力	有力
缩小	宫	房屋	帝王的房屋
	诏	告诉	上告下③
	吃	饮、食	食
	肥	人畜肥	畜肥
	恶	品行、形貌不好	品行不好

① 这里把原书的例子集中起来列成表格，以便观览。

② 古代鸟类叫“雌雄”，兽类叫“牝牡”。

③ 据“二典”，“诏”用为“诏书”义当始于秦始皇，《史记・秦始皇本纪》：“命为‘制’，令为‘诏’。”裴骃《集解》引蔡邕曰：“诏，诏书。”

续 表

类别	例词	古	今
转移	兵	兵器	士兵
	汤	热水	菜汤
	嘴	鸟嘴	形状像嘴的东西(茶壶嘴)
	唱	领唱	带头做(后来写作“倡”)
	狱	诉讼	监狱
	树	种植	树木

二、“今义”产生和取代“古义”的时间

至于这些“今义”是何时产生和取代“古义”的,则需要逐一进行研究。比如“汤”字,上文已述。又如“树”字,在《尚书》《诗经》《易经》《论语》《孟子》等战国中期以前的文献里,都用作动词“种植”或“树立”义,例如:

荏染柔木,君子树之。(《诗经·小雅·巧言》)

将仲子兮,无逾我里,无折我树杞。(《诗经·郑风·将仲子》)

《诗经》中的树杞、树桑、树檀均为偏正结构,“树”义为“种植的”。

五亩之宅,树之以桑,五十者可以衣帛矣。(《孟子·梁惠王上》)

“树”作名词“树木”讲始见于《左传》,共4例,如:

既享,宴于季氏。有嘉树焉,宣子誉之。武子曰:“宿敢不封殖此树,以无忘《角弓》?”遂赋《甘棠》。(昭公二年)

《诗》云:“蔽芾甘棠,勿翦勿伐,召伯所茇。”思其人,犹爱其树,况用其道而不恤其人乎!(定公九年)

到了《吕氏春秋》,名词"树"就占多数了(21/31),可作主语、宾语、中心语,还有了"梧树""漆树""大树""活树"这样的组合,"树木"连文5见。"树"表示"种植"义的只有7例。这些都表明在秦代的口语中"树"的词义已经大致完成了从动词到名词的转变。例如:

邻父有与人邻者,有枯梧树。其邻之父言梧树之不善也。邻人遽伐之。邻父因请而以为薪。其人不说曰:"邻者若此其险也,岂可为之邻哉?"此有所宥也。夫请以为薪与弗请,此不可以疑枯梧树之善与不善也。(去宥)

至于国邑之郊,不虐五谷,不掘坟墓,不伐树木,不烧积聚,不焚室屋,不取六畜。(怀宠)

禹东至榑木之地,日出九津、青羌之野,攒树之所,抿天之山,鸟谷、青丘之乡,黑齿之国;南至交址、孙朴、续樠之国,丹粟、漆树、沸水、漂漂、九阳之山,羽人、裸民之处,不死之乡……(求人)

今有树于此,而欲其美也,人时灌之,则恶之,而日伐其根,则必无活树矣。(至忠)

在西汉后期的王褒《僮约》中,"树"2见,均为名词,表示"种植"义则说"种植"(3例)或"种"(1例):

舍后有树,当裁作船。……种植桃李、梨柿柘桑。三丈一树,八尺为行。

这都是口语的忠实写照。

《山海经》中"树"约25见,用作"种植"义只有两三次,其余均为名词,有三株(珠)树、珠树、文玉树、玗琪树、不死树、柏树、服常树、琅玕树、青树、赤树、树鸟等组合。例如:

又北水行五百里,流沙三百里,至于洹山,其上多金玉。三桑生之,其树皆无枝,其高百仞。百果树生之。其下多怪蛇。(北山经)

三株[①]树在厌火北，生赤水上，其为树如柏，叶皆为珠。一曰其为树若彗。（海外南经）

开明北有视肉、珠树、文玉树、玗琪树、不死树。凤皇、鸾鸟皆戴瞂。又有离朱、木禾、柏树、甘水、圣木曼兑，一曰挺木牙交。……服常树，其上有三头人，伺琅玕树。开明南有树鸟，六首；蛟、蝮、蛇、蜼、豹、鸟秩树，于表池树木，诵鸟、鶽、视肉。（海内西经）

书中"树"的用法透露出它的成书年代应该不会早于战国末期，很可能最终写定于汉代。《四库全书总目提要》说："观书中载夏后启、周文王及秦汉长沙、象郡、余暨、下雋诸地名，断不作于三代以上，殆周、秦间人所述，而后来好异者又附益之欤？"余嘉锡《四库提要辨证》则说："考《颜氏家训·书证篇》云：'或问：《山海经》，夏禹及益所记，而有长沙、零陵、贵阳、诸暨，如此郡县不少，以为何也？答曰：史之阙文，为日久矣。加复秦人灭学，董卓焚书，典籍错乱，非止于此。……皆由后人所羼，非本文也。'由是言之，则是书虽有秦、汉诸地名，不害其为三代以前之书，颜之推固言之矣。"当以《四库提要》所言为允，如果是"三代以前之书"，那么书中"树"的用法就难以解释。

扩大、缩小和转移实际上是词义演变的三种结果。除这三种传统的说法之外，关于词义的演变近些年来还有其他一些新的说法，如"同步引申""相因生义""词义沾染（组合同化）""缩略""语用推理""语法化""语境吸收"等，[②]有的很有道理，有的则尚有争议，限于课时，这里就不一一介绍了。

第三节　概念是怎样变了名称的

王力先生在《汉语史稿》下册"概念是怎样变了名称的"一节中首次集中讨论了词的历时更替问题，即同一个义位在不同的时代用不同的词来表示，举例分析了腿、走、跑、错、怕、偷、硬、吃、喝等一批常用词；汪维辉《东汉—隋常用词演变研究》讨论了41组常用词在中古时期的新旧更替，《汉语

① 袁珂《山海经校注》谓当作"珠"。

② 可以参看蒋绍愚《汉语历史词汇学概要》第四章。

核心词的历史与现状研究》也讨论了三十多组词在汉语史上的历时更替，均可参看。这里举两个例子。

一、寻找

“寻找”是一个基本概念，上古汉语主要用“求”“索”来表示，大约从两汉之交起开始用“寻”，东汉开始用“觅”，到南北朝时期，“寻”和“觅”在口语中大概已经取代了“求”和“索”。“寻”是通语词，“觅”则可能带有方言色彩。在唐以后的近代汉语阶段，“寻”一直是表示这一概念的主导词，同时也用“觅”，不过使用频率大大低于“寻”，而且可能存在地域和风格差异。大约到元代，出现了“找”。开始写作“爪”，见于元杂剧，如：

> 调动我这莽拳头，拓动我这长捎靶，我向那前街后巷便去爪寻他。（李文蔚《燕青博鱼》第一折）

也作“抓”，[1]见于元杂剧、明清小说等，如：

> 那魏齐手下心腹人极多，只怕也有似俺院公的，私下放他溜了，教俺主人那里去抓他？（元·高文秀《须贾大夫谇范叔》第四折）
>
> 李万道：“且不要埋怨，和你去问他老婆，或者晓得他的路数，再来抓寻便了。”（《喻世明言》卷四〇）
>
> 只见内传三鼓，炮声三响，辕门呐喊如雷，海都督坐出堂来，要捆拿池苑花，四处抓寻，人都不见了。（清·潇湘迷津渡者《都是幻》第五回）[2]

---

① “抓（zhǎo）”显然是“爪”的增旁字，与“抓住”的“抓（zhuā）”是同形字。“爪”增旁写作“抓”，敦煌文献中已见，如斯4869号《大般涅槃经》卷一二：“观察是身，从头至足，其中唯有发毛抓齿不净垢秽。”其中的“抓”字，斯693号经本同，斯478号经本及《中华大藏经》影印金藏广胜寺本作“爪”。参看张涌泉《〈敦煌文献语言辞典〉编纂刍议》，商务印书馆语言学出版基金第二次中青年语言学者论坛提交论文，2004年5月。

② 这类“抓”字，《大字典》和《大词典》释作“仓皇寻取”“谓匆忙寻找”，读音都是zhuā。释义不确，注音错误。

后来才定型于“找”。[①] 这个词也许是从鸡用爪子抓寻食物引申而来。[②]《红楼梦》前 80 回中“找”“寻”“觅”出现的比例大概是 262∶189∶24,表明“找”在取代“寻”的过程中已经占据优势。不过“找”在通语中完全取代“寻”可能已是很晚近的事,一直到编成于 19 世纪末期的朝鲜人学习汉语口语的会话书《华音启蒙》中才只用“找”(共 9 例)而不用“寻”,但是此书并非纯粹的通语,而是带有明显的东北方言色彩。直到现代汉语,老派北京话里还有“寻”的残留,说作“寻摸”(xún · me),如曹禺《北京人》第一幕:“原来是一对的,我特意为我的清少爷寻摸来的。”

综上所述,用于表示“寻找”这个概念的词,在汉语历史上大致经历了这么一个更替过程:

求、索(先秦两汉)—寻、觅(魏晋至晚清)—找(晚清至今)

这是通语的情形。至于方言,应该自古就有差别。[③]

二、寒冷

汪维辉《东汉—隋常用词演变研究》“寒/冷”条

“寒冷”也是一个基本概念,古说“寒”,今说“冷”,现代汉语双音词“寒冷”是新旧成分的同义联合。

上古“热”的反义词是“寒”,“寒”“热”常常对举或连文,如:

> 阴淫寒疾,阳淫热疾。(《左传 · 昭公元年》)
>
> (孟秋)行夏令,则国多火灾,寒热不节,民多疟疾。(《礼记 · 月令》)
>
> 大寒、大热、大燥、大湿、大风、大霖、大雾,七者动精,则生害矣。(《吕氏春秋 · 尽数》)

从现有的文献资料来看,“冷”字的可靠书证最早可上溯到西汉,集中出

---

① 明沈榜《宛署杂记 · 民风二 · 方言》:“寻取曰找。”“找”本是划船的“划”的异体字,《集韵 · 麻韵》:“划、找,舟进竿谓之划。或从手。”后用作寻找的找,又成了同形字。

② 章炳麟《新方言 · 释言》:“今人谓寻觅为爪,盖取揺(wò)抉之意。”

③ 详参汪维辉《纵横结合研究汉语词汇》。

现在医籍中,如:

> 是故冻者假兼衣于春,而暍者望冷风于秋,夫有病于内者必有色于外矣。(《淮南子·俶真》)①
>
> 欲汤之冷,令一人炊之,百人扬之,无益也,不如绝薪止火而已。(《说苑·正谏》)
>
> 头痛如破,渴欲冷饮。(《素问》卷十“疟论篇第三十五”)
>
> 其化为脓者,写则合豕膏,冷食三日而已。(《灵枢经》卷十二“痈疽第八十一”)

到了东汉,“冷”字就用得比较多了,特别是在医籍和翻译佛经中,还出现了“冷”“热”连文的例子,如:

> 今熯薪燃釜,火猛则汤热,火微则汤冷。夫政犹火,寒温犹热冷也。(《论衡·谴告》)
>
> 服食节其冷热、苦酸辛甘。(《金匮要略论》卷一“脏腑经络先后病脉证”)

魏晋时期,“冷”的用例迅速增多,冷水、冷泉、冷风、冷热、冷暖、寒冷、清冷、水冷、身冷、心冷等已经习见常用。晋代以后,“冷”在各类文体中普遍行用,例子多得难以计数。

> 冬十月辛丑,上田于冷泉。(《魏书·显祖纪》)此“冷泉”为地名。
>
> 沮水又西南,小沮水注之,水发冷溪,世谓之“冷池”。(《水经注》卷十四“濡水”)此为水名。

这些都是当时口语的真实反映。“冷”字也受到诗人们的偏爱,在梁以后的文人诗文里极为常用,有些已经属于“通感”式的用法,如“光冷、冷色”

---

① 此例略同于《庄子·则阳》,字写作“冷风”,而《庄子》作“泠风”,值得注意。

等。从语言事实中可以看出,“冷”的组合关系有个逐步扩展的过程,即它的义域不断扩大,开始时主要用于具体物体的温度低,如水、饮食、身体、石头、床铺、被褥、气候等,后来词义抽象化,可以指心理感觉上的“冷”,像心冷、肠冷、乳中虚冷、月冷、光冷、魏其冷、冷色、面冷等都已经是一种虚化的冷。这说明“冷”取代“寒”是一步一步侵入它的义域然后取而代之的。“冷”在汉魏六朝时期使用频繁,用法灵活,不仅已“成为‘热’的通用反义词”①,而且常跟“暖”“温”对用,义域很宽,在许多场合已替代了“寒”,词义抽象化的程度也相当高。当时的“寒”和“冷”浑言无别,都指寒冷,经常对用,也可连用。总之,“冷”从西汉开始见诸文献,东汉以后用例逐渐增多;到南北朝后期,使用频繁,组合灵活,词义已相当抽象化,在大部分场合取代了“寒”;此时作动词时只用“冷”不用“寒”,“冷”还产生了“寒”所没有的作状语的用法。在这一时期,“冷”的义域有一个逐步扩大的过程:在对象上,从饮食、身体等具体的事物向抽象的事物扩展;在程度上,由浅向深发展。直到隋末,在表示冷的程度上,必要时“冷”和“寒”仍可区别,可见在这一历史时期“冷”取代“寒”的过程尚未彻底完成。

“冷”在口语中完全取代“寒”当是唐代的事。我们对《王梵志诗》和《入唐求法巡礼行记》作了抽样调查,发现当时口语中“冷”应该已经取代了“寒”。

《王梵志诗》中“冷”2见:

> 眼中冷泪下,病多好时少。(《知识相伴侣》)
> 一朝粪袋冷,合本总失智。(《天下大痴人》)

“寒”共8见,其中“寒食(节)”2例,“饥寒”3例、“寒饥”1例,“寒”和“饥”对举1例:

> 无衣使我寒,无食使我饥。(《我昔未生时》)

① 见张永言先生《语源探索三例·说“淘”》,收入其《语文学论集》(增订本),复旦大学出版社2015年。

真正单用的只有 1 例：

即今不如此，宁随体上寒。乍可无余服，愿得一身安。（《壮年凡几日》）

此例“寒”是韵脚，很可能是为了押韵而改“冷”为“寒”的。

《入唐求法巡礼行记》“寒冷”1 见：

涧水流而寒冷。（卷四）

“冷”8 见：

主人惊怪：“多吃冷物，恐不消化矣。”（卷二）

后丘上龙堂里出泉清冷。（卷二）

步步水湿，其冷如冰。（卷三）

斋后南行卅里，到冷泉店。（卷三）

季秋渐冷。伏惟侍御尊体动止万福。（卷三）

山村风俗：不曾煮羹吃，长年唯吃冷菜。上客殷重极者，便与空饼、冷菜，以为上馔。（卷四）

“寒”23 见，其中节气名“寒露”“小寒”“大寒”各 1 见，“寒食（节）”4 见，其余例子如下：

〔十月〕六日，始寒。（卷一）

相公对僧等近坐，问：“那国有寒否？”留学僧答云：“夏热冬寒。”（卷一）

各相礼拜毕，更道“严寒”。（卷一）

〔二月〕十四、十五、十六日，此三个日是寒〔食〕之日。此三日天下不出烟，总吃寒食。（卷一）

但随身物：铁钵一口、铜铳二具、铜瓶一口、文书廿余卷、遮寒衣裳

等。更无别物。(卷二)

欲拟便出游,礼诸处。缘时临寒,未有东西,在此山院过冬。(卷二)

〔九月〕廿三日,据唐历:立冬。自后寒风稍切。(卷二)

〔九月〕廿七日,下雪。自九月中旬已来,寒风渐起,山野无青草,涧泉有冻气。(卷二)

此清凉山,五月之夜极寒。(卷二)

人云"今此五月犹寒,花开未盛。六七月间花开更繁",云云。(卷三)

昔者大花严寺设大斋,凡俗男女乞丐寒穷者尽来受供。(卷三)

山中多寒,五六七月,遍五台五百里内奇异之花开敷如锦,满山遍谷,香气熏馥。(卷三)

孟冬渐寒,伏惟和尚道体动止万福。(卷三)

其中"总吃寒食"一例,口语应说"冷食"(可比较"冷物""冷菜"),大概是因为前承"寒〔食〕之日"故说成了"寒食"。除此例外,"寒"都是跟天气寒冷有关,用法比较单一,而且有些例子是出现在用文言写成的状、牒中,而"冷"的例子则大都出现于口语语境里。总体而言,"冷"在当时的口语中大概已经基本取代了"寒",此后一直沿用至今。

不过古老的"寒"今天还活在闽语中,是闽语表示 cold 义的主要用词之一(另一个是"清"),在客家话中也有部分分布,此外还零星地散布在吴语、平话、土话等中。可见历史上"寒→冷"的词汇替换没有波及这些方言。[①]

汉语史上像上面两例这样发生过历时替换的词不在少数,在斯瓦迪士(Morris Swadesh)的 100 核心词中就有下面这些:

名词:首→头,目→眼/眼睛,口→嘴(巴),颈/领/项→脖子,腹→肚(子),足/趾(止)→脚,膏/脂→油/脂肪,犬→狗,卵→蛋(弹、䳘),木→树,本→根儿,日→太阳,夜/夕→晚上;

动词:食→吃(喫),饮→喝,啮(齧、囓)/龁/噬→咬,闻/听见,寝/寐/卧/眠→睡,行/步→走,立→站,卧→躺,与/予→给(gěi),言/语/云/曰/谓/道/话→说/讲,燃(然)/焚/燔→烧;

① 参看汪维辉(2018:696—700)。

形容词：寡→少，赤/朱→红，盈→满，良/善/吉/佳→好；

代词：此/是/斯/兹→这，彼/夫→那，何/胡/奚/曷→什么；

副词：皆/咸/悉/佥/胥/尽/俱(具)/均/总→全/都。①

第四节　词汇双音化进程

汉语的词汇是怎么从上古汉语以单音词为主发展为现代汉语以双音词为主的？这是词汇史学科需要回答的重大问题，本节就来讨论这个问题。

一、双音化是汉语词汇发展的大势

上古汉语以单音词为主，现代汉语则以双音词为主，双音化是汉语词汇历史发展的一个大势，这已经成为学界的共识。文言翻译成白话，译文字数一定比原文多，这是一个主要的原因，例如《论语·先进》“子路、曾皙、冉有、公西华侍坐”章所记孔子的话：

> 子曰：“以吾一日长乎尔，毋吾以也。居则曰：‘不吾知也。’如或知尔，则何以哉？”

《论语》是一部记录孔子及其门徒言行的书，其中的对话应该比较接近当时的口语。上例的对话全用单音词，如果译成现代汉语，那么其中的“以”(因为)、“长”(年长)、“尔”(你们)、“居”(闲居，平日)、“知”(了解)、“如”(假如)、“则”(那么)、“何”(什么)等都必须对译成双音词。

迄今涉及汉语词汇双音化问题的论著众多，这些研究主要集中在三个方面：一是双音词产生的原因，二是各个历史时期双音词的构造类型与数量比例，三是对双音词的语义解释。双音化的趋势在西周早期已经发端，春秋战国时期双音词的数量增加很大，成为汉语词汇双音化迅速发展的第一个时期。双音化的步伐从东汉开始大大加快，到了唐代，以双音词为主的词汇

① 参看汪维辉(2018)。

系统已经建立,双音化的程度在近代汉语阶段得到进一步的提高。双音化的原因,一般认为主要有这样几个：一是韵律制约,冯胜利认为,汉代新建立的双音节音步变成汉语韵律词的主要形式;二是汉语语音系统的简化使得同音字大量增加,单音词容易引起歧义;三是双音形式表意更加精确。

董秀芳《词汇化：汉语双音词的衍生和发展》①是这方面最重要的研究成果,下面着重介绍该书的一些主要内容。

二、汉语双音词的主要衍生方式

双音词是从哪里来的？董著认为有三个来源：一是从短语演变为双音词,二是由句法结构变为双音词,三是由跨层结构变为双音词。(33—35页)下面依次介绍。

(一) 从短语到双音词

短语是双音词最主要的历史来源。历史文献中的材料证明,五种基本的短语类型,即并列、偏正、动宾、主谓和述补短语,都有可能降格为词,但是成词难易程度不等。从现代汉语中不同结构方式的双音词的数量来看,由五种主要结构方式所构成的双音词在双音词总体中所占的比例是很不平衡的。周荐《复合词词素间的意义结构关系》和卞成林《汉语工程词论》对《现代汉语词典》的统计结果见下表 2－2。共时状态下不同类型双音词的数量的不平衡性在一定程度上反映了不同类型短语词汇化的难易差异：有些短语类型比另一些短语类型更难成词。(87 页)

表 2－2　五种主要结构双音词占比

作　者	统计对象	偏　正	并　列	动　宾	主　谓	述　补
周　荐 (1991)	《现汉》 1983 年版	50.72%	25.7%	15.6%	1.17%	0.93%
卞成林 (2000)	《现汉》 1996 年版	52.75%	19.31%	20.18%	1.39%	2.62%

① 四川民族出版社 2002 年第一版,商务印书馆 2011 年修订本,2013 年重印本最佳。以下简称"董著"。关于此书,可参看汪维辉《〈词汇化：汉语双音词的衍生和发展〉评介》,《语言科学》2006 年第 2 期。

历史上短语变成双音词的例子见下表2－3。

表2－3　五种短语降格为双音词举例

短语类型	例　　词
并　列	窗户、牺牲、规矩、准绳、消息(名词),鼓舞(动词),聪明、孤独(形容词),一再(副词),作为(介词)
偏　正	先驱、首饰、天气、风化(名词),物色、后悔、品尝、臆断(动词),固执、武断、深入(形容词),已经、曾经(副词)
动　宾	责备、同意、同情、标榜(动词),冠军、提纲、表情、对策(名词),虚心(形容词),随时、设法(副词)
主　谓	政治、月亮(名词),符合(动词)
述　补	改善、打破

五种类型各举一个典型词例如下(每个词的第一例为短语,第二例以下为双音词)。

例1　窗户(并列短语→双音词)

(1) 若为三尺之户,二尺之窗,窗户之间,裁盈一尺。(后魏·李谧《明堂制度论》,《全后魏文》卷三十三)

(2) 帝观书处,窗户玲珑相望,金铺玉观,辉映溢目,号为闪电窗。(旧题唐·冯贽《闪电窗》,《云仙杂记》卷十)

例2　先驱(偏正短语→双音词)

(1) 百夫荷罕旗以先驱。(《史记·周本纪》)

(2) 天子先驱至,不得入。先驱曰:"天子且至!"(《史记·绛侯周勃世家》)

例3　责备(动宾短语→双音词)

(1) 是故君子不责备于一人。(《淮南子·氾论》)

(2) 时辽事方棘,上疏责备辅臣。(《明史·周宗建传》)

例4　政治(主谓短语→双音词)

(1) 道洽政治,泽润生民。(《尚书·毕命》)

(2) 乃言以赏罚感动皇天,天为寒温以应政治乎?(《论衡·变动》)

例 5 改善(述补短语→双音词)

(1) 盗惧吾闻其过,是有耻恶之心。既怀耻恶,必能改善。(《后汉书·独行传·王烈》)

(2) 蒙学宗旨,在于改良私塾,故章程规定,颇注重教授法之改善。(《清史稿·学校二》)

(3) 柔嘉要姑母喜欢自己的丈夫,常教鸿渐替陆太太牵狗出去撒尿拉屎,这并不能改善鸿渐对狗的感情。(钱钟书《围城》第九章)

(二) 从句法结构到双音词

一些由语法性成分和词汇性成分组成的句法结构在后来变成了词,这往往是由于原来的语法性成分的功能在发展过程中逐渐弱化甚至丧失,从一种必有成分变为了一种可选成分,这样它与实词性成分的组合能力也就萎缩了,原有的一些组合就成为这种句法结构的遗迹而固化为词。现将董著所述各种类型列表(表 2-4)如下:

表 2-4 句法结构的词汇化类型

大 类	小 类	例 词
语法标记的词汇化	名词化标记+动词性成分→双音词	所有、所谓、所在、所以,记者、作者、学者
	动词+体标记“取”→双音词	听取
	定指标记“其”+名词性成分→双音词	其实、其次、其中、其余
后置词与其前名词性成分的词汇化		世间、心间、田间、舍间、乡间、夜间、晚间、日间①
代词结构的词汇化	“相”+动词性成分→双音词	相信、相继、相好、相识、相思、相传、相应、相关、相当……
	“见”+动词性成分→双音词	见怪、见笑、见外、见教、见谅
	“自”+动词性成分→双音词	自杀、自由、自慰、自信、自首、自励、自私、自刎、自勉、自尽、自卫、自嘲、自新、自给、自强、自称

① 维辉按:还有“早间、民间、人间、阳间、阴间”等。

续 表

<table>
<tr><th>大 类</th><th>小 类</th><th>例 词</th></tr>
<tr><td rowspan="2">代词结构的词汇化</td><td>谓词性代词“然”参与形成的结构的词汇化</td><td>果然、当然①、必然、虽然</td></tr>
<tr><td>指示代词“许”与形容词的词汇化</td><td>许多、许久</td></tr>
<tr><td rowspan="2">否定结构的词汇化</td><td>由“不”参与形成的否定结构的词汇化</td><td>不失、不免、不定、不料、不禁(副词),不堪、不得(助动词),不拘、不管、不论(连词),不测、不才、不讳(名词),不审(动词),不学、不满(形容词)</td></tr>
<tr><td>由其他否定词组成的否定结构的词汇化</td><td>非常、无妨、无事、无任、未免、无能</td></tr>
<tr><td>介宾结构的词汇化</td><td></td><td>于是、因此</td></tr>
<tr><td>助动词结构的词汇化</td><td></td><td>可恶、可爱、可观、可怜、可取、容易、可能②</td></tr>
</table>

(三)从跨层结构到双音词

所谓跨层结构,是指由不构成一对直接成分而是分属不同句法层次但在线性顺序上邻接的两个成分组成的结构。有一些双音词,主要是虚词,是由跨层结构衍生来的,其内部形式非常模糊。位于句首的跨层结构比位于句中的跨层结构更容易词汇化,但位于句尾的跨层结构不太可能发生词汇化。这是因为句首是韵律管制最为严格的地方,而句尾位置上的韵律管制则是最松散的。例如“否则”:

(1) 格则承之庸之,否则威之。(《尚书·益稷》)汉孔安国传③:不从教则以刑威之。

(2) 速已则可矣,否则尔之受罪,不久矣。(汉·刘向《说苑·臣术》)

① 维辉按:“当然”可能不是来自汉语内部的词汇化,而是一个日语借词。参看李雪敏《现代汉语中的日源词新探——以“当然”“可能”“普通”为例》,浙江大学2011年本科毕业论文。

② 维辉按:“可能”可能也是一个日语借词,而不是来自汉语内部的词汇化。参看李雪敏《现代汉语中的日源词新探——以“当然”“可能”“普通”为例》,浙江大学2011年本科毕业论文。

③ 维辉按:此为魏晋人所伪托。

例(1)是跨层结构,“否则”相当于“不格[1],则……”;例(2)则是连词,相当于“不然的话”。

又如因而、至于、关于[2]、莫非、几乎、何必、而后、而今、极其、终于[3]、以为等,都是从跨层结构变成双音词的。(267—279页)

三、双音词衍生的机制

双音词是怎么衍生出来的?董著对此有精彩的分析。

(一)语言演变是有意识的还是无意识的

语言随时都在发生着细微的变化,语言的演变从总体上来讲是不被语言使用者所察觉的。语言使用者从生下来就面对一个他们无法选择的语言环境,语言的习得也是在一种近于不自觉的情况下完成的,因而语言使用者从根本上就缺乏试图改变语言的动机和能力。虽然在词汇方面的创新随时都会出现,但新词的增加和旧词的新义的出现都不触及语言系统,不会引起系统的改变。(43页)

如果对在语法化中表现出的变化的不经意性的观察是正确的话,那么我们就有理由猜测汉语史中的词汇化过程也是在一种不经意中完成的,而本书的具体研究将证明这一点。不论是短语的词汇化,还是句法结构或跨层结构的词汇化,都不是语言使用者有意识发起的革新。

虽然语言的演变是在语言使用者的有意识的控制之外的,但语言的演变却表现出惊人的规整性,发生在不同语言中的演变类型和演变规律具有很大的一致性。(44页)这表明语言系统有着极强的自组织能力,其中的奥秘还有待更深入的研究。

---

① 即伪孔传的“不从教”。

② 维辉按:“关于”是日语借词,不是汉语内部词汇化的结果。可参看吴玉芝《介词“关于”源自日语说》,《语言教学与研究》2016年第6期。

③ 维辉按:据谷雨研究,汉语史中存在两个副词“终于”,“终于$_1$”表示某种行为动作或情况无论如何都会出现、发生或者无论如何都不会改变,“终于$_2$”表示经过较长过程的努力或等待最后出现某种结果。“终于$_1$”是汉语史中由动介跨层结构词汇化而来的,而“终于$_2$”则来源于日语副词“终に/遂に”,其形成机制是词汇复制。参看谷雨《“X于”格式的多功能模式及其历史形成考察》,浙江大学2018年硕士论文。

我们不妨假设，双音词的衍生过程基本是在语言使用者无意识的状态下进行的，语言使用者的自主选择只是在双音化的趋势变得比较明显时进一步促进了这一变化。（45页）

（二）双音词衍生的认知机制：组块的心理过程

双音词的衍生是一个从句法层面单位到词汇层面单位的转变过程，这种转变不是孤立发生的，而是在句法环境中实现的。人脑理解语句是一种信息加工过程，这一过程极大地依赖于短时记忆：一个句子没有结束之前，听话者必须尽量地暂时记住前面所听到的语词。但是，听者如果一心记住前面说过的语词，那么要记住的词会很快超过人脑短时记忆能力的限度——七个左右。为了减少记忆负担，人在理解语句时，都是一边听一边及时处理，把能够组合在一起的尽量组合在一起。这种理解方式就是认知心理学中所说的“组块”（chunking）。

心理实验表明，人们对于越熟悉的事物，对其细节忽略得越多，出现“视而不见”的情况。比如，当一个人阅读用母语写的东西时，往往可以以很快的速度浏览，所谓的“一目十行”形容的就是这种情形。在这种情况下，大脑是以短语甚或句子作为短时记忆中的组块（chunk），而不是以词作为组块。相比之下，人们对于不太熟悉的外语读物，就比较难以做到快速浏览，有时还必须一个词一个词地去分析。

句法单位变为复合词的过程实际上可以看作一个由心理组块造成的重新分析过程。当构成一个句法单位或者虽不构成一个句法单位但在线性顺序上邻接的两个词由于某种原因经常在一起出现时，语言使用者就有可能把它们看作一体来加以整体处理，而不再对其内部结构作分析，这样就使得二者之间原有的语法距离缩短或消失，最终导致双音词从旧有的句法结构中脱胎出来。由此可见，高的使用频率是句法结构演变为双音词的一个先决条件。

组块的心理过程在双音词的三种主要产生渠道中都起着作用，对于跨层结构的黏合成词尤其具有解释力。

在句法结构变为词之后，这种组块的心理过程仍然可以继续起作用，从而引起词的内部形式的进一步模糊化，导致有些复合词被重新分析为单纯词。（45—47页）

比如“滥觞”，相信会用这个词的人不少，但了解这个词的语源的人不会太多。[1] 由于这个词的两个组成部分的意义都比较古老,而且都早已变成黏着语素,不可以单用了,因而就会出现下列情形:在知道"滥觞"的人的语感中,它是一个复合词;对于那些不知道"滥"和"觞"的具体含义的人来说,"滥觞"很可能就是一个单纯词了。(4页)

赵元任《汉语结构各层次间形态与意义的脱节现象》对现代汉语中存在的所谓"形态与意义的脱节现象"进行了细致的观察和描写,他把"既然这样"一类的羡余现象看作形态与意义脱节的一个表现。这种所谓的"脱节",其实际原因在于当"既然"由短语变为词后,"既"和"然"之间的距离进一步缩短,对一般语言使用者来说,"既然"已成为一个不能再做进一步分析的词汇单位,他们是在整体上记忆其词义的。这样就使他们可以接受"既然这样"的表达,而感觉不到"然"最初的语义与"这样"的重复。而一些仍对"然"的最初意义敏感的人,就不太能接受这种累赘的语言表达。当词汇化过程进行得很彻底时,原短语中各成分意义的独立性就完全丧失了,语言使用者就不会再有这种分歧的认识。

又如"凯旋"本是"胜利归来"的意思,在古汉语中最初是一个短语,后来词汇化为一个与原来短语同构的偏正式复合词,再后来它的内部形式被渐渐忽略,以至于现在很多人已不知道"凯"和"旋"各自的意义,因而出现了叠床架屋的"胜利凯旋"或"凯旋归来"的说法。这是一个典型的复合词被重新分析为单纯词的例子。

类似的例子还有"国际"。"际"的意思是"边际,之间","国际"就是"国与国之间"的意思。但由于一些人对"际"的意思不了解,因而也就不知道"国际"这个词的内部形式,所以又出现了"国际间"的说法。[2]

总之,心理上的组块过程使得原来分立的单位变得互相依赖,相应地,原结构的较为清晰的理据性逐渐变得模糊甚至最终消失,因而促成了词汇化的发生。

如果说变化的发生往往是由某些认知机制决定的(如这里谈到的在词

---

① "滥觞"语出《荀子·子道》:"昔者江出于岷山,其始出也,其源可以滥觞。""滥"是浮起的意思,"觞"是一种小酒杯,"滥觞"最初指江河发源的地方水流极浅小,只能浮起一个小酒杯,后来引申指事物的开始。

② 维辉按:"涉及到""唯一一个"之类亦同。

汇化的全局中普遍起作用的组块心理过程，以及后文要提到的隐喻和转喻的思维方式等），那么人同此心，心同此理，不管是发生过的变化还是正在发生的变化都应该遵循大致相同的规律。（46—47 页）

四、双音词的历时发展特点与词化程度的等级

双音词的形成是一个动态的过程，不同的发展阶段有不同的特点，从而造成了词化程度的等级差异。

（一）原型理论和词与短语的分界

汉语中短语和词的划界困难重重。这里我们试图以并列式双音词为例，运用原型理论（prototype theory）来处理词与短语这两个相邻范畴的纠葛。

原型理论是对经典的范畴化理论的一种反动。经典的范畴化理论认为范畴是根据一组充分必要条件来定义的，某一范畴具有或不具有某一特征泾渭分明，范畴之间有明确的边界，同一范畴内的成员都具有相同的属性，因而地位是平等的。而基于原型的范畴化理论则认为范畴不一定能用一组充分必要特征/条件来下定义，实体的范畴化是以好的、清楚的样本（exemplar）为基础，然后将其他实例根据它们与这些好的、清楚的样本在某些属性上的相似性而归入该范畴。这些好的、清楚的样本就是原型，它们是非典型事例范畴化的参照点。这种理论有以下假定：① 实体是根据它们的属性来加以范畴化的，但这些属性并不是经典范畴理论中的那种两分的理论构件，而经常是个连续的标度；② 范畴的边界是模糊的、不固定的；③ 同一范畴内的成员在说话人的心目中的地位并不平等，在成员资格上有着等级的差别（degree of category membership），有较好的样本与较差的样本之分。一些成员比另一些成员更为典型，能更好地代表范畴，处于集合的核心地位，而另一些成员则处于集合的边缘地位。

原型理论本是在认知心理学中运用的，近年来，在语言学研究中受到越来越多的关注，一些学者应用这一理论对汉语中的某些问题作出了较好的解释，如张伯江《词类活用的功能解释》、袁毓林《词类范畴的家族相似性》等。

我们认为双音词也是一个原型范畴，是一个模糊集（fuzzy set）。从句法到词法是一个渐变的过程，短语与复合词构成一个连续统（continuum），因而

这两个范畴之间的边界是模糊的。在复合词范畴中,有些成员已经彻底词化,不再具有短语的特性,这是最典型的成员;而更为大量的形式是处于变化过程之中的,既带有短语的某些特征,又带有词的某些属性。其中有些成员已经具有了很多词的性质,只残存了部分短语的特征,这是比较典型的成员;还有一些成员则只具有部分词的特点,还保留了大部分的短语属性,这是不太典型的成员。这就是说复合词内部成分之间的地位是不平等的,有着词化程度的级差……

现代汉语复合词内部各成员在词化程度上表现出差异,这一点是不难理解的。因为共时状态是历时状态的积聚和延续,现在的复合词不是同一时间层次的产物,其演化的彻底程度是不同的。这就是说共时状态下的复合词的地位,是由其历时发展情况所决定的。只有搞清复合词的历时演变环节,才能为共时状态下的复合词词化程度的划分找到一个较为客观的标准。(123—124 页)

(二)动词性并列式双音词的历时发展阶段

双音词在共时系统中的表现与其在历时发展中所经历的变化有关。董著举了一个实例,即从历时角度分析动词性并列双音形式可能经历的演变的几个阶段,有些双音词只经历了某一阶段的变化,而另一些则经历了多个阶段的变化。

(1)存在一个相应的单音同义形式,但组成成分不能换序。如:疗治、治疗→治疗(单音同义形式:治)。

(2)不再有同义的单音对应形式。如:勉励,斥责,辜负。

(3)意义上发生了由具体到抽象或泛指到专指的引申。如:堕落,把持,陶冶,指挥;思念。

(4)句法功能发生转化。如:待遇(动转名),保守(动转形),恐怕(动转副),经过(动转介)。(120—139 页)

(三)词化程度的等级序列

以上所列四种情况,是双音词在历时发展过程中出现的四种词化特征,其词化程度依次提高,可以看作共时存在的动词性并列式双音词词化程度的四个等级。如果用 1、2、3、4 分别代表上述四个特征,那么我们可以得到一个词化程度的等级序列,可形式化地表示如下:1<2<3<4。“<”读为“词

化程度低于”。只具备特征 1 的是最不典型的动词性并列式双音词，而具备特征 4 的是最典型的。一个双音词具备了这个序列中最靠近右边的特征，一般也就具备了更靠近左边的特征，但反之则不然。那些没有出现上举任何词化特征的动词性并列结构就只能是短语，不能是词。（120—141 页）

董著中的精彩内容还有很多，值得认真研读。

第五节 基本词汇的历时演变与共时分布

词汇在历史上经历过的变化往往会反映在共时的方言分布上，因此纵（历时演变）横（共时分布）结合研究汉语词汇，是一片广阔的天地，有大量的工作需要做。下面试举两个基本词汇的例子以示一斑。

一、“站立”义词

表示“站立”意义的词属于人类语言的基本词，被斯瓦迪士列入 100 核心词表。汪维辉、秋谷裕幸《汉语“站立”义词的现状与历史》详细讨论了汉语表“站立”义的词在现代方言中的分布和历史上的演变，并尝试对两者的关系作出解释。

（一）现状

根据《汉语方言地图集·词汇卷》“134 站”地图和其他资料，可以把方言中“站立”义词的分布情况归纳为下表（表 2-5）：

表 2-5 方言中“站立”义词的分布情况

词 项	方 言 区
站	官话、晋语、北部吴语（部分）、徽语（少数）、赣语（部分）、湘语（部分）、湖南乡话（少数）、广西土话（个别）
立/立~站	东北官话（沈阳、锦州）、冀鲁官话、中原官话、西南官话（部分）、兰银官话（个别）、胶辽官话（丹东、烟台、乳山等少数点）、江淮官话（南通）、晋语、北部吴语、赣语、湘语（个别）、湖南乡话（个别）、广西平话
徛/徛~站/徛~立	江淮官话（少数）、西南官话（少数）、北部吴语（部分）、南部吴语、徽语、赣语、湘语、客家话、广西平话、粤语、闽语

续　表

<table>
<tr><th colspan="2">词　项</th><th>方言区</th><th>方　言　点</th></tr>
<tr><td rowspan="5">其他</td><td>竖</td><td>湖南乡话</td><td>湖南古丈、沅陵</td></tr>
<tr><td>直</td><td>湘语/赣语</td><td>湖南隆回、武冈、新宁、城步/绥宁</td></tr>
<tr><td>撑</td><td>吴语</td><td>江苏靖江吴语、海安、如皋、姜堰、泰兴、泰县</td></tr>
<tr><td>拉/拉～立</td><td>吴语</td><td>浙江崇德(旧县)、平湖、海盐、海宁</td></tr>
<tr><td>隑 $ŋe^{24}$</td><td>吴语</td><td>浙江上虞、余姚、慈溪、镇海</td></tr>
</table>

说明:“站、立、徛”三词分布广,故一般不列具体方言点。“立～站”表示“立”“站”兼说,为简便计,跟单说“立”的归为一类,中间用“/”隔开。余同此。

“站立”义词在现代汉语方言中的主导词有三个：站、立、徛(上表的上半部分)。它们的分布特点如下：

“站”的分布地域最广,正如 Jerry Norman《汉语概说》所指出,表示“站立”的“站”是北方方言的特征词之一,大多数北方方言用“站”表示“站立”。此外它还散见于非官话区的部分方言点。

“徛”密集地分布于东南部的吴语、徽语、赣语、湘语、客家话、广西平话、粤语、闽语地区,最远的到达江淮官话区的湖北红安、英山一带和属于西南官话的湖南安乡、桃源、汉寿、凤凰一带。这个词在南方尤其是在粤语区常写作“企”,但正如《汉语方言词汇》第 366 页所指出,这是训读字。除了“企”以外,“徛”还有“踦、亍”等写法,下文用“徛”字作代表。

“立”则呈零散分布,散落在官话、晋语、吴语、赣语、湘语、湖南乡话和广西平话各区,比较集中的有四大片：① 从辽宁经河北、山西、陕西、河南一直到四川的斜长地带,包括甘肃和湖北的个别点,均属官话区,北到辽宁沈阳(属东北官话)、东到山东乳山(属胶辽官话),西到新疆乌鲁木齐(属兰银官话)、南到四川西昌(属西南官话),值得注意的是江淮官话中说“立”的方言很少,目前所知仅南通一个点;② 苏南、上海和浙北的吴语区;③ 江西境内的丰城、新余、安福、莲花、永新、吉安县、吉水、永丰、泰和、井冈山等赣语区;④ 广西境内的龙胜、三江、融水、临桂、灵川、桂林、永福、罗城、柳城、宜州等平话区。

有些地点"站""立"并存,或"站""徛"并存,或"立""徛"并存,最多的有三个词,如西安,"站""立""□nou˩"并存。"站"和"立"在江苏境内的一部分分界线位于丹阳、丹徒一带,呈现出结合部犬牙交错的纷繁局面,形象地反映了基本词汇的稳固性和不易替换性。①

除三个主导词外,其余"竖、直、撑、拉、隑"等均只见于少数方言点。

(二) 历史

这部分依据文献对"站""立""徛"的历史面貌作个大致的描述,重点讨论"徛"和"站",以及"站"对"立"的替换。

1. 立

"立"是汉语表"站立"义历史最悠久的一个主导词,在甲骨文中已常见,直到今天仍活在部分方言中。据 James A. Matisoff,②原始藏缅语表示"站立"义的词构拟为 * g-ryap(PTB'stand' * g-ryap),因此"立"应该是原始汉藏语表示"站立"义的共同词。古文字作。《说文解字·立部》:"立,住也。从大,立一之上。"徐铉校录:"大,人也;一,地也。会意。"林义光《文源》:"象人正立地上形。"早期文献用例如《尚书·顾命》:"一人冕,执刘,立于东堂。"历代都常用,不烦缕述。

2. 倚(徛、踦)/企(跂)

这组词的历史也很悠久,"倚"上古音群纽(详下)、歌部,"企"溪纽、支部,读音相近,两者是否有同源关系尚待研究。下面根据现行辞书、相关研究成果以及我们的初步调查对它们做一个大致的梳理。

倚:"倚"有"倚靠"义,音"於绮切"(今读 yǐ),这是自古以来的强势用法。除这个音义外,《大字典》《大词典》"倚"字条均列有"立"义,当音 jì(详下)。《广雅·释诂四》:"倚、竖、建、封、殖、莳、置、隑企、起,立也。"这是辞书对此义的最早记载。王念孙《广雅疏证》云:"倚者,《说卦传》:'参天两地而倚数。'虞翻注云:'倚,立也。'蜀才作'奇',义同。《楚辞·九辩》云:'淡容与而独倚。'……《方言》又云:'隑,陭也。'陭与倚声相近,故倚、隑俱训为

① 详见[美]史皓元(Richard VanNess Simmons)、石汝杰、顾黔《江淮官话与吴语边界的方言地理学研究》,上海教育出版社 2006 年,106 页,图 38。

② [美] James A. Matisoff *Handbook of Proto-Tibeto-Burman*, University of California Press, 2003.

立也。”曹宪《博雅音》注“倚”字为“於绮切”，恐未当。《易·说卦》“参天两地而倚数”的“倚”字，《经典释文》云：“於绮反。马云：依也。王肃其绮反，云：立也。虞同。[①] 蜀才作‘奇’，通。”可见当“站立”讲的“倚”当音“其绮反”，与《广韵·纸韵》“徛，立也。渠绮切”的“徛”字音义完全相同，又可写作“奇”，三个字所记的是同一个词。

综合王念孙《读书杂志》卷十一《荀子》第七“倚而观”条，王云路、方一新《中古汉语语词例释》“倚(jì)”字条、张万起《世说新语词典》“倚(yǐ)”条和“二典”的相关材料，结合笔者的调查，约得当“立”讲、音 jì 的“倚”六七十例。下面先列举汉代以前的早期用例：

(1) 昔者圣人之作《易》也，幽赞于神明而生蓍，参天两地而倚数。(《易·说卦》)王肃、虞翻、孔颖达均云：“倚，立也。”高亨注：“言《易经》以奇数为天之数，以偶数为地之数，而立其卦爻之数也。”

(2) 今当试去君上之埶，无礼义之化，去法正之治，无刑罚之禁，倚而观天下民人之相与也。(《荀子·性恶》)王念孙云：“倚者，立也。”

(3) 淡容与而独倚兮，蟋蟀鸣此西堂。(《楚辞·九辩》)王念孙云：“谓独立也。”

(4) 白鹿麏麚兮，或腾或倚。(《楚辞·刘安〈招隐士〉》)王夫之通释：“倚，立也。”王念孙云：“谓或腾或立也。”

(5) 倚踌躇以淹留兮，日饥馑而绝粮。廓抱景而独倚兮，超永思乎故乡。(《楚辞·严忌〈七谏·哀时命〉》)

(6) 立之于本朝之上，倚之于三公之位。(《淮南子·氾论》)“立”和“倚”均为使动用法。

(7) 倡优俳笑观倚庭。(西汉·史游《急就篇》卷三)颜师古注：“倚，立也。‘观倚庭’者，言人来观倡优，皆倚立于庭中也。”

(8) 万楹丛倚，磊砢相扶。(东汉·王延寿《鲁灵光殿赋》)

(9) 美人赠我金错刀，何以报之英琼瑶。路远莫致倚逍遥，何为怀忧心烦劳。……路远莫致倚惆怅……路远莫致倚踟蹰……路远莫致倚增叹。(《文选·张衡〈四愁诗〉》)李善无注，“倚”当为“立”义。

---

① 此即《集韵·纸韵》“倚，巨绮切。立也”音义之所本。

(10) 甘瓜抱苦蒂,美枣生荆棘。利傍有倚刀,贪人还自贼。(逯钦立辑校《先秦汉魏晋南北朝诗·汉诗·古诗二首》之二)"倚刀"犹今言"立刀",指"刂"旁。

例子不算太多。其中《易·说卦》"倚数"的"倚"是"建立;确立"义,当是"站立"义的引申,而且对此词的解释古人尚有分歧,马融就解释为"依"。除此以外,例(2)(3)为战国时期用例,其余均为两汉的例子。

魏晋南北朝时期用例颇为多见,尤其是在南朝诗歌、小说、道教文献和史籍中,例如:

(11) 入空室而独倚,对床帷而切叹。痛人亡而物在,心何忍而复观。(《艺文类聚》卷三十四引曹植《慰子赋》)独倚,独立。

(12) 有七尺之骸,手足之异,戴发含齿,倚而趣者,谓之人。(《列子·黄帝》)王念孙云:"谓立而趣也。"

(13) 顿辔倚高岩,侧听悲风响。(陆机《赴洛道中作》)"倚高岩"指立于高岩之上。

(14) 忧思出门倚,逢郎前溪度。(逯钦立辑校《先秦汉魏晋南北朝诗·晋诗·吴声歌曲·前溪歌七首》)"出门倚"即"出门立"。

(15) 依然临送渚,长望倚河津。(阴铿《江津送刘光禄不及》)"倚河津"指立于渡口。

(16) 王导、庾亮游于石头,会廙至。尔日迅风飞帆,廙倚楼船长啸,神气甚逸。(《世说新语·仇隙 3》刘孝标注引《王廙别传》)"倚楼船"就是站立在楼船上。

(17) 宋时豫章胡庇之尝为武昌郡丞,宋元嘉二十六年入廨中,便有鬼怪中宵笼月,户牖少开,有人倚立户外,状似小儿。(《法苑珠林》卷四十六引《述异记》)"倚立"与下面的"立倚"都是同义连文。

(18) 宜都、建平二郡之界,有五六峰,参差互出。上有倚石,如二人像,攘袂相对。俗谓二郡督邮争界于此。(《初学记》卷五、《艺文类聚》卷六、《太平御览》卷五十二、《事类赋注》卷七引《幽明录》)倚石,耸立的石头。

(19) 有鬼持叉,倚于其侧。……边有沙门立倚甚众。(《太平广记》卷三七七"赵泰"引《冥祥记》)"倚"与"立倚"同义,都指站立。

(20) (蔡)愔又于西域得画释迦倚像,是优田王旃檀像师第四作。(《高僧传》卷一《竺法兰》)"倚像"犹言"立像",与"坐像"相对。

(21) 乡中有学舍,欢贫,无以受业,于舍壁后倚听,无遗忘者。(《南齐书·高逸传·顾欢》)"倚听"即站着听,非倚靠着听。

(22) 永明末,民间制倚劝帽。及海陵废,明帝之立,劝进之事,倚立可待也。(《南齐书·五行志上》)"倚"即"倚立"。"倚劝帽"是民间的称呼,可见管"立"叫"倚"是当时的口语。

(23) 时荆州信去倚待,朓执笔便成,文无点易。(《南史·谢朓传》)倚待,立待。

(24) 经国有体,必询诸朝,所以尚书置令、仆、丞、郎,旦旦上朝,以议时事,前共筹怀,然后奏闻。顷者不尔,每有疑事,倚立求决。古人有云,主非尧舜,何得发言便是!(《梁书·武帝纪下》载其《疑事先议后闻诏》)

(25) 仙人使平倚日中,其影偏。(陶弘景《真诰》卷五"甄命授第一")"平倚"犹言直立、正立,为道经中常语。

(26) 巨石临危,若坠复倚。(《水经注·河水四》)

值得注意的是,在南北朝时期,南朝作品中当"站立"讲的"倚"屡见,而北朝作品则罕见,上引例子中仅(26)《水经注》一例。在北魏的《齐民要术》中"倚"共 9 见,没有一例用作此义的。在南朝宋刘义庆的《世说新语》中,单音词"倚"共出现 8 次,除用作"倚靠;斜靠着"义 2 次、"假托;借着"义和"依附"义各 1 次外,其余 4 例均用作"站立"义:

(27) 桓宣武北征,袁虎时从,被责免官。会须露布文,唤袁倚马前令作。(文学 96)

(28) 山公大儿着短帢,车中倚。(方正 15)

(29) 刘尹至王长史许清言,时苟子年十三,倚床边听。(品藻 48)

(30) 郗家法:子弟不坐。因倚语移时,遂及财货事。(俭啬 9)

梁陶弘景的《周氏冥通记》中,"立"13 见,用作"站立"义的仅 1 例:至户内立而无言。(卷四)"倚"4 见,都是"站立"义:

(31) 入屋后倚檐前。……侍者六人入户,并倚子平床前。(卷一)

(32) 帅倚床前而言曰。(卷一)

(33) 说竟,四人齐坐,李犹倚。(卷二)

最后一例与“坐”相对,其义尤明。可见南北朝时期“倚—立”大体呈南北对立的局面。南北朝以前“倚”的文献用例也以南方居多,尤其是古楚地,如(3)(4)(5)(6)等。

唐代当“立”讲的“倚”仍时有所见,唐人所作的注疏中尤多,如:

(34) 男年十七八,莫遣倚街衢。(唐王梵志诗《男年十七八》)

(35) 倚道向人多脉脉,为情因酒易伥伥。(唐韩偓《即目》诗)

(36) “立如齐[①]”者,人之倚立,多慢不恭,故戒之云:倚立之时虽不齐,亦当如祭前之齐,必须磬折屈身。(《礼记·曲礼上》唐孔颖达《正义》)孔颖达每以同义连文“倚立”来解释经文的“立”字,例多不备举。“倚立”一词后世犹多有承用者。

(37) “妇人不立乘”者,立,倚也。妇人质弱不倚乘,异男子也。男子倚乘,妇人坐乘,所以异也。(同上)孔颖达以“倚”释“立”,且以“倚乘”与“坐乘”相对,其义至为显豁。

宋代以后,例子就少见了,例如:

(38) “植其杖而芸”者,植,倚立也。芸,除草也。丈人既责子路,至于田中,倚其荷蓧之杖而芸其苗。(《论语·微子》“植其杖而芸”孔曰“植,倚也”宋邢昺疏)《经典释文》“倚也”音“其绮反”。

(39) 荆州信云:“倚待谢朓,执笔便成,文无加点。”“倚待”如“立俟”也。(宋叶廷珪《海录碎事·文学上·文章》)按,叶氏的解释正确,但引文及断句恐有误,见上引例(23)《南史·谢朓传》。

(40) 瘦倚春寒灞陵路,影扶疏。(元李致远《小桃红·新柳》)

(41) 见西峰顶有峰特倚如覆钟。(《徐霞客游记·滇游日记十》)

最后两例大概都是沿用成词,未必反映口语。

徛:《大字典》“徛”字条收有“立”义,但仅引《广韵·纸韵》:“徛,立也。渠绮切。”未举书证。《大词典》则未收此义。“徛”字用作“立”义的用例少见,如:

---

① 此条的三个“齐”字都等于“斋”。

（1）婆乃哭云："可悲可痛！"禅客罔措。婆乃问云："会么？"禅客合掌而退。婆云："徛死禅和，如麻似粟。"……赵州以棒打云："似遮个徛死汉，不打待几时！"连打数棒。（《景德传灯录》卷八"浮杯和尚"）

"徛死"即"立死"，可比较：

（2）唐乾宁二年乙卯五月二十九日，问侍者曰："坐死者谁？"曰："僧伽。""立死者谁？"曰："僧会。"乃行六七步，垂手而逝。（《景德传灯录》卷十二"灌溪志闲禅师"）

浮杯和尚的事迹在《慧普觉禅师语录》和《佛祖历代通载》中也有记载，前者将两个"徛死"均写作"猗死"，后者将两个"徛死"均写作"伎死"。另外还有写作"跂死"的，例如：

（3）师曰："蚯蚓穿过东海，虾蟆撞倒须弥。跂死禅和，打瞌睡未曾醒在。"（《续灯正统》卷四十"江宁府天界觉浪道盛禅师"）

"猗""伎""跂"都是民间俗写的记音字。写作"伎"也见于宋陆游《老学庵笔记》卷十："芰，菱也。今人谓卷荷谓伎荷，伎，立也。卷荷出水面，亭亭植立，故谓之伎荷。或作芰，非是。"

踦：《大字典》"踦"字条："（五）yì《集韵》於义切。……② 方言。站立。清龚自珍《金坛方言小记》：'游谓之弗相[①]。呼取物来曰捉了来。立曰踦。'"按，此字应该就是"徛"的异写，亦当音 jì，《大字典》注作 yì 恐不妥。《大词典》未收此义。

企（跂）："二典""企"字条都收有"站立""竦立；立"的义项，所举书证有：

（1）登巑岏以长企兮，望南郢而窥之。（《楚辞·刘向〈九叹·忧苦〉》）王逸注："企，立皃。"

（2）鸟企山峙。（三国魏何晏《景福殿赋》）

（3）企石挹飞泉，攀林摘叶卷。（南朝宋谢灵运《从斤竹涧越岭溪行》诗）

（4）皆大石林立，焕若奔云，错若置棋，怒者虎斗，企者鸟厉。（唐柳宗

① "弗相"当即今沪语之"白相"。

元《永州崔中丞万石亭记》)

(5) 企立船舷,如有所俟。(《剪灯新话·联芳楼记》)

(6) 且问尔,设使皇上帝当初造天不造地,尔足犹有所企立、且犹有田亩开垦否乎?(太平天国洪秀全《原道觉世训》)

“二典”“跂”字条均未收“立”义。古代注疏有如下训释:

(7) 如跂斯翼,如矢斯棘。(《诗经·小雅·斯干》)朱熹《集传》:“跂,竦立也。”

(8) 其亡可跂立而待也。(《资治通鉴·唐纪四十六》)胡三省注:“跂,举踵而立也。”

可见“跂”是“立”的下位词,指踮起脚跟站立。

刊刻于明嘉靖年间的潮州戏文《荔镜记》中,表示“站立”义既用“立”,又用“企”。从书中的使用情况看,“立”是上位词,“企”则是下位词,含有“(站立)[+勉强]”的意思。

又,明刊闽南戏曲《满天春》中写作“居”有6例,“强企”1例。

在清代的粤语文献《俗话倾谈》中,“企”是“站立”义的主导词,而“立”不能作为独立的词使用,构成的复合词和短语有企立、独立、拱立、企则同立等。

《汉语方言词汇》和《现代汉语方言大词典》“企”字条都认为“本字当作‘徛’,广韵纸韵渠绮切:‘立也’”。其实“徛”大概只是一个所谓的“后出专字”,[①]文献中实际用例罕见,更早的形式是“倚”和“企”。(详上文)《说文·人部》:“企,举踵也。”从“举踵”引申出“站立”义是很自然的,不过在明代以前,“企(跂)”的确切含义是“踮起脚跟站立”,是“立”的下位词。《老子》:“企者不立,跨者不行;自见者不明,自是者不彰。”可见“企”和“立”是有不同的。“倚”和“徛”在表示“站立”义上是异体字关系,这是没有疑问的。“倚”的“倚靠”义和“站立”义仅声母有别,韵和调全同,语义上也密切相关,可能存在同源关系。

① “徛”字古已有之,《说文·彳部》:“徛,举胫有渡也。”《尔雅·释宫》:“徛,石杠谓之徛。”郭璞注:“聚石水中,以为步渡彴也。或曰今之石桥。”此词文献用例罕见,实际上是上古的一个冷僻字,所以后来人们为“立”义造“徛”字时偶尔与之同形,这个“徛”字很可能是在“倚”的基础上增加一笔而成。

3. 站（埑、佔、跕）

“站”产生最晚，一般认为，“站”字始见于《广韵·陷韵》：“站，俗言独立。又作埑。陟陷切。”也就是北宋才见诸文献。承友生真大成教授见告（私人通信）：

> 蒋斧藏本《唐韵·陷韵》：“站，俗言独立。”显然就是《广韵》所本。查宋跋本《王仁昫刊谬补缺切韵》和《裴务齐刊谬补缺切韵》“陷韵”均未收“站”字，而依蒋本《唐韵》体例，若是新加字，则会在每组第一字之下标明“几加几”，但是蒋本《唐韵》“都陷反”小韵下径标“二”，即包括“詀”和“站”字。由此看来，“站”字不是蒋本《唐韵》所增，而是它所据底本（很可能就是孙愐的《唐韵》，周祖谟谓“本书去孙愐原书还不会太远，可能是比较接近于孙愐原书的一种增修本”）本来即有。若如此，孙愐《唐韵》作于开元年间（713—741），则“站”至晚在盛唐之时便已产生。

按，真说将“站”这个词的产生年代从北宋推到了盛唐，整整提前了近三百年，这对于追溯“站”的历史是很有意义的。《广韵》“站”字显然是承《唐韵》而来，只是增加了一个或体“埑”。《唐韵》之后，韵书、字书对此词多有记载（字又写作“佔”），除上举《广韵》外，如《集韵·陷韵》：“站、佔，久立也。或从人。”《类篇·人部》：“佔，又陟陷切，立也。”《龙龛手镜》《正字通》等也都收录了此词。还有写作“跕”的，明清文献中时见用例（详下），但是字书、韵书从来没有著录过它用同“站”的音和义，应该是一个民间俗字。①

虽然韵书、字书一直有记载，但是从盛唐到明初，“站”的文献用例却罕见，特别是以北方官话为背景的《元刊杂剧三十种》《元典章》《通制条格》《元朝秘史》《古本老乞大》《老乞大谚解》《朴通事谚解》等文献，表“站立”义全部用“立”，“站”不见踪影。元代有一个蒙古语音译词、表“驿站”义的“站”（又叫“站赤”）进入汉语，在元末明初一直是“站”的

① 此外，张涌泉《汉语俗字丛考》怀疑“㣅”“衜”二字亦为“站”的俗字，见该书63、368页。

中心义项，[①]它跟“站立”的“站”同音同形，这可能也抑制了“站立”义“站”的使用和发展。

“站”较为可靠的用例见于明初的《水浒传》和《三国演义》中，共见3例：

(1) 武松站住道：“我要净手则个。”(《水浒传》第二十九回)

(2) 吹手点鼓，宣令官传令毕，营哨头目，依次磕头，起站两边。(又第一百零九回)

(3) 正惊讶间，忽然狂风大作，白浪滔天，江水溅湿龙袍，大船将覆。曹真慌令文聘撑小舟急来救驾。龙舟上人立站不住。(《三国演义》第八十六回)

明代中期以后的文献中就很常见了，详下文。

4.“站”对“立”的替换

如上所述，“站”大约产生于唐代，元代以前用例罕见；但是明代以后却占据了主流，在广大的官话地区取代了“立”，在一些南方方言中则取代了“徛”。“站”是何时又是如何取代“立”的呢？有两种典型语料可以帮助我们判断至迟到15世纪中后期“站”在某些方言中已经完成了对“立”的替换。

一是朝鲜人李边所编的汉语教科书《训世评话》(书成于1473年)，此书的白话部分，表示“站立”义全部用“站”，字写作“亖”，共9例，如：

(1) 有一个被金甲的将军亖在北壁，和杨和说。(10白)

比较：有一被金甲将军立于北边，与和曰。(10文)

(2) 那媳妇听得那意思，拿者刀儿出门亖者。(15白)

文言部分的“立”，在白话部分全部对译成“站”。可见在《训世评话》中，“站”已经完全替代了“立”，成为“站立”义的主导词。

二是写成于1491年(明弘治四年)的哈铭《正统临戎录》，此文“站”出现2例，未见“立”：

(3) 账房内进酒毕，伯颜帖木儿将多人赶出远站，着铭皇帝上奏说道。

① 在《元刊杂剧三十种》《元典章》《通制条格》《元朝秘史》等元明北方语料中出现的“站”全部指“驿站”。

(4) 后行至野狐岭口边有，伯颜帖木儿、俺克太平章同杨善、忠勇伯站在东南边。

那么这两种典型语料所反映的是哪个地区的方言呢？这是问题的关键。据陈莉《〈训世评话〉词汇研究》，《训世评话》的语言带有明显的江淮方言色彩，而与汉文部分修订时间仅晚十年的《老乞大谚解》《朴通事谚解》存在很大的差异。《正统临戎录》的方言背景则暂时无法确定，需要进一步研究。

此外值得注意的还有成化(1465—1487)本《白兔记》的资料：

(5) 有时走在门前站，过来过往小汉子都把眼来看。(第二出)

(6) 这个没家法的，打鼓迎藁荐，从来不曾见老婆正面坐，汉子傍边站。(第七出)

(7) 湛湛青天不可欺，井里虾蟆没毛衣。八十娘娘站着溺，手里只是没拿的。(第九出)

成化本《白兔记》中没有出现表示“站立”义的“立”，而只用“站”。汲古阁本则用“立”不用“站”。这两种版本的方言背景有待进一步研究。

虽然上述三种典型语料可以明确地告诉我们至迟到 15 世纪中后期“站”在一些方言中已经完成了对“立”的替换，但是明清时期其他白话文献在反映这对词的竞争替换时却相对滞后，最奇怪的是江淮官话，从整个明代文献反映的情况看，“站”在江淮地区的发展速度要快于北方地区，早期用例也多集中在这一地区的作品，可是到了清代，情况反而有点逆转，像《儒林外史》和《老残游记》，“立”仍然保持着相当的数量，而且主要作为独立的词使用。这种现象可能主要应归因于文献的复杂性，即使是像明清白话小说那样的资料也未必都用方言中的口语词，这是汉语词汇史研究中普遍存在的一个棘手问题，需要作细致的分析。但是外国人编的口语教科书不是这样，它一定是真实口语的直接记录，因为他们学了这话是随即要用的，不依据口语不行。因此《老乞大谚解》和《朴通事谚解》只用“立”而不用“站”，一定是当时那个方言中还说“立”而不说“站”，而《训世评话》的情况则正好相反，已经说“站”而不说“立”了。《老乞大谚解》《朴通事谚解》跟《训世评话》时代相近，这对词的使用却截然相反，那一定是方言的差异——两者的基础方言不同。《老》《朴》基本可以确定为北系官话，那么《训世评话》很可能是代表的明代前期的南系官话。当然,《训世评话》和《正统临戎录》的方言背景究竟是不是江淮官话还可以继续讨论,限于篇幅,这里不细说。

“立”“徛”“站”在汉语史上的情况可总结如下:“立”从有文字记载的上古早期起一直是影响最大的通语词,直到明代以后才在大部分北方地区被“站”替换;“徛(倚)”用作“站立”义始见于战国,历史上可能作为一个方言词一直存在于南部广大地区;“站”始见于唐代,明代以后在广大的官话区逐渐取代“立”成为新的通语词。

(三)共时分布的历时解释

词汇复杂多变,一般认为缺乏规律性;但是基本词汇的演变还是很有规律的,基本词汇的历时演变和共时分布,总体而言呈对应的局面,可以相互印证,相互解释。因此纵(历时)横(共时)结合研究汉语词汇是一条可行的途径,前景广阔,可做的工作很多。对方言研究来说,历史的考察有助于方言词的溯源和对共时分布的解释,分清一组同义词的历史层次;而对词汇史研究来说,方言的现实分布有助于理清词汇演变的脉络和新旧词更替的线索,因为文献资料有限而且情况极其复杂,依靠“文献考证法”只能部分复原语言的历史,难以看清全貌。

把“站立”义三个主导词的历时演变和共时分布结合起来看,我们不妨这样假设:上古、中古时期(唐以前)“立”“徛”南北对立,长江以北说“立”,长江以南说“徛”,“徛”的北域至少抵达长江流域;唐宋以后,“立”往南挤压,占据了“徛”的部分地域,所以“立”在南方都分布在离北方较近的地域,同时“站”开始兴起;明代以后“站”快速扩散,在广大的北方地区逐步取代了“立”(尚未彻底完成),在南方部分地区取代了“徛”。最终形成了今天这样的分布(见图2-1),即:

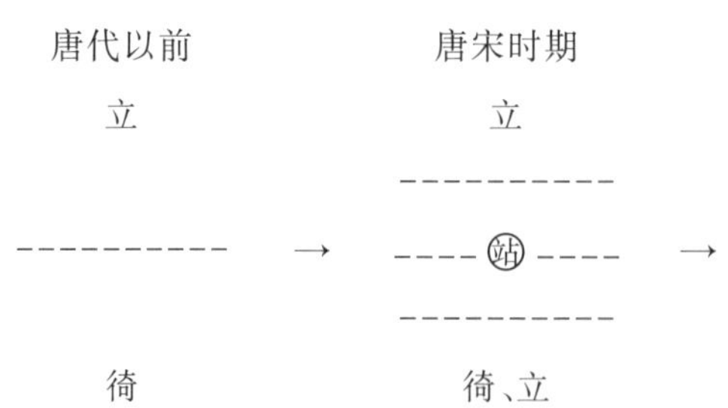

图2-1 “站立”义三个主导词的历时演变和共时分布

那么“站”的发源地在何处？它是怎么兴起的？为什么能在较短的时间内迅速扩散并取代大部分“立”和一部分“徛”呢？

我们推测“站”很可能是所谓的“长江型”词，[①]即兴起于江淮流域而后往北往西扩散。这一推测主要基于以下两点。一是在官话方言区中，江淮官话基本都说“站”，说“立”的目前所知只有南通一个点（可以解释，因为与吴语毗邻），而河北还有很多地方说“立”，如果“站”是从北京一带起源的，就无法解释为何紧邻的周边地区尚未被“站”覆盖，而远在长江流域的江淮官话却已经全部被覆盖了；如果说是从中原起源的，那么河南的西峡、镇平、鲁山等中原核心地区今天仍说“立”而不说“站”，也不好解释。二是从文献来看，“站”的早期用例主要集中在江淮官话区作家的作品，如《水浒传》《三国演义》《西游记》《封神演义》，还有《训世评话》等，北部官话文献中几乎看不到（详上文）。也就是说，我们的基本思路是：先查清今天方言中“站”的核心区域（即不再说“立”“徛”的地区），然后跟历史上可靠的文献（如口语教科书等）互证，借此来推定“站”的发源地。现代方言中用“站”最密集的地区，理论上可以推测为“站”的发源地，即“站”这一扩散波的中心，这就是江淮官话。明代以后，“站”借助江淮官话的优势地位向周边扩散，有些地区已被完全覆盖，有些还处在两者并存的竞争阶段，有的则尚未被波及。

但是，如果“站”起源于长江流域，为何它只“北上”，而很少“南下”呢？特别是紧邻的北部吴语，今天几乎都还说“立”或“徛”而不说“站”。岩田礼先生对此的解释是：自明代以来有不少江淮词向北逆流，如“冰雹”“插秧”“今天”“明天”等，这些词也沿着长江传播到西南地区，但很少有传播到南方地区的。对于这一现象，目前还没有合适的答案。

历时演变与共时分布之间的关系十分复杂，往往是调查的范围越广，问题越显得复杂，要想解释清楚，还需要结合历史文化背景特别是移民史作深入的调查研究。上文对“站立”义词共时分布的解释还只是一个假设，有待进一步验证。

---

① 参看岩田礼《汉语方言解释地图》，［日本］白帝社 2009 年，15—16 页、19 页。

二、“脖子”义词[1]

汪维辉
《说“脖子”》

“脖子”也是一个基本概念，[2]汉语史上表示这个概念先后使用过很多词，如：领、颈、项、脖（孛、钹、胈、馞、膊、鹁），脰、亢（肮、吭、颃）、頟、頔、顈、胡，咽、喉、嗌、嗓。其中主导词是领、颈、项、脖四个，历史上发生过“领→颈/项→脖（子）”的两次更替。

最初古人用“领”来指称{脖子}，比如：

> 手如柔荑，肤如凝脂，领如蝤蛴，齿如瓠犀，螓首蛾眉。（《诗经·卫风·硕人》）
>
> 驾彼四牡，四牡项领。（《诗经·小雅·节南山》）
>
> 交交桑扈，有莺其领。（《诗经·小雅·桑扈》）

第一例指人（女子），后面两例分别指马和鸟。

“颈”始见于战国，从语源看，“颈”的本义应该是指{脖子}，[3]不过它还经常特指“脖子的前部”，跟“项”指“脖子的后部”正好形成互补关系，所以“刎颈”不能说成“刎项”，“望其项背”也不能说成“望其颈背”。人体部位名称的所指常常具有模糊性和灵活性，这是一个普遍现象。大约到战国后期，“颈”在口语中已经取代了“领”，两者在先秦几部比较可靠的文献中的出现次数如下（见表2-6）：

---

① 详参汪维辉《说“脖子”》。

② 下文讨论的是指“整个脖子”这一概念的词（包括特指脖子前部和脖子后部），用{ }表示概念，必要时用〈 〉表示词。概念、词、字三者的关系如下：

{脖子}：〈领〉〈颈〉〈项〉〈脖〉〈脰〉……

〈脖〉：胈、钹、孛、膊、馞、鹁、脖

③ “颈”与“茎、胫、经”等是同源词，它们的“得名之由”相同，都有“直而细长”的特点。

表 2-6　“领”与“颈”在先秦文献中出现的次数

	诗经	左传	国语	孟子	庄子	荀子	韩非子	战国策	楚辞	吕氏春秋
领	3	7	4	1	1	0	1	4	0	2
颈	0	1	2	0	3	2	5	3	1	6

自《庄子》以下，除《战国策》外，“颈”都多于“领”。这些“颈”用法灵活，句法自由度高。而“领”则相反，《庄子》的1例“领”是“颈领”连文，《韩非子》和《吕氏春秋》的3例“领”都是“要领”，《战国策》的4例“领”中，“引领”和“要领”各1例，都是沿用成词，缺乏句法自由性；同时“领”的词义向“衣领”“量词”“治理”“统率，管领”等方面引申，主导义位发生转移，表现出明显的被替换倾向。伸长脖子，早期说“引领”，如，及君之嗣也，我君景公引领西望曰：“庶抚我乎！”(《左传・成公十三年》)到战国后期，除上面提到的《战国策》1例外，都说成了“延颈”，如，小人莫不延颈举踵而愿曰：“知虑材性，固有以贤人矣。”(《荀子・荣辱》)表达同样的意思，时代不同说法不同。《诗经》“领”3见(见上引)，其中有2处，即《卫风・硕人》“领如蝤蛴”和《小雅・桑扈》“交交桑扈，有莺其领”，毛传都解释说：“领，颈也。”这是毛亨用当时口语解释古语，说明对当时的人来说，这个“领”已经有解释的必要。上面这些现象表明，到战国后期，“颈”应该已经取代了“领”，成为表示{脖子}的主导词。这之后，两汉魏晋南北朝基本上一直延续这一局面。

但是到了隋唐时代，情况却发生了变化：“项”的用例大幅度增加，“项”和“颈”在各种口语性文献中的分布看不出明显的规律，词义和用法也看不出明显差别。自敦煌变文以下的晚唐五代宋文献中，“颈”和“项”则表现出明显的地域差异：敦煌变文一律用“项”，而在《祖堂集》《朱子语类》《五灯会元》这些具有南方方言背景的文献中都是“颈”远多于“项”或者根本没有“项”。大致呈现出北“项”南“颈”的分布格局。

到了元代，情况又发生了大变：“脖子”的〈脖〉在元代突然大量见诸文献。关于它的来源人们有种种推测，迄无定论。〈脖〉毫无疑问是一个北方方言词，至于最初具体是哪个地方的词，则不易断定，我们推测，它有可能在宋辽金时代就已经通行于淮河以北的北方地区了，只是少有机会进入文献。

〈脖〉始见于文献的年代可能比一般所认为的元代更早。比如：那汉见那妇人叫将起来，却荒就把只手去克着他胈项，指望坏他性命。(《清平山堂话本·简帖和尚》)《简帖和尚》一般被认为是宋人话本，但也有学者认为是元代人的作品。从故事内容、行文风格和语言习惯来看，我觉得收在《清平山堂话本》里的《简帖和尚》虽然不可能完全保存南宋话本的原貌，但相去不会太远。此例中称脖子为"胈项"，字写作"胈"，犹存前代之旧，《古今小说》录作"脖"，则是冯梦龙把它改成了明代的通行字体。因此，这个"胈项"很可能记录的是宋代口语。

元代以后，〈脖〉迅速扩散，在《西游记》《封神演义》和《训世评话》中均有例子，这说明在明代〈脖〉已扩散到了江淮官话区，跟今天的分布一致。在明代的通俗小说中，《水浒传》和《金瓶梅词话》的〈脖〉都已超过"颈/项"，在《三宝太监西洋记通俗演义》中〈脖〉也出现了26例，在《型世言》、两拍、《西湖二集》和《欢喜冤家》这些吴地作品中也有一些〈脖〉的用例，可见吴地文人已经熟知这个词。汉语部分修改于1483年的《老乞大谚解》和《朴通事谚解》都说"脖项"而无"颈"。这些事实都表明，至晚到明末，在江淮官话(含部分)以北的大官话区，〈脖〉应该已经取代"颈/项"成为主导词了。

根据《汉语方言地图集·词汇卷》"063 脖子"地图和《现代汉语方言大词典》，{脖子}在当代方言中的说法相当纷繁复杂，大致可以归纳成五系，详见下表2-7。

表2-7 {脖子}的方言分布

词项	方言分布
脖系	官话、晋语
颈系	江淮官话、西南官话、中原官话、晋语、吴语、赣语、徽语、湘语、粤语、客家话、闽语、畲话、土话、平话、乡话、儋州话
项系	西南官话(部分)、江淮官话(部分)、中原官话(部分)、兰银官话(少数)、晋语(个别)、吴语(部分)、土话(个别)
脰系	闽语(闽东、闽中、闽北、闽南、琼文、莆仙、邵将)、吴语
领系	闽语(闽南)

最主要的是“脖”系和“颈”系的对立，大致以长江为界，北“脖”南“颈”，江淮官话是过渡地带。也就是说，在大官话区（含晋语），除大部分江淮官话和西南官话（云南除外）之外，基本上都是“脖”系。“颈”系的分布区域最广：在南方，除闽语之外，它覆盖了所有各大方言区；在官话区，大部分江淮官话和除云南省以外的西南官话也是它的地盘。

“项”系分布范围有限，并且主要是跟“颈”“脖”结合，作为语素保留在复合词中，但是分布情况最为复杂，主要有四片：① 新疆、甘肃、陕西、山西一带的兰银官话、中原官话和晋语，除山西阳城（单说）和甘肃西峰（“项颈”）外，都是跟“脖”组合；② 四川、贵州、重庆、陕西、湖北一带的西南官话，都是“颈项”；③ 江苏境内的江淮官话和个别吴语，也都是“颈项”；④ 浙江中北部及安徽、江西个别点的吴语，都是“项颈”。其中①和②呈毗邻分布，也可以合并成一片；②和③都是“颈项”，很可能有同源关系，本来江淮官话和西南官话关系就密切；只有④跟其他三片呈远隔分布，外围都是“颈”系，它的来源还是一个谜。

闽语除少数点受到客赣方言的影响用“颈”系外，集中使用“脰”系和“颔”系。“脰”是上古汉语的遗存，分布在闽东、闽中、闽北、闽南、琼文、莆仙、邵将各区。值得注意的是，“头颈/脰颈”在吴、徽语区基本上呈大面积连续分布，这样的分布特征意味着它们有共同的来源，我们推测原始形式应该是“脰”而不是“头”，写作“头”只是因为受了“俗语源”的影响。如果这个推测成立，那么“脰”的分布地域就要比《地图集》所标的扩大许多，它就不是闽语的特征词，而是闽语和吴语的共有词了。“颔”则是闽语的独立创新，仅见于闽南话，是闽南话的特征词。

共时分布是历时演变的结果。把两者结合起来观察，可以得到以下几点认识。

第一，{脖子}义词在历史上的两次更替形成了现代方言分布的基本格局——北“脖”南“颈”。共时分布与历时演变可以相互印证。“颈”自战国后期到宋代一直是强势主导词，这样的地位跟它在今天分布区域最广正相吻合。“脖”兴起和取代“颈/项”的历史并不长，因此它的分布地域尚未扩展到南方。最古老的“领”只在“颈领”（江西石城客家话）和“脰领”（浙江泰顺、福建寿宁闽语）中还有个别残存，可见它退出词汇系统的时间的确很早。

第二,闽语用词最特殊,在基本词上既有存古的一面,又有创新的一面。存古的是“胆”,“胆”在战国秦汉时期是“齐语”(齐、青、徐一带的方言),《公羊传》何休注和《释名》都有明确记载,今天则保存于闽语,如果吴语区的“头颈”确如上文所推测原来是“胆颈”,那么它也保存在吴语中。这为闽语的来源及闽语和吴语的关系又提供了一条线索。来自北方的“胆”在闽语区的最早落脚地很可能是闽北地区。“胆”系在闽语中的远隔分布是移民造成的,雷州半岛和海南岛的“胆”大概是从莆仙片传过去的。创新的是“颔”,从指称下巴转而指称脖子,①仅见于闽南话。“颔”系和“胆”系基本上呈现闽南话与非闽南话的对立分布,这说明在闽语中闽南话是变化比较快的。②

第三,“项”系的情况最为复杂,有些现象暂时无法解释。比如“项”在浙江吴语中的远隔分布,似乎表明在吴语的腹地古代曾经说“项”,跟江苏境内的江淮官话可能同源,那么两者中间的“颈”就应该是后起的,但是这一推断目前找不到更多的证据;也有另一种可能性,就是这一片“项”是后来从北方引进的,相对于外围的“颈”而言,它是新的成分。又如文献所见的隋唐时期“项”的异常表现,眼下也理不出头绪,等等。总之,关于“项”的历史还有待深入研究。

第四,总体而言,{脖子}义词的复音化(主要是双音化)倾向比较明显:新兴的“脖”除山西襄垣、平定等个别点单说外,都是复音形式,其中“脖子”是主流;“项”基本上不能单说;连闽语区的“胆”和“颔”在很多地方也是复

① 汪锋、王士元《语义创新与方言的亲缘关系》(《方言》2005年第2期)指出:“一些方言现在用‘颔’来表达‘脖子’的意思。从文献中可以知道‘颔’曾有两个常见义项‘下巴’和‘点头’,以及一个不常见义项:下巴和喉头之间的部位。还没有文献材料说明‘颔’有‘脖子’的意思。我们推测:这个少见义项可以作为从‘下巴’到‘脖子’的转变过渡。为此,我们将方言中以‘颔’表‘脖子’的变化作为一项语义创新。”维辉按:潘悟云《汉语历史音韵学》把汉语的“喉”对应藏语的 $\mathrm{ko}_{\text{脖颈,下巴}}$(上海教育出版社 2000 年,208 页),可以作为“脖子”和“下巴”有关联的旁证。庄初升教授提供的这条材料也可供参证:“东莞樟木头客家话下巴说‘蛤蟆胲 ha^{11}ba^{22}kɔi^{34}’,实际上是脖子上部的软组织,这部分既跟脖子连为一体,也跟下巴连为一体(体胖者尤其如此),故如是说。”(2014 年 12 月 4 日电邮)

② 承秋谷裕幸先生惠告:您认为“颔”是创新,我非常同意您的观点。厦门话“上吊”说“吊胆”,此处仍用“胆”,这是您所说的降级保存吧。(2014 年 9 月 2 日电邮)这样看来,闽南话原本也是说“胆”的,“颔”应该是比较后起的创新。

音形式,这种情况在闽语的基本词中并不多见。比较特殊的是“颈”,单说的地方非常多,包括大部分赣语、客家话、粤语、平话和少部分江淮官话、西南官话、吴语、徽语、畲话、土话、闽语、儋州话。这说明“颈”这个古老的词受到复音化的影响比其他词要小。

第五,还有不少问题目前解释不了。这是几乎在研究每一个核心词时都会遇到的共同问题。其最主要的原因是材料不足。虽说方言材料已经相当丰富,但是当我们想要做出一个准确的判断的时候,还是常常会遗憾于材料的欠缺和粗略,真是应了一句古语:“食不厌精,脍不厌细。”我们对充足、精细的方言材料的需求可以说是永无止境的。古代材料的缺乏就更不用说了,而且是无法弥补的。上引汪锋、王士元(2005)指出:“语言演进只有一个真实的过去。由于汉语方言的复杂性和我们所能见到的汉语历史语料和现代方言语料的限制,以及其他种种制约,我们只能窥测其中的些许部分。”诚哉斯言!

课外阅读

1. 王力《汉语词汇史》
2. 蒋绍愚《古汉语词汇纲要》
3. 蒋绍愚《汉语历史词汇学概要》
4. 汪维辉《东汉—隋常用词演变研究》(修订本)
5. 汪维辉《汉语核心词的历史与现状研究》
6. 董秀芳《词汇化:汉语双音词的衍生和发展》(修订本)

思考题

1. 举例说明词的时代性和地域性。
2. 从纵横结合的角度考察一组“古今词”。
3. “狱”是怎么从“诉讼”变成“监狱”的?

4. 历史上很多单音词都发生了“双音化”，比如鼻→鼻子，衣→衣服；但是也有一些没有，比如手、水等。哪些单音词不容易发生“双音化”？原因是什么？

5. 下面各例中的“睡觉”是词还是词组？为什么？

(1) 尔时其人自知我入，犹如睡觉，即生天上。（元魏·瞿昙般若流支译《正法念处经》卷三十四《观天品之十三》）

(2) 郑容如睡觉而见宫阙，若王者之居焉。（北魏·郦道元《水经注》卷十九）

(3) 市内有大坑，水潦停注，常有群猪止息其间。续生向夕来卧，冬月飞霜着体，睡觉则汗气冲发。（《太平广记》卷八三“续生”条引《广古今五行记》）

(4) 我恰才睡觉了起去来，参儿高也，敢到半夜也。（《原本老乞大》）

(5) 你只管里睡觉，谁送钱来与你！（元·马致远《江州司马青衫泪》第一折）

第三章 语法史

在汉语三千多年的历史长河中，语法也在发生变化，但是没有语音和词汇快，古今汉语的语法只是大同中有小异。本章着重讨论四个问题：上古汉语的几个语法特点及其消失、古今汉语判断句的差异及其发展过程、近代汉语新兴句式的产生与发展、近代汉语代词系统的变化。

第一节 古今语法大同小异

汉语的语法也是在发展变化的，不过跟语音和词汇比较起来，语法方面的古今差异要小得多，可以说，古今汉语在语法上同大于异，同是指大的格局基本一致，异是指在具体的句法和词法方面发生过局部的变化。这是由语法的稳固性所决定的。

王力先生《汉语史稿》第三章“语法的发展”第三十一节“语法发展的一般叙述”说：

> 语法是具有很大的稳固性的。数千年来，即有史以来，汉语语法是变化不大的。
>
> 词序的固定是汉语语法稳固性的最突出的一种表现。主语在谓语前面，修饰语在被修饰语前面，数千年如一日。①

---

① 维辉按：关于修饰语与被修饰语的位置，学术界有不同意见，如邢公畹《〈诗经〉“木”字说》（《中国语文》1991 年第 6 期）认为《诗经·卫风·木瓜》中的木瓜、木桃、木李“这样的构词法是‘前上古’汉语的残存，这里的‘木’不是‘树木’，而是‘果实’”，“侗傣语修饰成分常在被修饰成分后，如‘桃子’泰语称为 ma：$k^{7}muan^{6}$，直译即‘木桃’，可知远古‘木瓜’‘木桃’‘木李’这种词法是跟侗傣语一致的。”其他讨论尚多，这里从略。因此，“修饰语在被修饰语前面”，可能未必“数千年如一日”。

> 下面是《论语》里的两个例子：
>
> 子见南子，子路不说。（《雍也》）
>
> 子在齐闻韶，三月不知肉味。（《述而》）
>
> 这两句话的语音，当然变化很大了；在词汇方面，也有一些变化。例如现代不说“说”（悦），而说“高兴”，不说“闻”而说“听见”。至于“韶”这个名词，在现代汉语里已经根本用不着了。但是，从语法上说，可以说没有甚么变化；现代还是用同样的词序，同样的结构方式。（211页）

除基本语序古今大体一致以外，汉语自古以来就有丰富的语气词系统，一般认为这是汉语语法的一大特点，《马氏文通》说：“助字者，华文所独，所以济夫动字不变之穷。”马氏所谓“助字”，今天称为“语气词”。这也是古今一致的，只不过是上古汉语的语气词系统到了近代汉语时期被彻底更新了而已，这可以看作大同中的小异。此外像汉语语法重“意合”的特点也是古今一脉相承的，因此“汉语里真正的介词没有几个”（吕叔湘《语文常谈》语），复句的关联词语常常不出现，词类和句法成分不是一一对应的关系（体词可以充当谓语、谓词可以充当主语和宾语等），也都古今一致。① 从更广义的“语法”来说，汉语作为一种音节语言的本质特点始终如一，没有变化，也就是“一个音节＝一个词/一个语素”。

下面重点讲一讲古今句法的几个主要差异及其大致的演变过程。

第二节　上古汉语的几个句法特点及其消失

上古汉语最突出的句法特点是宾语前置，情况复杂，下文讨论较详；此外还有词类活用，重点介绍名词活用作状语这一类；最后略述动量表示法的古今差异。

---

① 孙锡信《古今汉语语法比较说略》（《文科月刊》1986年第8期）把古今语法的一致性概括为4点，差异性归纳为7点。可以参看。

一、宾语前置

上古汉语的基本语序是SVO（主谓宾），跟现代汉语一样；[①]但是古汉语有一种语法现象是现代汉语所没有的，这就是一般所说的“宾语前置”。

王力先生《汉语史稿》第三章“语法的发展”第四十二节“词序的发展”说：

> 在原始时代的汉语里，可能的情况是这样：代词作为宾语的时候，正常的位置本来就在动词的前面（像法语一样）。到了先秦时代，由于语言的发展，这种结构分为三种情况：
>
> 第一种情况是完全抛弃了旧形式，仅仅留下若干残迹。例如：
>
> 民献有十夫予翼。（《书经·大诰》）
>
> 惟我事，不贰适；惟尔王家我适。（同上《多士》）
>
> 赫赫师尹，民具尔瞻。[②]（《诗经·小雅·节南山》）
>
> 在指示代词当中，“是”字比较能保持原始的结构。在某些情况下，“是”字可以自由地放在动词前面。例如：
>
> 葛之覃兮……是刈是濩，为絺为绤。（《诗经·周南·葛覃》）
>
> 维彼忍心，是顾是复。（同上《大雅·桑柔》）
>
> 尔贡包茅不入，王祭不共，无以缩酒，寡人是征；昭王南征而不复，寡人是问。（《左传·僖公四年》）
>
> 代词“是”用做来自动词的介词“以”的宾语（表示“因此”的意思）的时候，在上古一般是放在介词的前面的；而且“是以”这个结构作为凝固形式一直流传在后代的文言里。（357—358页）

王力先生对“是”字的观察很细致深入，裘锡圭先生在此基础上又有进一步的补充：

① 日语和朝鲜语的正常语序是“主宾谓”，即SOV，跟汉语不同。

② 维辉按：此例可能跟押韵有关。

> 在先秦时代，代词“是”用作宾语的时候常常前置。《马氏文通》就已经指出“是”字用作介词“以”的宾语的时候以“倒置为常”（336等页）。王力先生在《汉语史稿》中册里又进一步指出，用作宾语的“是”在某些情况下可以自由地放在动词前面（见357—358页）。在现有的古文字资料里，“是”字始见于大约作于周昭王前后的沈子簋。我们检查了一下西周、春秋金文里“是”字作宾语用或者可能作宾语的二十来个例句，发现“是”字全都是前置的，例如沈子簋的“懿父迺（乃）是子”（“是”似指作簋者自己），陈逆簋的“子孙是保”（“是”指这件簋），陈公子甗的“子子孙孙是尚”（“是”似指这件甗），虢盘的“是目（以）先行”，毛公肇鼎的“是用寿老”，等等，连一个例外也没有。由于这一事实的启发，我们又检查了一下古书里把“是”字用作宾语的例子，发现凡时代可靠的西周、春秋时代的作品（如《诗经》和《尚书》中时代可靠的各篇），所用的宾语“是”也全部是前置的。尤其是《诗经》，“是”字前置的例子非常多，如“君子是识”（《大雅·瞻卬》）、“他人是保”（《唐风·山有枢》）、“是刈是濩”（《周南·葛覃》）、“是剥是菹”（《小雅·信南山》）等。到《论语》《左传》等书里，宾语“是”的位置已经变为以后置为常。不过，《论语》里“以”和“用”的宾语“是”仍然都是前置的。《左传》由于是根据较古史料编纂而成的，在大量出现宾语“是”后置的句式的同时，也保留了不少宾语“是”前置的句子，如“寡人是问”（僖公四年）等。《论语》和《左传》大约分别编成于战国初期和中期。宾语“是”位置的变化也许是在春秋晚期开始发生的。所以我们可以得出一条规律：在西周春秋时代（春秋晚期也许要除外），代词“是”用作宾语时必定置于动词或介词之前。这是代词“是”不同于“之”“此”等词的一个重要特点。①

这个例子给我们以方法论的启发：要学会仔细观察，深入分析，还要有系统的观念，从而在表面看来复杂纷繁的语言现象中找出规律，得出科学的

① 裘锡圭《谈谈古文字资料对古汉语研究的重要性》，《中国语文》1979年第6期。按：杨伯峻、何乐士《古汉语语法及其发展》第十章第一节“1.3 肯定句”部分用裘说而未注明。

结论。

有人认为上古汉语宾语前置现象是远古汉语SOV语序的残留，当然这种假说还需要进一步的证明。语言类型学的最新研究认为：人类语言最初可能都是SOV型，后来变成SVO型，因为迄今为止已经发现有些语言经历了从SOV到SVO的语序改变，但是还没有发现从SVO变成SOV的。

之所以称“宾语前置”是一种语法现象，是因为它具有规律性，也就是说，在一定的语法条件下，宾语一定或常常前置，这成了一条语法规则，而不是个别的偶然现象。它不是倒装句。[①] 宾语前置的规律事实上只存在于先秦以前的上古汉语里，如果说现存的先秦古籍大致接近当时口语的话，那么这种语法现象是当时口语中普遍存在的。到了汉代以后，口语中的宾语前置随着语言的变化实际上已经消失了，但比较保守的书面语言——文言，却一直沿用这种格式。

总的来看，宾语前置现象跟代词关系密切。宾语前置有三种条件，都与代词有关。下面逐一讨论。

（一）疑问代词作宾语

这一条规则在上古是比较严格的，例外很少。在上古汉语中，只要是疑问代词（谁、孰、何、奚、胡、曷、安、焉等）作宾语，不论是作动词的宾语还是作介词的宾语，一般都放在动词或介词之前。如：

吾谁欺？欺天乎？（《论语·子罕》）

“许子冠乎？”曰：“冠。”曰：“奚冠？”曰：“冠素。”（《孟子·滕文公上》）

卫君待子而为政，子将奚先？（《论语·子路》）

子归，何以报我？（《左传·成公三年》）

臣实不才，又谁敢怨？（同上）

吾谁与为邻？（《庄子·山木》）

---

① 王力先生说：“有人认为疑问代词宾语和否定句代词宾语放在动词前面的句子是‘倒装句’，那是不对的，因为依照先秦正常的语法结构正是应该这样。假定在先秦史料中发现‘吾欺谁’‘莫毒余’等，那才应该认为‘倒装句’，因为那种结构不是正常的。”（《汉语史稿》中册，366页）

“谁欺—欺天”“奚冠—冠素”对比鲜明：疑问代词“谁”“奚”作宾语就要前置，名词“天”“素”作宾语则不前置。

但这条规则有以下一些例外，目前还无法解释其原因。

1. 如何/若何/奈何

王力主编《古代汉语》说：

> 疑问代词宾语前置的规则，比否定句代词宾语前置的规则更为严格，可以说基本上没有例外。只有“何如”又说成“如何”，好像是例外，其实这两种词序都出现在上古汉语里。在先秦时代，它们已经是一个凝固形式，意思是“怎么样”“怎样”或“怎么办”。……古书上还有“若何”“何若”“奈何”的说法（含义与“何如”“如何”相同），但没有说成“何奈”的。[①]（第一册，270页）

“如何/若何”既有前置形式“何如/何若”，又有非前置形式“如何/若何”，“奈何”则只有后置形式而无前置形式。后置的这些“何”都违背了“疑问代词宾语要前置于动词和介词”这条语法规则，该如何解释这一现象呢？“这两种词序都出现在上古汉语里。在先秦时代，它们已经是一个凝固形式”并不是有效的解释，因为它没有说明“如何/若何/奈何”这些违反语法规则的凝固形式是如何形成的。从理论上说，“何如/何若”应该是原始形式，“如何/若何”则是后来发生变化的形式，但是考察上古文献，却无法证明这个逻辑顺序，因为“如何”在文献中出现的年代比“何如”要早得多，例如：

> 师锡帝曰：“有鳏在下，曰虞舜。”帝曰：“俞，予闻。如何？”岳曰：“瞽子，父顽，母嚚，象傲；克谐以孝，烝烝乂不格奸。”（《今文尚书·尧典》）按：《今文尚书》中“如何”3见，语境皆同。
>
> 厥初生民，时维姜嫄。生民如何？克禋克祀，以弗无子。（《诗经·

① 维辉按：后世偶见“何奈”，如唐韩愈《感春》诗之三：“孤负平生心，已矣知何奈。”元耶律楚材《丁亥过沙井和移剌子春韵》：“可嗟世态频更变，何奈人生多别离。”（《大词典》第1册，1229页）这恐怕是由于押韵或平仄的需要而产生的错误的“仿古”或错误的类推。

大雅·生民》)按:《诗经》中“如何”17 见。又,《周易》“象传”部分“如何”3 见。

而“何如”最早见于《仪礼》《论语》《左传》这些战国文献,时代要晚得多。值得注意的是,《论语》只用“何如”(多达 20 次),却不用“如何”,这是否反映了春秋晚期的真实口语?值得研究。

无独有偶,“若何”的出现年代也比“何若”早,“若何”在《逸周书》《左传》中已常见(《左传》尤多,“何若”则未见),而“何若”则最早见于《墨子》《庄子》等战国中后期文献,而且用例数量比“若何”要少得多。例如:

惟风行贿,贿无成事。绵绵不绝,蔓蔓若何?(《逸周书·和寤解》)

其母曰:“亦使知之,若何?”(《左传·僖公二十四年》)

鲁阳文君将攻郑,子墨子闻而止之,谓阳文君曰:“今使鲁四境之内,大都攻其小都,大家伐其小家,杀其人民,取其牛马狗豕布帛米粟货财,则何若?”(《墨子·鲁问》)

大儒胪传曰:“东方作矣,事之何若?”(《庄子·外物》)

又有“奈何”,《今文尚书》已见:

呜呼!曷其奈何弗敬!(《召诰》)周秉钧《尚书易解》:“曷其、奈何,同义复用,以加强语气。”

“奈何”先秦文献中十分常见。但是没有“何奈”。

“如何/若何/奈何”有两个可能的来源:一是“何如/何若”的倒言,二是来自“如……/之何”“若……/之何”“奈……/之何”的缩略。前一种无法解释只有“奈何”而无“何奈”,后一种在文献上也无法得到证明。因此“如何/若何/奈何”这些结构中“何”为什么不前置,还是一个待解之谜。

2. 为谁

这种情况只有后置而没有前置,如:

长沮曰："夫执舆者为谁？"子路曰："为孔丘。"曰："是鲁孔丘与？"曰："是也。"曰："是知津矣。"问于桀溺，桀溺曰："子为谁？"曰："为仲由。"曰："是鲁孔丘之徒与？"对曰："然。"（《论语·微子》）

遂西至濮阳，见严仲子曰："前所以不许仲子者，徒以亲在。今亲不幸，仲子所欲报仇者为谁？"严仲子具告曰："臣之仇韩相傀。傀又韩君之季父也，宗族盛，兵卫设，臣使人刺之，终莫能就。今足下幸而不弃，请教具车骑壮士，以为羽翼。"（《战国策·韩策二》）

宣孟曰："而名为谁？"反走对曰："何以名为！臣骫桑下之饿人也。"（《吕氏春秋·报更》）

前置时"为"的词性和意思不同，且仅见1例：

颜渊死，子哭之恸。从者曰："子恸矣。"曰："有恸乎？非夫人之为恸而谁为！"（《论语·先进》）"谁为"就是"为（wèi）谁"，"为"是介词。

3. 作介词"于/於"的宾语

杨伯峻、何乐士《古汉语语法及其发展》说："位在介词'于''於'后的疑问代词宾语一般不前置，这是'于''於'与其他介词不同的一个重要标志。"（794页）例如：

于以采苹？南涧之滨。于以采藻？于彼行潦。（《诗·召南·采苹》）①

哀我人斯，于何从禄？（《诗·小雅·正月》）

所谓伊人，於焉逍遥？（《诗·小雅·白驹》）

夫力不足则伪，知不足则欺，财不足则盗。盗窃之行，于谁责而可乎？（《庄子·则阳》）

礼起于何也？（《荀子·礼论》）

① 杨树达《词诠》卷七"以"条云："（五）疑问代名词。假借为'台'，何也。说详拙著《讨论〈诗经〉'于以'书》。"引《诗经》3例（包括本例）。

“何于/何於”未见。

此外还有“自何”1 例：

握粟出卜，自何能谷？（《诗经·小雅·小宛》）

郑笺：“但持粟行卜求其胜负，从何能得生？”朱熹《诗集传》：“然不可不求所以自善之道，故握持其粟出而卜之曰：何自而能善乎？”郑玄只是把“自”改成了更口语化的“从”，语序未变；而朱熹却把原文的“自何”对译成了“何自”，说明他知道疑问代词“何”作介词“自”的宾语在《诗经》时代应该前置。应该说朱熹的语感是正确的，可事实上原文并没有前置，上古文献中也没有出现过“何自”。这是颇堪玩味的。

4. 云何

“云何”可靠的例子只有一个：①

子夏之门人问交于子张。子张曰：“子夏云何？”对曰：“子夏曰：‘可者与之，其不可者拒之。’”（《论语·子张》）

“何云”则只在《楚辞》中见到 1 例：②

厥严不奉，帝何求。伏匿穴处，爰何云。荆勋作师，夫何长。悟过改更，我又何言。（《天问》）

“何云”与“何言”结构和意思都相同，相当于“说什么”。

看来“何”在疑问代词中确实有不同于其他词的特点，值得进一步研究。

疑问代词宾语是什么时候从前置变成后置的呢？

王力《汉语史稿》说：“到了汉代，疑问代词宾语后置的结构逐渐发展出

① 按：《诗经》中常见“云何/云胡”，有人认为也是疑问代词宾语后置，意为“说什么”（如杨伯峻、何乐士《古汉语语法及其发展》794 页引《诗·郑风·风雨》“既见君子，云胡不喜”），恐不确。这些“云”字传统训诂均视为“语助词”，无实义。

② 《楚辞·九辩》：“鸟兽犹知怀德兮，何云贤士之不处。”这个“何”应该是状语，“何云”犹言“怎么说，为什么说”，而不是宾语。

来了。……到了南北朝以后，这种疑问代词宾语和否定句中代词宾语后置的发展已经在口语中完成了。从此以后，凡是在书面语言里运用先秦时代那种代词宾语前置的结构的（如古文作家），那只是仿古，而并不反映口语。”（367—368页）例如：

夫桀纣虐乱，天下之心皆归汤武，汤武与天下之心而诛桀纣，桀纣之民不为之使而归汤武，汤武不得已而立，非受命为何？（《史记·儒林列传》）

初，四人俱拜于前，小史窃言。武帝问："言何？"对曰："为侯者得东归不？"（《汉书·酷吏传》）

客行虽云乐，不如早旋归。出户独彷徨，愁思当告谁！（汉乐府《明月何皎皎》）

涉江采芙蓉，兰泽多芳草。采之欲遗谁，所思在远道。（汉乐府《涉江采芙蓉》）

夫如是，累害之人，负世以行；指击之者，从何往哉？（《论衡·累害》）

盗跖日杀不辜，肝人之肉，暴戾恣睢，聚党数千，横行天下，竟以寿终，是独遵何哉？（《论衡·祸虚》）

孙良明《古代汉语语法变化研究》则认为："疑问代词宾语后置现象，不是始见于东汉注释书，先秦时代就有。只是在漫长岁月里，这种格式一直无甚变化，到了东汉时代仍处于后置的萌芽时期。"（122—123页）这个看法更符合实际。王力先生说："到了南北朝以后，这种疑问代词宾语和否定句中代词宾语后置的发展已经在口语中完成了。"其实疑问代词宾语在南北朝以后是否已完成后置，还有待证实。我抽查了《世说新语》和《百喻经》，"谁"作宾语均已后置，如：

桓曰："第一流复是谁？"刘曰："正是我辈耳！"（《世说新语·品藻》）

王珣疾，临困，问王武冈曰："世论以我家领军比谁？"武冈曰："世以

比王北中郎。”(同上)[①]

夫答之言:“我妇已死,汝是阿谁?妄言我妇!”(《百喻经·妇诈称死喻》)

但是“何”作宾语则仍以前置为常,后置的很少,如:

魏明帝为外祖母筑馆于甄氏,既成,自行视,谓左右曰:“馆当以何为名?”侍中缪袭曰:“陛下圣思齐于哲王,罔极过于曾、闵。此馆之兴,情钟舅氏,宜以‘渭阳’为名。”(《世说新语·言语》)

令有酒色,因遥问:“伧父欲食饼不?姓何等?可共语。”(《世说新语·雅量》)

卫君长是萧祖周妇兄,谢公问孙僧奴:“君家道卫君长云何?”孙曰:“云是世业人。”(《世说新语·品藻》)

愚人见其垒墼作舍,犹怀疑惑,不能了知,而问之言:“欲作何等?”(《百喻经·三重楼喻》)

这四个疑问代词后置的例子,两例是“何等”,这是汉代兴起的一个疑问代词(=何),文献中没有前置的;一例是“云何”,上古就是后置的(详上文),真正从前置变为后置的实际上只有“以何”一例。

(二)否定句中代词作宾语

唐人已明确指出这一现象,《诗经·周南·汝坟》:“既见君子,不我遐弃。”孔颖达疏:“‘不我遐弃’犹云‘不遐弃我’,古人之语多倒,《诗》之此类众矣。”

这条规律必须同时满足两个条件:一是必须是否定句,即由否定副词“不、未、毋(无)”和否定性无定代词“莫”构成的否定句;[②]二是宾语必须是

① 《世说新语》中“谁比”之“谁”是用作定语而不是宾语,如,人有问太傅:“子敬可是先辈谁比?”谢曰:“阿敬近撮王、刘之标。”(《品藻》)既而得叔后,武帝又问如前,济曰:“臣叔不痴。”称其实美。帝曰:“谁比?”济曰:“山涛以下,魏舒以上。”(《赏誉》)

② 至于用“弗”“勿”“非”“无”四个否定词的否定句,就不能运用这种结构了,这是因为“弗”“勿”所限制的动词一般不带宾语,“非”字是否定整个谓语的,而“无”字本身就是动词。(王力主编《古代汉语》261页)

代词,名词和尊称、谦称都不行。二者缺一不可。如果上述两个条件都具备了,那么这个宾语通常就要挪到动词的前面去,放在否定词的后面,例如:

不患人之不己知,患不知人也。(《论语·学而》)

今郑人贪赖其田,而不我与,我若求之,其与我乎?(《左传·昭公十二年》)

我无尔诈,尔无我虞。(《左传·宣公十五年》)

……及连谷而死,晋侯闻之而后喜可知也,曰:"莫余毒也已。蔿吕臣实为令尹,奉己而已,不在民矣。"(《左传·僖公二十八年》)

"不己知—不知人"形成对比:同为否定句,代词宾语前置,名词宾语不前置。"不我与—与我"也形成对比:否定句中代词宾语前置,肯定句中代词宾语不前置。

如果句中还有助动词、副词等,则宾语要提前到助动词、副词的前面,例如:

蝃蝀在东,莫之敢指。(《诗经·鄘风·蝃蝀》)

虽使五尺之童适市,莫之或欺。(《孟子·滕文公上》)

及正考父佐戴、武、宣,三命兹益共,故其鼎铭云:"一命而偻,再命而伛,三命而俯,循墙而走,亦莫余敢侮。"(《左传·昭公七年》)

最后一例贾逵注:"循墙而走,不敢安行也。"杜预注:"其恭如是,人亦不敢侮慢之。"清人黄扶孟(黄生)《义府》卷上说:"循墙而走,指小儿之学步者。虽学步小儿,予亦莫敢侮之,所谓三命滋益恭也。旧注非。"沈钦韩《左传补注》说:"言无有余所敢侮之人。此自铭,不当言人之无侮于己也。"按,黄、沈二人均误解句式,将作宾语的"余"当作了主语,使文意完全相反了。《庄子·杂篇·列御寇》:"正考父一命而伛,再命而偻,三命而俯,循墙而走,孰敢不轨[1]!如而夫者,一命而吕钜,再命而于车上儛,三命而名诸父。孰协

① 成玄英疏:"卑退若此,谁敢将不轨之事而侮之也!"

唐许!”可为旁证。[①]《史记·孔子世家》作“亦莫敢余侮”,值得玩味。

关于句中助动词、副词等的位置,杨伯峻、何乐士《古汉语语法及其发展》(788页)说:

> 如果动词前还有助动词如“敢”“能”……,副词如“尝”“或”“忍”……等作修饰语时,则代词宾语大都位于动词和这些修饰语前边、否定词的后边,形成“否定词·代词宾语·助动词(或副词)·动词”格式。……但也有少数代词宾语位于否定副词和助动词(或副词)之后、动词之前,形成“否定词·助动词(或副词)·代词宾语·动词”格式。如:
>
> 天下莫敢之危。(《吕氏春秋·分职》)
>
> 自古及今,未尝之有也。(《墨子·节葬下》)

维辉按:这两个例子学者们的校勘意见很不一致,值得深思。引述如下。

前例,陈奇猷《吕氏春秋新校释》云:

> 毕沅曰:“‘敢之’二字似当乙转。”范耕研曰:“《治要》引作‘莫敢危之’,与毕说未知孰是?”谭戒甫曰:“文廷式云:‘“危之”误作“之危”。’按《治要》引此正作‘莫敢危之’。”蒋维乔等曰:“毕校改作‘莫之敢危’,于义虽通,意改无证,当从《治要》作‘危之’。”奇猷案:“毕改是也。此句法在先秦书中最常见,请以《荀子》为例,《仲尼》‘本朝之臣莫之敢恶’,又‘富人莫之敢距’,《王霸》‘天下莫之敢当’皆是。《治要》多意改,未可从。类书引文,仅可作为参考,若迷信类书,斯则诬矣。”(下册,1673页)

后例,孙诒让《墨子间诂》谓“当作‘未之尝有也’”(上册,156页),吴毓江《墨子校注》则云:

---

① 此例由浙江大学中文系2014级本科生谭高翔同学检示。

《天志上》篇曰"未得之明知也",《公孟》篇曰"未得之闻也",《孟子·滕文公》篇曰"未能或之先也",《管子·枢言》篇曰"自古及今未尝之有也",《吕氏春秋·不苟》篇曰"莫肯之为",又《分职》篇曰"天下莫敢之危",语法并与此相类。绵眇阁本作"未尝有之也",则为习见常语。(上册,271 页)

同类的例子又如王念孙《读书杂志·管子第二》"未尝之有"条:

"无善事而有善治者,自古及今,未尝之有。"引之曰:"未尝之有"当作"未之尝有"。《五辅》篇:"古之圣主,所以取明名广誉、厚功大业,显于天下,不忘于后世,非得人者,未之尝闻。"文义与此同。

裴学海认为王引之的看法是"静止看问题","王氏谓'未尝之有'当作'未之尝有'这是改新为旧,是缺乏历史观点"。[①] 究竟孰是孰非?留给同学们思考。

用否定词"弗、勿"的否定句一般是不带宾语的,但如果出现宾语,而且又是代词,同样要放在动词之前。这种情况比较少见,如:

大国亦弗之从而爱利。(《墨子·非攻中》)

用这条规律可以鉴定一个词是不是真正的代词,如"自"和"己",前者不受这条规律的支配,故不是代词,后者则是一个地道的代词。

这条规律没有第一条严格,在先秦就有不少例外,如:

今我即命于元龟,尔之许我,我其以璧与珪,归俟尔命;尔不许我,我乃屏璧与珪。(《尚书·金縢》)

知我者,谓我心忧;不知我者,谓我何求。(《诗经·王风·黍离》)

夫不恶女(汝)乎?(《左传·襄公二十六年》)

① 见裴学海《评高邮王氏四种》,《河北大学学报》1962 年第 2 期。裴文批评《读书杂志》中的类似问题还举了另外一些例子,可以参看并思考。

有事而不告我。(《左传·襄公二十八年》)

圣人不爱己。(《荀子·正名》)

王力《汉语史稿》说:"这种情况非常复杂。① 要看具体的否定词是什么,也要看具体的代词宾语是什么。大致说来,否定词是'莫''未''毋'(无)等字的,代词宾语是'吾''余''汝'(女)'尔'等字的,动词后置的情况比较前置的情况要多得多。"(365 页)

据周光午《先秦否定句代词宾语位置问题》一文考察,当否定词是"不"、宾语是代词"之"时,前置的只有 2 例:

予不屑之教诲也者,是亦教诲之而已矣。(《孟子·告子下》)

苟可得已,则必不之赖。(《吕氏春秋·离俗览》)

其余《尚书》《诗经》《论语》《左传》《国语》《孟子》《庄子》《墨子》《荀子》《韩非子》《公羊传》《战国策》《屈子》《吕氏春秋》《管子》《晏子春秋》16 部上古典籍中不前置的多达 205 例。②

详细的搭配情况周文列过一个《先秦否定词和代词间个别相应关系一览表》(134 页),根据这个表,他归纳了一些具体的规律,这里从略。

周文对 16 部上古典籍的用例做了穷尽性考察,全部资料都附于文后,这是科学的做法,值得称道。他说:"我认为对这时代已经很辽远的古汉语,必须尽可能充分掌握原始资料,才能较正确地得出古汉语语法发展规律来。尽管有人陷入材料的重围之中,找不出一条出路,结果变成了虚无主义,但那只是方法问题而已,这一条正路是人人应该走的。"③此言甚是。不过在一些具体问题的处理上周文不无可议之处,比如:他把"子"也看作代词,把写定于西汉的《公羊传》当作先秦语料,等等。

在前置不前置的问题上,除了考虑不同的否定词和不同的代词,还应该

---

① 原注:参看周光午先生的《先秦否定句代词宾语的问题》(武汉大学第二次科学讨论会论文,油印本)。

② 周文收入中国语文杂志社编《语法论集》(三),商务印书馆 1959 年,131—132 页。维辉按:比如《论语·泰伯》:"狂而不直,侗而不愿,悾悾而不信,吾不知之矣。"

③ 同上,133 页。

考虑时代因素，不宜把整个上古时期看作混沌的一块。比如今文《尚书》和《诗经》，据王大年《〈尚书〉中的宾语前置句式》和韩晓光《〈诗经〉中的宾语位置考察》研究，得出如下一些结论：

1.《尚书》

（1）疑问代词充当前置宾语有11例，主要是“何”字，“曷”只出现一次。它们充当宾语时，都置动词述语前，规律比较严格，无一例外。

（2）否定句中代词宾语前置有12例，否定词有“不”“罔”“无”三字，充当前置宾语的代词则是“卬”①“我”“汝”“尔”“时”“是”等词。另外，在《尚书》中也出现了否定句中代词宾语后置的情况，如《金縢》中就有“尔不许我，我乃屏璧与珪”的句例。（王大年1994）

2.《诗经》

（1）疑问代词作宾语前置39例，后置0②。

（2）否定句中代词作宾语，前置的64例，其中“不”字句47例，“莫”字句14例，“无”字句3例；后置的12例，其中“不”字句10例③，“莫”字句2例。因此，“《诗经》中否定句代词宾语还是以前置占优势，占总数的83.1%；后置的仅占16.9%”。（韩晓光1995）

上述研究反映了上古早期两部可靠的传世典籍中疑问代词宾语和否定句中代词宾语位置的大势，但是研究还不够精细，一是统计可能不尽准确，二是有些疑难问题没有交代。对其他专书的专题研究也存在同样的问题。

据韩晓光研究，《论语》中否定句代词宾语后置占35.3%。④ 杨伯峻、何乐士《古汉语语法及其发展》说：“以《左传》为例，‘未’‘莫’字句以宾语前置为主，在‘不’‘弗’‘勿’字句中，以宾语后置为主；总起来看，前置例约占62%，后置例占38%。”（789—790页）可见随着时间的推移，到了《论

① 《尚书·大诰》：“不卬自恤。”周光午（1959）认为“不卬自恤”意为“卬不自恤”，“卬”在性质上已经“转为副词”了，所以不能看作宾语前置。按：周说恐未确。

② 这个数据有疑问，且不说上文提及的“如何”“于以”“于何”“于焉”等，即《小雅·节南山》中就有“不平谓何”的句式，向熹先生认为这是因为协韵的需要所致。［参看王大年（1994：4）］

③ 但是同页统计表中列的是11例，两者有矛盾，未知孰是。

④ 韩晓光《〈论语〉中的特殊语序考查》，《江西教育学院学报（社会科学）》1999年第1期。

语》和《左传》的时代，否定句中代词宾语后置的比例比《诗经》提高了一倍多。

管燮初《西周金文语法研究》说："上古汉语中用代词作宾语的否定式动宾结构，宾语先置，这是一条规律，但是宾语不先置的例外情况在殷虚甲骨刻辞中就出现了，……否定式受肯定式语序的类化，可能从殷商就开始了。"

这可以说明从上古早期起，否定句中的代词宾语就已经开始从前置向后置发展，因此在先秦典籍中出现两种情况并存的现象。秦以后，否定句中代词作宾语后置的发展实际上早已完成，但历代古文仍旧是两种情况并存。下面两个例子都引自《汉书》，代词宾语的位置就不相同：

匈奴必以我为大军之诱，不我击。（《李广传》）

汉果不击我矣。（《赵充国传》）

据孙良明《古代汉语语法变化研究》"8.2 否定句代词宾语前置变后置"的考察，在汉代的注释书西汉毛亨《诗经诂训传》、东汉郑玄《诗经笺》《周礼注》《仪礼注》《礼记注》、何休《春秋公羊经传解诂》、赵岐《孟子章句》、王逸《楚辞章句》、高诱《战国策注》《吕氏春秋注》《淮南子注》，以及三国魏人何晏《论语集解》这些书中，"原文否定句代词宾语均前置，注文均移后"（106 页）。

因此可以这样认为，汉以后的文章中，否定句代词宾语后置是反映了当时语言的实际情况。至于把代词宾语仍旧放在动词之前，则主要是出于仿古。下面再举几个汉以后代词宾语前置的例子：

民不足而可治者，自古及今未之尝闻。（贾谊《论积贮疏》）

每自比于管仲乐毅，时人莫之许也。（《三国志·蜀书·诸葛亮传》）

古之人不余欺也。（苏轼《石钟山记》）

这种现象也残存在某些成语中，如"时不我待"。

（三）宾语用代词复指①

有时候为了强调宾语，可以把宾语提前，在宾语后面用“是”“之”“实”“厥”②等复指，构成“宾+是/之/实/厥+动”的格式，例如：

岂不谷是为？先君之好是继。（《左传·僖公四年》）

将虢是灭，何爱于虞？（《左传·僖公五年》）

鬼神非人实亲，惟德是依。（同上）

吾以子为异之问，曾由与求之问。（《论语·先进》）

姜氏何厌之有？（《左传·隐公元年》）

商书曰：“无偏无党，王道荡荡。”其祁奚之谓矣。（《左传·襄公三年》）

此厥不听，人乃或诪张为幻。……此厥不听，人乃训之。（《尚书·无逸》）

值得注意的是下面这些“斯”字：

周公居东二年，则罪人斯得。（《尚书·金縢》）

朋酒斯飨，曰杀羔羊。（《诗经·豳风·七月》）

大侯既抗，弓矢斯张。（《诗经·小雅·宾之初筵》）

弓矢斯张，干戈戚扬。（《诗经·大雅·公刘》）

笃公刘，于京斯依。……笃公刘，于豳斯馆。（同上）

为谋为毖，乱况斯削。（《诗经·大雅·桑柔》）

这些“斯”字王力《汉语史稿》，潘允中《汉语语法史概要》，向熹《简明汉语史》，杨伯峻、何乐士《古汉语语法及其发展》和孙良明《古代汉语语法变

① 这是王力主编《古代汉语》的说法（第二册，253—254页），实际上学界对此意见不一，有过许多讨论，这里不能详述。依笔者之见，处于前置宾语和动词/介词之间的此类成分可以定性为“衬音助词兼焦点标记”，因为可以出现在这个位置的成分并不限于代词（详见下文）。可参看汪维辉《〈诗经〉“谁适为容”“谁适与谋”解》。

② 用“实”“厥”的例子不多见。有些学者把这样的“是”“之”“实”等词及下文所述的介词等统称为“结构助词”（如杨伯峻、何乐士《古汉语语法及其发展》）。

化研究》等认为也是宾语前置的复指代词（各举其中一例或数例），我觉得可以商榷。“斯”字在古汉语中有连词的用法，相当于“乃”“则”（等于现代汉语的“于是”“就”），如《诗经·曹风·候人》：“婉兮娈兮，季女斯饥。”《诗经·小雅·斯干》：“下莞上簟，乃安斯寝。乃寝乃兴，乃占我梦。”王引之《经传释词》卷八说：“斯，亦乃也，互文耳。”以上例句中的“斯”字，未尝不可以看作这样的连词，尤其是“大侯既抗，弓矢斯张”这个例子，“斯”与“既”配对使用，表示承接关系是很明显的，“大侯”是“抗”的主语，“弓矢”也是“张”的主语（所谓的“受事主语句”），而不是宾语。“于京斯依”“于豳斯馆”如果分析成宾语前置句，则“京”“豳”既是介词“于”的宾语，又是动词“依”“馆”的宾语，显然也是难以说通的。

用来“复指”的还可以是介词等，例如：

赫赫南仲，玁狁于襄。（《诗经·小雅·出车》）

四国于蕃，四方于宣。（《诗经·大雅·崧高》）

王贪而无信，唯蔡于感。（《左传·昭公十一年》）

亡于不暇，又何能济？（《左传·昭公四年》）

我周之东迁，晋郑焉依。（《左传·隐公六年》）《国语·周语》作“晋郑是依”。

有皇上帝，伊谁云憎？（《诗经·小雅·正月》）

伊谁云从？维暴之云？（《诗经·小雅·何人斯》）

不念昔者，伊余来塈。（《诗经·邶风·谷风》）

征伐玁狁，蛮荆来威。（《诗经·小雅·采芑》）

是用作歌，将母来谂。（《诗经·小雅·四牡》）

匪安匪游，淮夷来求。（《诗经·大雅·江汉》）①

有时还在前置的宾语前面加上“惟/唯/维”字，构成“惟/唯/维+宾+是/之+动”的格式，例如：

① “蛮荆来威”“淮夷来求”的“来”郑笺、孔疏并误释为往来之来。王引之《经传释词》卷七：“来，词之‘是’也。”引了上面四例及其他例子。可比较《鲁颂·閟宫》：“戎狄是膺，荆舒是惩。”参看张永言《训诂学简论》（增订本），复旦大学出版社 2015 年，29 页。

皇天无亲，惟德是辅。（《尚书·蔡仲之命》）《左传·僖公五年》“故周书曰”引此句。

无非无仪，唯酒食是议。（《诗经·小雅·斯干》）

哀哉为犹，匪先民是程，匪大犹是经；维迩言是听，维迩言是争。（《诗经·小雅·小旻》）

率师以来，唯敌是求。（《左传·宣公十二年》）

荀偃令曰：“鸡鸣而驾，塞井夷灶，唯余马首是瞻！”（《左传·襄公十四年》）

父母唯其疾之忧。（《论语·为政》）

不务张其义，齐其信，唯利之求。（《荀子·王霸》）

其一人专心致志，惟弈秋之为听。（《孟子·告子上》）

此子也才，吾受子之赐；不才，吾唯子之怨。（《左传·文公七年》）比较：此子材，吾受其赐；不材，吾怨子。（《史记·晋世家》）

人有言曰：“唯乱门之无过。”（《左传·昭公二十二年》）比较：谚曰：“无过乱门。”（《左传·昭公十九年》）

这是一种强调句式，最后二例尤为明证。今天成语还有“唯利是图”“唯命是听”等。

如果被前置的宾语本身就是代词，那么有两种情况：

一种是仍用此格式，不过复指的代词一般只用“之”，不用“是”，即：宾（代词）+之+动。例如：

《诗》曰：“孝子不匮，永锡尔类。”其是之谓乎！（《左传·隐公元年》）

“我之怀矣，自诒伊戚”，其我之谓矣！（《左传·宣公二年》）

太甲曰：“天作孽，犹可违，自作孽，不可活”，此之谓也。（《孟子·公孙丑上》）

《鲁颂》曰：“戎狄是膺，荆舒是惩。”周公方且膺之，子是之学，亦为不善变矣。（《孟子·滕文公上》）

另一种是不用复指代词，直接把代词宾语放到动词之前，这个代词宾语一般只限于“是”，其他代词不多见。即：是+动。如“是刈是濩”。详见上文。

向熹《简明汉语史》（修订本下册262页）说：

> 上述各种宾语前置的句型，到汉代逐渐消亡，宾语大都移到了动词后面。以《诗经》为例，代词宾语前置的否定句68例，疑问代词宾语前置的19例，用“是”“之”“斯”复指的前置宾语句76例，除“谁”“何”“安”以外，在《毛传》《郑笺》中没有一例保存宾语前置的结构。如：
>
> （1）岂不尔思，子不我即。（《诗·郑风·东门之墠》）郑笺：“我岂不思望女乎？女不就迎我而俱去耳。”
>
> （2）三岁贯女，莫我肯劳。（《诗·魏风·硕鼠》）郑笺：“不肯劳来我。”
>
> （3）大夫君子，无我有尤。（《诗·鄘风·载驰》）郑笺：“无我有尤，无过我也。”
>
> （4）有皇上帝，伊谁云憎？（《诗·小雅·正月》）郑笺：“使王暴虐如是，是憎恶谁乎？”
>
> （5）四方是维，天子是毗。（《诗·小雅·节南山》）郑笺：“毗，辅也。……维制四方，上辅天子。”
>
> （6）舍彼有罪，予之佗矣。（《诗·小雅·小弁》）郑笺：“予，我也。舍褒姒谗言之罪，而妄加我大子。”
>
> （7）无非无仪，唯酒食是议。（《诗经·小雅·斯干》）郑笺：“妇人之事，惟议酒食尔。”

据此看来，“否定句中代词宾语前置”和“宾语前置后用代词复指”这两种情况在汉代已经以宾语后置为常了，但是疑问代词“谁、何、安”还不是这样（详上文）。

除上述三种有条件的宾语前置外，介词“以”的宾语常常可以无条件地前置，如“楚国方城以为城，汉水以为池”（《左传·齐桓公伐楚》）、“江汉以濯之，秋阳以暴之”（《孟子·滕文公上》）等。

至此我们可以把上古汉语宾语前置的各种情况归纳为下表（表3-1）：

表 3-1　上古汉语宾语前置的情况

大　类	小　类	例　子	例　外
1. 疑问代词作宾语	作动词宾语	吾谁欺？欺天乎？	如何/若何/奈何，为谁，云何
	作介词宾语	子归，何以报我？	作介词“于/於”的宾语
	动词前有助动词	臣实不才，又谁敢怨？	
2. 否定句中代词作宾语	直接作动词的宾语	不患人之不己知，患不知人也。	先秦已经较多
	动词前有助动词、副词等	蝃蝀在东，莫之敢指。/虽使五尺之童适市，莫之或欺。	天下莫敢之危。/自古及今，未尝之有也。/循墙而走，亦莫敢余侮。(？)
3. 宾语用代词复指	宾 + 是/之/实/厥……+动	鬼神非人实亲，惟德是依。/此之谓也。/寡人是问。	
	惟/唯/维 + 宾 + 是/之(为)+动	皇天无亲，惟德是辅。/唯利之求。/惟弈秋之为听。	
4. 介词“以”的宾语可以无条件前置		楚国方城以为城，汉水以为池。/江汉以濯之，秋阳以暴之。	

二、词类活用

汉语是有词类的，以前那种“依句辨品，离句无品”（黎锦熙语）和“词无定类”的看法已经被研究证明是错误的。汉语的词可分为实词和虚词两大类，实词又分为名词、动词、形容词等小类，一般地说，汉语的词基本上是“词有定类，类有定词”的。[1] 每类词都有各自基本的语法功能。所谓“词类活

① 参看吕叔湘《关于汉语词类的一些原则性问题》，《中国语文》1954 年第 9 期，1955 年收入《汉语的词类问题》一书，后又收入《汉语语法论文集》和《吕叔湘文集》第二卷。

用”，是指某些词可以按照一定的语言习惯灵活运用，在句中临时改变它的基本功能。例如《荀子·劝学》：“假舟楫者，非能水也，而绝江河。”句中的“水”字本是个名词，这里临时充当动词，作谓语。

词类活用和词的兼类不同，应当加以区分。如《郑伯克段于鄢》：“公赐之食，食舍肉。”前“食”为名词，后“食”为动词。这是词的兼类现象，在古汉语里“食”用作名词和用作动词的情况都很普遍。汉语中兼类的词只是少数。而词类活用则是指临时性的借用。如上例“水”作动词讲并不多见，只是偶一为之。当然也有一些两可的例子，如《马氏文通》所引的一个有名的例子：“人莫鉴于流水，而鉴于止水，惟止能止众止。”（《庄子·德充符》）马氏认为“止”字有四用而兼三类：“止水”之“止”，静字（相当于形容词），言水不流之形也；“惟止”与“众止”两“止”字，泛论一切不动之物，名字（名词）也；“能止”之“止”，有使然之意，动字（动词）也（陈承泽称为“致动用”）。陈承泽《国文法草创》则认为，这三类都属于“止”的活用，“止”的本用是“自动词”（即不及物动词）。陈承泽的看法比较可取。

现代汉语也有词类活用，[①]如“多么中国的心”“比国民党还国民党”“铁了心”“丰富词汇”等，又如下边两个例子：

> 我家门口的临时房子，一“临时”就“临时”了十四年，还打算“临时”多久呢？天晓得。（高低《“临时邻居”》，《文汇报》1987 年 2 月 8 日）
>
> 你们这样家不家、户不户的，常是“牛郎织女”，实在为难！（傅溪鹏《我们正年轻》，《家庭》1987 年第 2 期）

不过在现代汉语中这种情况是少数，而且往往带有修辞意味，故常常加个引号；而在古代汉语中却是相当常见的，在先秦的上古汉语里尤为普遍。吕叔湘先生说过：“古汉语里的词的用法变化比现代汉语里容易得多。”

常见的词类活用主要有使动用法、意动用法、名词用如动词、名词用作

---

① 吕叔湘先生《未晚斋语文漫谈》（一二）专谈现代口语里的词类活用现象（《中国语文》1989 年第 5 期）；刁晏斌有《现代汉语使动用法论略》，载香港《语文建设通讯》第 54 期（1997 年 12 月）。均可参看。

状语等几种。此外还有数词活用作动词，[①]动词、形容词用如名词，动词用作状语等，兹不赘述。下面讲一讲名词活用作状语的大致情况。

名词用作状语实际上不是词类活用，有的语法著作把这种现象看作名词用如副词。

现代汉语只有时间名词才能用作状语，普通名词用作状语的很少见。而在古代汉语中，普通名词也可以用作状语。这是古今汉语语法差异之一。

名词用作状语一般分为四类：

（1）表示方位或处所。如：

河渭不足，北饮大泽。（《山海经·海外北经》）

夫以秦王之威，而相如廷叱之。（《史记·廉颇蔺相如列传》）

成语如“风餐露宿”也属于这一类。

（2）表示工具或依据。如：

太祖累书呼，又敕郡县发遣。（《三国志·魏书·华佗传》）

失期，法皆斩。（《史记·陈涉世家》）

（3）表示对人的态度。如：

彼秦者……虏使其民。（《战国策·赵策》）

先母之子皆奴畜之，不以为兄弟数。（《史记·卫将军骠骑列传》）

（4）表示比喻。如：

嫂蛇行匍伏。（《战国策·秦策》）

治郑二十六年而死，丁壮号哭，老人儿啼。（《史记·循吏列传》）

---

① 如《诗经·卫风·氓》：“士也罔极，二三其德。”

这种用法还保留在现代汉语的一些成语中，如“土崩瓦解”“星罗棋布”“风驰电掣”“雾合云集”“鹰视狼顾”等。

词类活用是文言语法的特点，进入近代汉语以后，这种现象就明显减少了。

三、动量表示法

古汉语动量表示法一般是用“数+动”式，例如：

寒暑易节，始一反焉。(《列子·汤问》)

“一反”等于今天的“回来一次”。跟现代汉语相比，最主要的不同是古汉语不用动量词，现代汉语则要用动量词，另外语序也不同，古汉语数词作状语，现代汉语则是数量结构充当补语(也可充当状语)。这种“数+动”式结构在现代汉语书面语中有时还用，常用作标题、书名等，显得简洁，如：三进山城，三访江村，四上桃园，三起三落。

强调式是：……者三。比较：

举所佩玉玦以示之者三——三举所佩玉玦以示之

动量表示法是何时从“数+动”式变成“动+数量/数量+动”结构的呢？据王绍新研究，[①]“动+数量/数量+动”这种新的表达式在魏晋南北朝已经有一些用例，专用的动量词有遍、过、番(翻)、下、通、次、匝、周、返(反)、回、度、行、合、壮等，[②]下面各举一例：

人有从学者，(董)遇不肯教，而云：“必当先读百遍。”言读书百遍而义自见。(《三国志·魏书·王肃传》注引《魏略》)

能养以华池，浸以澧液，清晨建齿三百过者，永不摇动。(《抱朴

① 参看王绍新《隋唐五代量词研究》第八章“动量词”。

② 本书引用时剔除了个别不甚可靠的量词。下同。

子·内篇·杂应》)

桓南郡与殷荆州共谈，每相攻难，年余后但一两番，桓自叹才思转退，殷云："此乃是君转解。"(《世说新语·文学》)

缚之著树，鞭杖百余下，欲杀之。(《三国志·蜀书·先主传》注引《典略》)

传吏疑其伪，乃椎鼓数十通。(《后汉书·光武帝纪上》)

先度……供养三宝者，第二、第三次度有缘者。(《法显传》)

黎明，围宛城三匝。南阳守欲自刭。(《史记·高祖本纪》)

即日得报……辄于母前伏诵三周。(车永《答陆士龙书》)

顺凡使凉州十有二返。(《魏书·李顺列传》)

不复出场戏，踶场生青草。试作两三回，踶场方就好。(《西曲歌·江陵乐》)

是时太守王朗拒策于固陵，策数度水战，不能克。(《三国志·吴书·宗室传》)

……叩头各五行，先上视天，回下叩头于地。(《太平经·己部之十二》)

楚挑战三合。(《史记·项羽本纪》)

若当灸，不过一两处，每处不过七八壮。(《三国志·魏书·华佗传》)

到了隋唐五代时期，使用就比较普遍了，除沿用已有的动量词外，还新增了场、遭、觉、转、巡、重、掴、顿等，下面也举新增者各一例：

愿扫鹦鹉洲，与君醉百场。(李白诗)

既是当直，与寡人领将三百将士，何不巡营一遭？(《敦煌变文校注》)

闲把史书眠一觉，起来山日过松西。(处默诗)

两转三回读远书，画檐愁见燕归初。(徐凝诗)

大内宴赏，与嫔妃玩乐，同饮数巡，歌吹缤纷。(《敦煌变文校注》)

忧来结几重，非君不可释。(韦应物诗)

师抬起手，打两掴。(《祖堂集》)

晨时以粥充饥，仲时更餐一顿。(《祖堂集》)

第三节　古今汉语判断句的差异及其发展过程

汉语判断句的构成古今存在很大差异。这个问题可以从两个方面来讨论，即上古汉语判断句的特点和汉语判断句的历史发展。

一、上古汉语判断句的特点

古今汉语判断句形式不同，区别在于：现代汉语必须有判断词/系词（copula），古代汉语则不用判断词，而是在句末加"也"字。试比较：

古：制，岩邑也。　　　　是非君子之言也。

今：制是个险要的城邑。　这不是君子的话。

也就是说，古汉语只要有一个被判断项和一个判断项即可构成判断句（否定性的判断句则在两项之间加一个否定副词"非"，"非"不是系词），常以"也"字煞句来帮助判断；而现代汉语则必须在两项之间加上判断词"是"（否定句则在"是"前加否定副词"不"）。可以把古汉语判断句的常见形式写为句式 A：

A：×，×也。　　　　a：×，非×也。

除此之外，常见的还有以下几种句式：

B：×者，×也。（南冥者，天池也。）

C：×者，×。（陈轸者，游说之士。）

D：×，×。（荀卿，赵人。）

其中 A 和 B 是古汉语判断句的典型结构。"也"是个语气词，能加强判断语气，帮助判断，故有的语法书把它看作判断句的标志。"者"是个表提顿的语气词，有引出谓语的作用。但这两个词对判断句来说并不是必不可少的，它们只起了帮助判断的作用。因此从原则上讲，D 式应该是上古汉语判断句的基本句式，不过 D 式实际上用得很少，王力先生认为"那是比较特殊的情况”。[①]

上面是上古汉语判断句的基本句式。关于古汉语判断句，有一个问题值得注意，就是“是”“乃”“非”“为”等词的词性问题。

“乃”“非”是副词，“为”是一般动词（有人称为“泛义动词”），[②]王力主编《古代汉语》已经讲得很清楚。“是”除个别例子外（详下），在先秦不是判断词，而是指示代词（近指），相当于“此”。下面几类句子中的“是”字都不要误解成判断词：

是社稷之臣也。（《论语·季氏》）

若士必怒，伏尸二人，流血五步，天下缟素，今日是也。（《战国策·魏策四》）

吾不能早用子，今急而求子，是寡人之过也。（《左传·僖公三十年》）

作主语的“是”字一般都可以用“此”字来替换。最后一例很容易把“是”字当作系词，实际上系词“是”就是在这种句法位置上发展出来的。

二、汉语判断句的历史发展

汉语判断句的发展可以分两个问题来谈。

（一）上古汉语有无判断词/系词

如上所述，上古汉语判断句以不用判断词为常，这是否意味着上古汉语就没有判断词呢？王力先生就是这么认为的。但不少学者对此持有不同看法，归结起来，主要集中在“为”字和“是”字上。在先秦文献中，有少数“为”字相当于现代汉语的判断词“是”，如：

余为伯儵（鯈），余，而祖也。（《左传·宣公三年》）

余为浑良夫，叫天无辜！（《左传·哀公十七年》）

桀溺曰：“子为谁？”曰：“为仲由。”（《论语·微子》）

---

① 见王力《汉语史稿》中册，348 页。

② 有人认为先秦“为”字有作系词用的例子，详下。

但这种例子很少,后世“为”字也没有得到充分的发展,所以有人称之为“准系词”。[1] 下面我们重点讨论“是”字。

（二）判断词/系词“是”的产生和发展

汉语判断词/系词“是”是何时产生的？这是一个争论了半个多世纪而尚无定论的老问题。随着新材料的不断发现,研究在逐步深入,近些年来取得了一些重要的新进展,下面对此作一梳理。

王力《中国文法中的系词》(1937)是全面研究汉语系词的开创性论文,文中认为“是”作为系词是六朝以后由指示代词演变来的。到了1958年出版的《汉语史稿》里,他修正了自己的观点:“汉语真正系词的产生,大约在公元第一世纪前后,即西汉末年或东汉初叶。”(353—354页)[2]1989年出版的《汉语语法史》这一看法没有改变。(194页)现在看来,系词“是”在西汉已经产生是没有问题的,“是”字判断句在西汉已非偶见,据唐钰明(1992)统计,文献中共见到十余例(《穀梁传》3、《韩诗外传》1、《史记》7、《说苑》4[3])。至于西汉以前是否已有系词“是”,则学界仍存争议。郭锡良(1990)对20世纪50—80年代的研究情况做了总结,可以参看。20世纪90年代以来的研究,主要围绕秦汉简帛文献中的“是=……”句式展开,详见下文。

现在我们来分析学界提到过的西汉以前的例子,分为传世文献和出土文献两类。为避免枝蔓,已被郭锡良(1990)论证否定了的例子除非必要不重复,有些明显不是系词的例子也不讨论。

1. 传世文献

主要有下面四例:

（1）昔秦人负恃其众,贪于土地,逐我诸戎。惠公蠲其大德,谓我诸戎是四岳之裔胄也,毋是翦弃。(《左传·襄公十四年》)[4]

（2）果行,国人皆劝,父勉其子,兄勉其弟,妇勉其夫,曰:“孰是君也,而可无死乎?”是故败吴于囿,又败之于没,又郊败之。(《国语·越

① 参看潘允中《汉语语法史概要》,192页。另可参看洪诚《论南北朝以前汉语中的系词》;王力《汉语史稿》,532页。

② 自注:“我一向以为系词始于东晋,盛于南北朝。1956年夏天,洪诚先生对我说,《论衡》里有许多系词的例子。我因此得以修正我的结论,谨此志谢。”

③ 《说苑》的情况汪维辉(2007)有进一步讨论,可以参看。

④ 见赵立哲(1957)引。

语上》)

(3) 谓彼是是也,不可。(《墨子·经说下》)

(4) 郑县人有得车轭者,而不知其名,问人曰:“此何种也?”对曰:“此车轭也。”俄而复得一,问人曰:“此是何种也?”(《韩非子·外储说左上》)[①]

例(1)郭锡良(1990)未提及。其中的“是”的确可以两解:一是理解为系词,“我诸戎是四岳之裔胄”就是一个判断句。裴学海等(1963)认为:“‘谓我诸戎是四岳之裔胄也’和《左传》昭公二十八年的‘谓贾辛、司马乌为有力于王室’,以及《庄子·盗跖》的‘天下何故不谓子为盗丘,而乃谓我为盗跖?’是同一种句法,‘是’和‘为’都是系词,二者可以互证。”二是理解为近指代词“这”,充当“四岳之裔胄”的主语,不过对句意又有不同的理解。蒋绍愚(2013)的标点和分析是这样的:

昔秦人负恃其众,贪于土地,逐我诸戎。惠公蠲其大德,谓我诸戎:“是四岳之裔胄也,毋是翦弃。”赐我南鄙之田,狐狸所居,豺狼所嗥。(《左传·襄公十四年》)

“谓”是“说(某人),评论(某人)”的意思,句法组合为:谓+宾语(受格)(评论的对象)+直接引语。[②] 我认为蒋先生的意见完全正确。晋惠公所说的话里面的两个“是”字,所指相同,都是指称“我诸戎”,是指示代词而非系词。“毋是翦弃”是个宾语前置句,即“毋翦弃是”。沈玉成《左传译文》译作:“惠公显示了他的大德,说我们各部戎人,都是四岳的后代,不能加以丢弃。”[③]虽然对原文的理解没有蒋先生那样精确,但是大意不差。

例(2),裴学海等(1963)、梁光华(1983)均引作“孰是吾君也”,郭锡良(1990)已辩“吾”是衍文。这个“是”肯定不是系词,不过郭锡良(1990)对原文并没有详细解释,有必要再做些补充。王引之《经传释词》卷九“孰”

① 以上三例见裴学海等(1963)引。

② 也就是说,跟裴学海等(1963)所引的“谓贾辛、司马乌为有力于王室”和“天下何故不谓子为盗丘,而乃谓我为盗跖”并不是同一种句法,而是不同的“谓”字句。蒋绍愚(2013)认为“谓”有6个主要义项,句法组合有12种类型,请读者参看。

③ 沈玉成《左传译文》,中华书局1981年,286页。

条云：

> 孰，犹“何”也。家大人曰：孰、谁一声之转，“谁”训为“何”，故“孰”亦训为“何”。《晋语》曰：“惠公出共世子而改葬之，臭达于外。国人诵之曰：‘孰是人斯而有是臭也？’”孰，何也。斯，词也。言何是人而有是臭也。（韦注：“孰，谁也。斯，斯世子也。谁使是人有是臭者，言惠公使之也。”于《传》意不合。）《越语》曰：“孰是君也而可无死乎？”言有君如是，何可不为之死也。（韦注：“孰，谁也。谁有恩惠如是君者，可不为之死乎？”亦未合。）

王引之的解释完全正确，他所引的《国语》中的这两个例子，用法相同，都要作一句读，“孰”相当于“何”，都是用作全句的状语，相当于“怎么”，[①]“孰是君也而可无死乎”意思是“怎么这样的国君而可以不为他去死呢”，“是”无疑是指示代词，作“君”的定语。

剩下（3）（4）两例，郭锡良（1990）认为：

> 我们虽然没有材料论证它是否传抄之误，但是在先秦那样多的语言材料中，判断句成千上万，唯独只有两个有系词“是”，这是很值得怀疑的。首先，语言是社会共同使用的工具，一种重要的句法结构在语言运用中必然具有普遍性，几百年只出现一两次是难以想象的。其次，古籍经过千百年的传抄、印刷、讹误、衍脱或者混入后代的语法成分总是难免的。因此，《墨子》一例，应予排除，《韩非子》一例，也大可怀疑。

按：《墨子》一例出自《经说下》，文意费解，连上下文的断句和标点各家都不一致，我们参考了多家的解说，实在是无所适从。[②] 这个例子十分特殊，可以先存疑，简单地“排除”并不是办法。

---

① 史文磊教授认为：“这种‘孰’的句法位置相当高，放在句首表示主观性的反预期。”（私人交流）

② 包括：［清］孙诒让《墨子间诂》（中华书局 1986 年）、梁启超《墨经校释》（商务印书馆 1922 年）、高亨《墨经校诠》（中华书局 1962 年）、吴毓江《墨子校注》（中华书局 1993 年）、谭戒甫《墨辩发微》（中华书局 1964 年）等。

至于《韩非子》一例，我认为不宜轻易否定，需要慎重对待。虽然传世的《韩非子》属于“后时资料”，无法保证其未经后人改易，但是与其在没有任何异文证据的情况下随意怀疑其非真，不如有理有据地来探讨一下其为真的可能性。我认为至少有两条理由：

第一，韩非（约公元前 280—公元前 233 年）的时代下距西汉（公元前 202 年立国）的《穀梁传》和《韩诗外传》并不远，系词“是”在《韩非子》里偶有露头一点也不违背规律。

第二，《韩非子》的语言相当贴近口语，尤其是《说林》《内储说》《外储说》诸篇。比如我们曾经讨论过的“看”字，最早就见于《韩非子·外储说左下》：“梁车新为邺令，其姊往看之。”可是先秦时期只见到这么一例，此后要到东汉初年的《易林》里才重新出现，整个西汉都没有发现用例。对此我的看法是：“对待早期孤例宜持谨慎态度，在没有确凿证据的情况下，最好不要轻易怀疑例子的真实性，有些暂时解释不了的问题可以先存疑。因为传世的先秦载籍数量有限，这些有限的文献反映当时实际口语的程度究竟如何还是一个有待深入研究的问题。文献中没有见到用例未必就意味着口语中不存在这个词，而文献中偶尔一见的例子也许恰恰是透露了口语的真实消息。这样的事例在以往的汉语史研究中并不鲜见。”①值得注意的是“看”和“是”的例子都见于《外储说左下》，当非出偶然。

因此我认为系词“是”在《韩非子》里出现是完全可能的，也是合乎情理的。

2. 出土文献

出土文献的例子来自秦汉简帛文献，都是“是=……”句式。在《睡虎地秦墓竹简·日书》中，“是=……”共见 9 例，如：

（1）鬼恒召人出宫，是=遽鬼。

（2）一宅中毋故而室人皆疫，是=棘鬼。②

这种“是=……”的表述方式在秦汉墓出土的简帛文献中屡见不鲜，如《马王堆汉墓帛书》《天水放马滩秦简》等。③ 对于其中的“=”，先后有过三种解读：

---

① 参看汪维辉（2000/2017：122、413—414）。

② 见唐钰明（1992）。

③ 唐钰明（1991）说这些简帛文书都是战国后期的作品。

第一，看作一般的重文符，读作“是”，认为是系词，“是是”等于“这是”。① 这是早期的主流看法。

第二，也是看作重文符，但是读作“寔”，副词，充当状语，表示强调。②

第三，看作特殊的重文符或省代符③，读作“胃（谓）”，如魏宜辉（2008）、杨锡全（2011）、蒋文（2021）、许世和（2022）等。

现在看来第三种说法是符合原意的，经过学者们几十年来的反复研究，以及新材料的不断发现，这个谜题终于被破解了。许世和（2022）对此有详细的综述，读者可以参看。下面择要介绍主要的研究。

魏宜辉（2008）最早提出这一看法，他根据马王堆帛书《天文气象杂占》对 29 颗彗星的说明文字，指出：前面第 1、2、5 颗彗星下出现的是“是谓……”句，而第 7、9、11、13、15 颗彗星下则是“是=……”句，可见两者之间没有差别。例如，第 5 颗彗星下写作“是胃（谓）秆彗，兵起”，而第 11 颗彗星下写作“是=蒿彗，兵起”，第 15 颗彗星下写作“是=苫茇彗，兵起”，三者皆有“兵起”的内容，然而前一句用“是谓”，后两句用“是=”。作者从而认为这是一种特殊的重文符号，它所重复的不是前面一个字，而是在重复前文中出现的“是谓”句中的“谓”字。也就是说，它所重复的对象是前文中语法位置、语法功能完全相同的一个字。他还举出了一条旁证：《上海博物馆藏战国楚竹书（六）·景公疟》简 9 有“今内宠有会谴，外=有梁丘据营枉”一句，他赞同刘信芳先生的解读，认为其中的“=”并不是重复上字“外”，而是重复上句的“宠”字。

杨锡全（2011）指出：《马王堆汉墓帛书·天文气象杂占》《睡虎地秦墓竹简·日书》《天水放马滩秦简·日书乙种》和王家台秦墓竹简等四种出土简帛文献中共出现 46 个“是=”句。与此同时，上述文献中还出现与“是=”句型相同或相似的“是谓”句。他通过综合比较和语义分析，并考察其他出土文献中重文号的特殊使用情况，最终得出“是=”释读为“是谓”的结论。他举出的异种文献可比较的例子如：

（3）① 东门，是=邦君子〈之〉门，贱人。（《天水放马滩秦简·日书乙

① 如裘锡圭（1979）、唐钰明（1991）、石峰（1999）、朱城（2004，2008）等。

② 见梁冬青（2002，2004）。

③ 可参看程鹏万（2017：186—187）。

种》18 贰）

② 东门，是胃（谓）邦君门，贱人弗敢居，居之凶。（《睡虎地秦墓竹简・日书甲种》119 正叁）

③ 东门，是胃（谓）邦君之门。（王家台秦简，291）

同样的句子，两种作“是胃（谓）”，一种作“是=”。

同种文献中可比较的例子如《天水放马滩秦简・日书乙种》（按原简顺序列出）：

（4）① 凡甲、丙、戊、庚、壬、子、寅、巳、酉、【卯、戌】，是胃（谓）冈日，阳牡日殴，女子之吉日殴。（113 壹）

② 凡乙、丁、己、辛、癸、丑、辰、午、未、申、亥，是=柔日，阴牝日殴，男子之吉日殴。（114 壹）

③ 甲、乙、丙、丁、戊、己、庚、辛、壬、癸，凡是=十二毁，不可操土攻。木日长子死，土日中子死，水日少子死，百事皆然。（140）

他认为这些“是胃（谓）”都是表解释、补充说明义而非判断义。

蒋文（2021）指出，近年湖北荆州新出土的胡家草场汉简有《诘咎》一篇，可以跟睡虎地秦简《日书》甲种《诘》篇对读：

（5）① 凡鬼取（娶）人为妻，与相乐，是胃（谓）哀鬼。（胡家草场汉简《诘咎》1941 贰）

② 人毋（无）故而鬼取（娶）为缪（穆/睦），是=（是谓）哀鬼。（睡虎地秦简《诘》34 背壹）

她说：“《诘》中的‘是=’旧多读作‘是是’，‘=’被视作重文符，胡家草场简整理者亦取此说。按，秦汉简帛文献中‘是=’多见，近年来学界已逐渐意识到‘是=’其实是‘是谓’之简写。现在看到胡家草场简‘是胃（谓）哀鬼’，可知《诘》之‘是=哀鬼’必表‘是谓哀鬼’。①”如此解读可谓得其实。实际上还不止这一例，因为蒋文（2021）不是专门讨论这个问题的，所以并未全部列出，许世和（2022）还揭举了下面各例：

（6）① 凡一室人皆役（疫）且梦，亦不死丧，是胃（谓）字鬼狸（埋）焉。（胡家草场汉简《诘咎》2010）

---

① 《秦简牍合集》已取“是谓”说，陈伟主编《秦简牍合集：释文注释修订本（壹、贰）》，第 421、422 页，武汉大学出版社，2016 年。

② 一宅之中毋（无）故室人皆疫，多瞢（梦），未死，是=字鬼狸（埋）焉。（睡虎地秦简《诘》40背壹—41背壹）

（7）① 凡一室人皆役（疫），……是胃（谓）冶人。（胡家草场汉简《诘咎》2007）

② 人毋（无）故一室人皆疫，……是宲=[1]人。（睡虎地秦简《诘》43背壹—44背壹）

（8）① 凡鬼恒召于人之宫，是胃（谓）虚鬼无居而忘（妄）謼（呼）。（胡家草场汉简《诘咎》1867）

② 鬼恒召人之宫，是=遽（虚）鬼毋（无）所居，罔（妄）謼（呼）。（睡虎地秦简《诘》28背叁）

王挺斌博士又检示下例：

（9）① 凡鬼籍（藉）人之宫，是胃（謂）丘鬼。（胡家草场汉简《诘咎》1839贰）

② 人毋（无）故鬼昔（藉）其宫，是=丘鬼。（睡虎地秦简《诘》29背壹）

以上各位举出的这些相对应的例子是"是="应该读作"是胃（谓）"的确证，尤其是同种文献中两者都出现的场合，都是"是胃（谓）"在前而"是="在后，没有例外（如例（4）和马王堆帛书《天文气象杂占》），这充分证明了"="就是重复前文的"胃（谓）"。

关于这种特殊的"="符号，近些年来学者们多有讨论，陈剑（2011）称之为"省代符"，认为："这类符号的实质，都是在一定语言环境中起'省略代替'的作用而非'重复'。这种'省略代替'，读者要能理解，有的是依靠上文（可以看作临时性质的'熟语''成词'），有的则是依靠词汇系统本身（同时有上下文所提供的语言环境）。将其统一看作'省代符'并与'重文'彻底分开，认识起来要清楚得多。"这里不再详述。[2]

---

① 整理者已指出睡虎地"="本应在"是"后，而被误标在"宲"后。

② 实际上这种省代符也见于敦煌文献以及后代其他抄本、刻本等，可参看杨锡全（2011）、陈剑（2011）等。另承张涌泉先生惠告："我把它叫做省书符号，拙作《敦煌写本文献学》（甘肃教育出版社2013年）423页有'省书'一节，讨论了敦煌文献中的习词或短语甚至句子省书的情况，可谓一脉相承。"

据此我们可以说，曾经被看作西汉以前已有系词“是”的最有力证据的出土简帛文献“是=……”句是难以成立的。其实这类例子本身就存在疑问：第一，句法单一，都只出现在选择数术类文献[1]尤其是日书中；[2]第二，都写作“是=”，没有直接写作“是是”的。

综上所述，系词“是”在西汉以前的确切用例目前所知就只有《韩非子》一例，而且还不能完全排除后人改动的可能性，此外《墨子》有一个疑似的例子。这样看来，西汉以前已有系词“是”的看法证据尚嫌单薄。郭锡良(1990)说：“应该承认西汉‘是’字已经用作系词，甚至不排除战国末期系词‘是’就已萌芽。”笔者同意这个观点，希望随着新材料的增加和研究的进步，能够发现更多战国末期的有效证据。

汪维辉《〈说苑〉与西汉口语》对《说苑》的“是”字判断句作了详细研究，引述如下。

据笔者所见，唐钰明先生可能是迄今对《说苑》“是”字判断句作过全面调查的唯一一位学者，他(1992)普查了西汉典籍 10 部，其中就有《说苑》，统计结果是书中有“是”字判断句 4 例，其中 3 例用“也”字煞句。总数仅次于《史记》(7 例)。唐先生(1991、1992)引用过其中 2 例，即下文的例(1)和(10)；另 2 例则未列举。我认为《说苑》中的“是”字判断句远不止 4 例，即便用最严格的标准，也至少有 13 例。数据相差如此之大，原因可能有二：一是唐先生写文章时还没有电子文本，靠肉眼看难免会有遗漏；二是判断标准不同，对有些例子的看法不一致。下面就把书中我认为是“是”字判断句的例子全部列出，[3]附带作些必要的说明。

---

① 关于“选择数术类文献”，可以参看王强(2018：1—2)。

② 据郭锡良(1990)说，王力先生晚年看到了马王堆汉墓帛书《天文气象杂占·彗星图》的材料，但他认为：“这个材料很怪，‘是是’连用，只见于这个材料，我还有保留。”

③ 洪诚先生(1957)在谈到汉魏时期的系词“是”时引有《说苑·敬慎》一例：“诚不能慎之，祸之根也；口是何伤，祸之门也。”(10/25/258)并加括注说：“《丛刊》本伪《家语·观周篇》抄这节也作‘口是何伤’，这里没有错字。”(《洪诚文集·雒诵庐论文集》6 页)后来的学者多承洪说引用此例。今按，此例有异文，向宗鲁本和刘文典本“口”均作“曰”，向本引卢文弨曰：“‘曰’字，宋本作‘口’，《家语》《集语》并同。”(258 页)左松超《说苑集证》云：“朱骏声曰：宋本作‘口’，《家语》《集语》同，当为‘口’。关嘉曰：言口过无谓无害，乃祸之门也。松超案：‘口’，宋咸淳本同，余本并作‘曰’，字之误也。《天中记》引‘口’亦误‘曰’。”(664 页)张永言师和柳士镇先生亦谓“‘口’未必误”。不过从文意看，把“口是何伤”理解成判断句似难以讲通。河北定县八角廊四十号汉墓出土的《儒家者言》有此条的开头部分，可惜无此句，不能参校。此例今姑存疑，暂不看作“是”字判断句。

（1）宣孟曰："子名为谁？"及是且对曰："何以名为？臣是夫桑下之饿人也。"遂斗而死。（6/12/128①）按，此事本《左传·宣公二年》，"臣是夫桑下之饿人也"作"翳桑之饿人也"，又见于《吕氏春秋·报更》，作"臣骫桑下之饿人也"，《史记·晋世家》作"我桑下饿人"，均无系词"是"，可见用"是"字判断句当系刘向所改。

（2）赵简子游于河而乐之，叹曰："安得贤士而与处焉！"舟人古乘跪而对曰："夫珠玉无足，去此数千里而所以能来者，人好之也；今士有足而不来者，此是吾君不好之乎！"（8/14/189）按，此事本《韩诗外传》卷六，作"士有足而不至者，盖主君无好士之意耳"。可见"此是吾君不好之乎"句当出于刘向之手。

（3）宗卫相齐，遇逐，罢归舍，召门尉田饶等二十有七人而问焉，曰："士大夫谁能与我赴诸侯者乎？"田饶等皆伏而不对。宗卫曰："何士大夫之易得而难用也！"饶对曰："非士大夫之难用也，是君不能用也。"（8/17/191）按，此文本《韩诗外传》卷七，"非士大夫之难用也，是君不能用也"两句作"非士大夫易得而难用也，君弗能用也"，无"是"字，可见"是"乃刘向所增。② "是"与"非"相对，表示强调，应该是系词。

（4）宋司城子罕之贵子韦也，入与共食，出与同衣；司城子罕亡，子韦不从，子罕来，复召子韦而贵之。左右曰："君之善子韦也，君亡不从，来又复贵之，君独不愧于君之忠臣乎？"子罕曰："吾唯不能用子韦，故至于亡；今吾之得复也，尚是子韦之遗德余教也，吾故贵之。且我之亡也，吾臣之削迹拔树以从我者，奚益于吾亡哉？"（8/29/199—200）按，此文未知所出，当是刘向自撰。

（5）大功之效，在于用贤积道，浸章浸明；衰灭之过，在于得意而怠，浸蹇浸亡，晋文公是其效也。（10/14/250）按，此文亦未知所出，当是刘向自撰。

---

① "6/12/128"表示：《说苑》卷六/赵善诒《说苑疏证》本卷六的第12条/向宗鲁《说苑校证》本的第128页。下同。

② 《新序·杂事二》亦载此事，两句作："亦有君之不能养士，安有士之不足养者？"也不用"是"字判断句。

(6) 陈桓子曰:“君赐之卿位以尊其身,宠之百万以富其家,群臣之爵,莫尊于子,禄莫厚于子;今子衣缁布之衣,麋鹿之裘,栈轸之车而驾驽马以朝,则是隐君之赐也,故浮子。”(2/14/48)按,此文本《晏子春秋·内篇杂下》,但“是”上无“则”字,又无“故浮子”三字。可见刘向有改动。《晏子春秋》原文作“是隐君之赐也”,这个“是”还是指示代词,作主语;刘向在“是”前加上“则”字,“是”的性质就变了,成了系词。

(7) 夫问讯之士,日夜兴起,厉中益知,以分别理,是故处身则全,立身不殆,士苟欲深明博察,以垂荣名,而不好问讯之道,则是伐智本而塞智原也,何以立躯也?(3/10/65)按,此文未知所出,当是刘向自撰。

(8) 宋康公攻阿,屠单父,成公赵曰:“始吾不自知,以为在千乘则万乘不敢伐,在万乘则天下不敢图。今赵在阿而宋屠单父,则是赵无以自立也。且往诛宋!”(4/18/87)按,此文亦未知所出,当是刘向自撰。

(9) 凡斗者皆自以为是而以他人为非,己诚是也,人诚非也,则是己君子而彼小人也;夫以君子而与小人相贼害,是人之所谓以狐白补犬羊,身涂其炭,岂不过甚矣哉!(5/26/112)按,此文本《荀子·荣辱》,“则是己君子而彼小人也”句同,仅“彼”作“人”为小异。

(10) 张禄掌门,见孟尝君曰:“衣新而不旧,仓庾盈而不虚,为之有道,君亦知之乎?”孟尝君曰:“衣新而不旧,则是修也。仓庾盈而不虚,则是富也。为之奈何?其说可得闻乎?”(11/17/284)按,此文亦未知所出,当是刘向自撰。

(11) 尔杀吾君,吾受尔国,则吾与尔为共篡也。尔杀吾兄,吾又杀汝,则是昆弟父子相杀无已时也。(14/2/345)按,此文本《公羊传·襄公二十九年》,作“尔弑吾君,吾受尔国,是吾与尔为篡也。尔杀吾兄,吾又杀尔,是父子兄弟相杀,终身无已也”,两个“是”都还是代词,充当主语;刘向加了两个“则”,[①]使得“是”变成了系词,但

① 《新序》卷七无“则”字。

前一个“是”删去了（也有可能是误脱了），两句相较，“是”作为系词应该是确然无疑的。

（12）故上不禁技巧，则国贫民侈，国贫穷者为奸邪，而富足者为淫佚，则驱民而为邪也；民以为邪，因之法随，诛之不赦其罪，则是为民设陷也。（20/8/519）向宗鲁云：“此疑出《李克书》，而景帝后二年诏（见《汉书·景纪》）及《淮南子·齐俗篇》皆本之。《贾子新书·瑰玮篇》文意亦多同。”按，《淮南子》、贾谊《新书》及《汉书》均无“……则是为民设陷也”诸句。

（13）少焉，东郭垂至。管仲曰：“此必是也。”（13/5/315）按，此文本《管子·小问》《吕氏春秋·重言》和《韩诗外传》卷四，“此必是也”句《管子》和《韩诗外传》无，《吕氏春秋》作“此必是已”。

以上例子有两点需要讨论。

第一，例（6）—（12）“是”字均用于“则”之后，这些“是”是否系词？王力先生曾引用黎锦熙先生的话来否定上古汉语“则是”的“是”是系词：“古文中，如‘是则’犹云‘这就是’或‘那么就’，‘则是’亦当解为‘那么这就是’：‘是’字皆属指代。”王先生加注说：“‘则是’二字连用，最容易引起误解。《庄子·盗跖》：‘论则贱之，行则下之，则是言行之情悖战于胸中也。’有人举这一类的例子来证明上古有系词，当据黎锦熙此说来驳他。”[①]我认为黎、王二位先生所讨论的“则是”和这里所举的“则是”性质有所不同，对古书中的“则是”不可一概而论。如果说“则是”的“是”还是代词，那么应该可以换成“此”，然而《说苑》全书中“则此”一例未见，可见这些“是”字看作系词可能更合乎当时人的语感。试比较：知命知事而能于权谋者，必察诚诈之原而以处身焉，则是亦权谋之术也。（13/311—312）此例“是”后有副词“亦”，则“是”确为代词，充当主语。上文所引例（10）“衣新而不旧，则是修也。仓庾盈而不虚，则是富也”，唐钰明（1992）也是看作系词的。

第二，例（13）“此必是也”的“是”应该看作系词，这是所谓的系词后置式判断句。如果“是”还是看作代词，那么“此必此也”就不成话了。可比较《史记·刺客列传》：“居顷之，豫让又漆身为厉，吞炭为哑，使形状不可知，行

① 王力《汉语语法史》，商务印书馆1989年，186页。

乞于市。其妻不识也。行见其友,其友识之,曰:'汝非豫让邪?'曰:'我是也。'"其友问"汝非豫让邪",豫让回答"我是也",这个"是"当然只能是系词,而不可能还是代词。

上述13例是我认为比较可靠的"是"字判断句,除(9)(13)2例系承用旧籍外,都应当出自刘向之手。

如果把标准放宽一点,那么下面这些句子中的"是"也未必不可以看作系词:

(14) 子胥将之吴,辞其友申包胥曰:"后三年,楚不亡,吾不见子矣!"申包胥曰:"子其勉之!吾未可以助子,助子是伐宗庙也;止子是无以为友。虽然,子亡之,我存之,于是乎观楚一存一亡也。"(14/12/352)按,此事本《左传·定公四年》及《史记·伍子胥列传》,但均无"吾未可以助子,助子是伐宗庙也;止子是无以为友"句,可见当是刘向所加。

(15) 君子无礼,是庶人也;庶人无礼,是禽兽也;夫臣勇多则弑其君,子力多则弑其长,然而不敢者,惟礼之谓也。(19/6/480)按,此文本《晏子春秋·内篇谏下》,句子同。

(16) 唐且曰:"此乃匹夫愚人之怒耳,非布衣韦带之士怒也。夫专诸刺王僚,彗星袭月,奔星昼出;要离刺王子庆忌,苍隼击于台上;聂政刺韩王之季父,白虹贯日。此三人皆布衣韦带之士怒矣,与臣将四。士含怒未发,搢厉于天。士无怒即已,一怒伏尸二人,流血五步。"即案匕首起视秦王曰:"今将是矣。"(12/4/295)按,此文本《战国策·魏策四》作"今日是也"。

把这些材料综合起来看,可以肯定地说,在刘向的口语里,判断句用系词"是"已非偶见,而是已经发展到了相当的阶段。这与系词"是"在先秦萌生、到东汉后期成熟(详下文)的整个过程是吻合的。

至于系词句(或叫"是"字判断句)何时取代了上古汉语的判断句,王力先生《汉语语法史》曾提出三大标志:① 它摆脱了语气词"也"字,"是"成为一个必要的,而不是可有可无的系词;② 系词"是"字可以被副词修饰;③ 系词"是"字前面加否定词"不"字,在口语里代替了上古的"非"。(195—197页)这三大标志中,最硬的是第三条,但是过去由于没有找到唐以前"不是"

的用例，一般认为系词句要到唐代才真正成熟。唐钰明《中古“是”字判断句述要》[①]认为：“‘是’字判断句东汉已走向成熟，……在唐代已经完全成熟。”他引了魏晋南北朝时期“不是”的6条用例，其中最早的是西晋竺法护所译的《佛说文殊师利现宝藏经》。汪维辉《系词“是”发展成熟的时代》找到了东汉翻译佛经中“不是”的4个可靠用例，如下：

诸比丘，若以弹指间思惟死想，念有身皆死，是为精进行禅，为如佛教，不是愚痴食人施也。……诸比丘，若以弹指间念此诸想之事，皆为精进行，为奉佛教，不是愚痴食人施也，何况能多行？（安世高译《禅行法想经》）

其法不是弊魔及魔天之所灭，亦不是天中天弟子所灭。（旧题支谶译《阿閦佛国经》）

三国译经中也有一些“不是”的例子。结合东汉译经中大量使用“是”字判断句的事实，得出的结论是：“汉语系词‘是’的普遍化使用不会晚于汉末。”

董守志《东汉—元明否定判断句演变之研究》主要从“不是”对“非”的替换来讨论系词“是”的成熟问题，结论是：“系词‘是’的成熟时代应该是在元末明初。”他赖以得出这一结论的唯一依据是：《老乞大》《朴通事》中表示否定判断百分之一百都用“不是”，没有“非”“非是”“未是”。应该说，董文的研究思路是一种进步，比以前仅仅依据“不是”的出现（如汪维辉1998）或“不是”取代了“非是”（如唐钰明《中古“是”字判断句述要》）就判定系词“是”已经发展成熟要更加全面、深入，把研究推进了一步。但是他的结论并不可信，主要是语料的使用存在问题。根据我们的考察，如果从“不是”替换“非”这一点来说，至迟在中唐时期的口语中系词“是”也已经发展成熟了。[②]

“是”字是由指示代词发展为系词的。发展的过程是这样的：在先秦时代，主语后面往往用代词“是”字复指，然后加上判断语。主语可以是一个或几个名词，如“富与贵，是人之所欲也”；也可以是一个或几个句子形式，或谓

① 《中国语文》1992年第5期。

② 详见汪维辉、胡波《汉语史研究中的语料使用问题——兼论系词“是”发展成熟的时代》，《中国语文》2013年第4期。

语形式,如"千里而见王,是予所欲也"(《孟子·公孙丑下》)。无论是这种或那种情况,"是"字经常处在主语和谓语的中间,这样就逐渐产生出系词的性质来。[①] 另可参看冯胜利《古汉语判断句中的系词》一文。

第四节 近代汉语新兴句式的产生与发展

唐代以后,汉语进入近代汉语阶段,语音和词汇都发生了巨大的变化。语法的变化也比较大,比如:一批新兴的虚词产生并逐步取代了文言的虚词系统,如代词、助词、连词、语气词、复数词尾等(详下),这些都迥别于上古汉语和中古汉语;一些新的句式产生或得到发展,有的沿用至现代汉语,如处置式(将/把字句)、述补结构、被动式("被"字句,"喫/吃/乞"字句,"教(叫)"字句,"给"字句,"让"字句)等。本节着重介绍处置式和述补结构。

一、处置式

鲁迅《阿Q正传》里阿Q的唱词:"我手执钢鞭将你打!"(出自《龙虎斗》)其中的"将你打"就是所谓的"处置式"。"处置式"是王力在《中国语法理论》中提出的一个术语,他说:"中国语里有一种特殊形式,就是用助动词'把'(或'将')字,把目的语提到叙述语的前面。""大致说来,'把'字所介绍者乃是一种'做'的行为,是一种施行(execution),是一种处置。在中文里,我们把它称为处置式。"

处置式是一种历时十分久远、来源相当复杂、运用非常广泛的句式,在现代汉语中仍然是一种重要的句式。

用来提前宾语的介词最主要的是"将"和"把"两个,"将"早"把"晚,后者对前者有个替换过程。此外还有"捉",但用例不太多,如:

向吾宅里坐,却捉主人欺。[敦煌变文《燕子赋》(二)]

① 以上引自王力《汉语史稿》,353页。

> 记得去年大年三十夜，捉我千刷万刷，刷得我心悦诚服，千嘱万嘱，嘱得我一板个正经。（明冯梦龙编《山歌·门神》）

在现代安庆方言里，“捉”还保留着介词用法，如：大华昨个捉他老婆骂了一顿。①

下面简要讨论处置式的产生和发展。

（一）处置式的产生

处置式“将/把字句”是什么时候产生的呢？关于这个问题已有许多研究，不过意见仍未统一。

有些学者提出的一些早期用例需要辨析，如：

> 令数吏将建弃市，莫敢近者。（《汉书·赵广汉传》）

有学者认为这里的 V_2“弃市”是原地动词（此处为击杀动词），“‘将’的介词性质愈益明显”，并据此例认定“将”字处置式在汉代已经萌生。今按：根据上下文，这个“将”显然还是“带领”义，即赵广汉命令几个小官吏带着杜建“弃市”（在闹市区处死），没有谁敢靠近他们。“将”不可能理解为表处置的介词。

《三国志》裴注引《曹瞒传》“遂将后杀之”和《三国志》裴注引《魏略》“将我儿杀之”两个例子中的“将”也是动词“带着”而非处置介词，《曹瞒传》例前言“帝时与御史大夫郗虑坐，后被发徒跣过”，很明显是伏皇后被带着去处死时经过汉献帝身旁，“将”字即承上文而来。《魏略》例，据《三国志·魏书·武文世王公传》及《太祖纪》可知，曹昂（字子修，即丁氏所说的“我儿”）在征张绣时战死，他是随曹操作战时死亡的，并不是曹操杀的。

下面的例子都不能确指“将”已完全虚化为介词而不能作动词理解：

> 时远方民，将一大牛，肥盛有力，卖与此城中人。（西晋竺法护译《生经》）
>
> 将缣来比素，新人不如故。（古诗《上山采蘼芜》）

---

① 吴福祥《敦煌变文语法研究》，岳麓书社 1996 年，240 页。

忽见将二百钱置妻前。(《古小说钩沉·幽明录》)

不过在隋阇那崛多所译的《佛本行集经》中,有些"将字句"已经可以肯定是处置式,如:

我今乃可将臭肉身于此泥上作大桥梁。(卷三)

我欲将汝作于善友,共相爱敬。(卷三十一)

这两例中的"将"都已经不能解释成"带领;携带"义动词。可见"将字句"在唐以前已经产生,但是总体而言,要到唐代才开始多见起来。

"把字句"的产生要略晚于"将字句",确切的例子见于入唐以后,例如:

有人把椿树,唤作白旃檀。(寒山诗)

朱冠明《汉语语法史研究中的几个例句辨析》认为下例是目前见到的最早一例"把字句":

尔时耶输陀罗大声叫哭,一瞋一骂,杂种语音,呵责车匿,作如是言:"车匿!我妇女人年少,夜半睡眠沉重,无所觉知,汝今把我心中所爱如意圣夫将何处置?……"(隋阇那崛多译《佛本行集经》)

整句义为"你把我的如意丈夫带到何处安置了"。

我觉得此例尚不无疑问,日本宫内省图书寮本作"抱",虽然朱冠明否定了作"抱"的可能性,但最早的"把字句"就这么复杂,不免令人生疑。这个例子可以进一步研究。

处置式的形成是语法化的结果:"动$_1$(将/把)+宾$_1$+动$_2$+宾$_2$"经重新分析变为"介(将/把)+宾$_1$+动+宾$_2$",动词"将/把"语法化为介词。这里的关键是宾$_1$和宾$_2$必须所指相同。如:

两鬓愁应白,何劳把镜看。(李频《黔中罢职将泛江东》)"看"的是

“两鬓”而非“镜”。“把”还是动词。

莫愁寒族无人荐，但愿春官把卷看。（杜荀鹤《入关因别舍弟》）

“把”和“看”的对象都是“卷”。“把”已经是介词。①

（二）处置式的发展

处置式本来是表示“处置”义的，即“将/把宾语怎么样”；但后来发展出“致使”义（吴福祥称为“致使义处置式”），这样的句子敦煌变文中就有，后代也很多，如：

以此思量这丈夫，何必将心生爱恋。（敦煌变文）

休教烦恼久萦缠，休把贪嗔起战争。（敦煌变文）

更何况，今日将牛畜都尽失。（刘知远诸宫调，第二）

你怎么不来接我，一路上把我掉下驴来，险不跌杀了我。（元曲选，包待制陈州粜米第三折）

偏又把凤丫头病了。（红楼梦，第七十六回）

今日之上，把只煮熟的鸭子飞了。（儿女英雄传，第十五回）

吴福祥认为：这类处置式在结构上，“去掉介词后，所剩的部分是可以独立的一般施事句”；在语义上，“与由使役动词构成的兼语式语义相近”。②

蒋绍愚先生说：“如果说历史上（特别是唐宋时期）的‘将/把’字句是以表处置为主，那么，到现代汉语中，就是以表致使为主了。”③

二、述补结构

蒋绍愚先生说：“述补结构的产生与发展，是汉语语法史上的一件大事，它使汉语的表达更加精密了。述补结构产生于什么时代？这个问题不能用

① 不过王力《汉语史稿》说：“但是，就结构形式上说，它们的结构是完全一样的，可见‘把卷看’的‘把’在当时还没有完全丧失动词的性质。”这个分析是很中肯的。

② 以上见吴福祥《敦煌变文语法研究》，岳麓书社1996年，427—429页。

③ 蒋绍愚《近代汉语研究概要》，278页。

一句话来回答，因为述补结构还可以分为几类，各类产生的时代并不相同，其来源也不尽相同。但是无论如何，述补结构的普遍使用是在唐以后。”（《近代汉语研究概要》211页）

朱德熙先生《语法讲义》把述补结构的补语分为五类：

（1）结果补语（看见，长大）；

（2）趋向补语（进来，出去）；

（3）状态补语（写得好，写得不好）；

（4）可能补语（写得好，写不好）；

（5）程度补语（好极了，暖和多了）。

下面着重介绍（1）和（3）（4）类的来源，后两类合称为“带‘得’的述补结构（V得C）”，放在一起讨论。

（一）动结式

“动词+结果补语”所构成的述补结构，一般称之为“动结式”。根据补语的语义指向，动结式细分又有几类（见表3－2）：①

表3－2　动结式分类

类	搭　　配		
Vt+Vi	补语指向受事（打破）	补语指向施事（喝醉）	补语指向动词（收毕）
Vt+A	补语指向受事（填满）	补语指向施事（吃胖）	补语指向动词（收早）
Vi+Vi	补语指向受事（哭裂）	补语指向施事（饿死）	补语指向动词（走完）
Vi+A	补语指向受事（哭湿）	补语指向施事（饿瘦）	补语指向动词（走快）

关于动结式产生的时代，学术界讨论已久，但意见分歧。② 概括起来，大致有以下几种说法：殷或周代说③，春秋、战国、秦说④，汉代说⑤，六

① 参看吴福祥《试论现代汉语动补结构的来源》，载《汉语现状与历史的研究——首届汉语语言学国际研讨会论文集》（江蓝生、侯精一主编），中国社会科学出版社1999年。

② 参看：刘丽川《试论〈搜神记〉中的结果补语》，《语文研究》1984年第4期；蒋绍愚《近代汉语研究概要》，211—212页。

③ 参看：余健萍（1957）；周迟明（1958）；潘允中（1980）；潘允中（1982）。

④ 参看杨建国（1959）；何乐士（1984）；程湘清（1985）；王锳（1982）。

⑤ 参看王力（1958/1980）。

朝说[①],唐代说[②]。唐以前的各个时期都有人提到了。各家的看法之所以如此歧异,关键是对动结式的认定标准不一致,具体说,就是如何区分连动式和动补式的问题。[③] 新近的研究大都对先秦说和唐代说持否定态度,而相对集中于汉代说和魏晋南北朝说。

蒋绍恩《魏晋南北朝的“述宾补”式述补结构》注意到,“尽”放在动词前还是动词后,是有很清楚的时代区分的。在先秦两汉,除极少几例“V 尽”(并列结构或主谓结构)外,都只说“尽 V”(“尽”是状语),而到魏晋南北朝才有“V 尽”(“尽”是补语)。下面是“尽 V”和“V 尽”的对比(表 3-3):

表 3-3 “尽 V”与“V 尽”结构对比

尽 V	V 尽
越王授有子四人。越王之弟曰豫,欲尽杀之,而为之后。(《吕氏春秋·审己》)	知彼公时旧臣,都已杀尽,彼臣若在,年几虽老,犹有智策,今已杀尽,岂不天资我也。(《宋书·索虏传》)
执齐庆封而尽灭其族。(《左传·昭公四年》)	时世无佛,法又灭尽,八关斋文,今不可得。(《贤愚经》卷一)
知氏尽灭,唯辅氏存焉。(《战国策·赵策》)	时世有佛,号毗婆尸,般涅盘后,经法灭尽。(《贤愚经》卷一二)
翟人至,及懿公于荣泽,杀之,尽食其肉,独舍其肝。(《吕氏春秋·忠廉》)	未得一豆,先所舍者,鸡鸭食尽。(《百喻经》88)
今汉王复兴兵而东,侵人之分,夺人之地,已破三秦,引兵出关,收诸侯之兵以东击楚,其意非尽吞天下者不休。(《史记·淮阴侯列传》)	尔昔为王,女时为鬼,以色诳尔,吞尽尔民。(《六度集经》卷四)
杀尉止、子师仆,盗众尽死。(《左传·襄公十年》)	父母居家,都以死尽。(《杂宝藏经》卷二)

显然,“V 尽”是动结式,尤其是下面的例句,“破尽”不可能再理解为连动式“唇齿破而唇齿尽”。这说明动结式在魏晋南北朝时已经产生。

① 参看:志村良治(1995);梅祖麟(1991);蒋绍恩(1999);蒋绍恩(2003);蒋绍恩(2017:219)。

② 参看太田辰夫(2003)。

③ 参看蒋绍恩(2017:212—215)。

唇齿破尽，不知厌足。（《杂宝藏经》卷八）[①]

蒋先生的论断正确可信，“尽”在南北朝时期用作补语已经很常见，比如《齐民要术》中就有“落尽（4见），消尽（4见），销尽，研尽，用尽”这些用法（详见下文）。

动结式在魏晋南北朝时已经产生是没有疑问的。我们来看看北魏贾思勰所撰《齐民要术》（约成书于530—540年）中的动结式。此书篇幅比较长（全书有近14万字），由于内容的需要，动结式的出现频率相当高，可以大致分为两类：一是动词+动词，二是动词+形容词。主要的动结组合如下表3-4：[②]

表3-4 《齐民要术》主要的动结组合类别

类	搭配	用例
动+动	V作	炊作（15），捣作（4），煮作（4），掘作（3），刺作（3），破作（2），割作，裹作，裂作，留作，卖作，磨作，捻作，酿作，切作，烧作，踏作，团作，抟作，镟作，削作，研作，刈作，用作，治作，筑作，钻作
	V为	分为（9），煮为（7），炊为（5），化为（3），束为（3），蒸为（2），瀹为（2），编为，变为，穿为，舂为，捣为，割为，合为，截为，劚为，留为，磨为，搦为，破为，散为，削为，研为，中断为，斫为
	V成	变成，合成，化成，绩成，煎成，搅成，剖成，削成
	V去	漉去（13），削去（12），掐去（9），斫去（8），泻去（7），接去（7），洗去（7），绞去（6），拔去（4），扫去（4），择去（4），簸去（4），剪去（3），锄去（3），搦去（3），劚去（3），掸去（3），刮去（3），扬去（2），挼去（2），剥去（2），切去（2），剥去（2），摘去（2），淘去（2），筛去（2），解去（2），飏去（2），澄去（2），引去（2），迮去（2），煠去（2），拔引去，拨去，擘去，裁去，舂去，断去，简去，拣去，截去，卷去，绝去，决去，刳去，捩去，耧去，漏去，滤去，掠去，破去，倾去，弃去，挼去，筛去，芟去，烧去，搜去，摊去，剔去，脱去，剜去，写去，刈去，凿去，渫去，斩去，振去，治去
	V却	拔却（3），泻却（3），剪却（2），抒却（2），割却（2），截却，耧却，切却，倾却，洗却

① 以上内容参见蒋绍愚《近代汉语研究概要》，223页。

② 为省篇幅，除否定式外，例句从略。出现2次以上的用括号注明次数。否定式所引例句，括号中是原注。

续 表

类	搭配	用 例
动+动	V取	接取(14),收取(12),摘取(10),挹取(8),掠取(6),煮取(5),漉取(5),绞取(4),刈取(3),采取(3),斫取(3),择取(3),挼取(3),压取(3),折取(3),澄取(3),淋取(3),打取(3),劚取(2),断取(2),拾取(2),拔取(2),擘取(2),买取(2),煎取(2),押取(2),割取(2),舂取(2),连取(2),把取,炒取,锄取,捣取,发取,刮取,济取,简取,拣取,铰取,搅取,截取,掘取,刳取,劙取,量取,裂取,耧取,略取,罗取,搦取,掐取,切取,淘取,脱取,选取,研取,载取,治取
	V动	移动(2),翻动,挠动,倾动
	V死	冻死(11),瘦死(3),饿死(2),枯死,笼死,胀死,淹死,醉死
	V杀	芟杀(3),稀杀(2),掩杀(2),射杀,蹋杀,厌杀,药杀,刈杀,劄杀,折杀
	V破	擘破(9),搦破(6),打破(5),拆破,穿破,椎破,捶破,捣破,决破,啮破,披破,踏破
	V碎	打碎(3),研碎
	V坏	裂坏,炙坏
	V讫	散讫(4),压讫(3),治讫(3),和讫(3),布讫(2),择讫(2),刈讫(2),削讫(2),脔讫(2),奠讫(2),簸讫(2),翻讫(2),耕讫(2),割讫(2),铰讫(2),洗讫(2),插讫,剁讫,捣讫,胏讫,覆讫,薅讫,潢讫,获讫,剪讫,践讫,绞讫,劳讫,量讫,捋讫,磨讫,取讫,茹讫,杀讫,收讫,饲讫,溲讫,淘讫,下讫,悬讫,爓讫,押讫,饮讫,用讫,煠讫,种讫,准讫,作讫
	V罢	食罢
	V尽	落尽(4),消尽(4),销尽,研尽,用尽
	其他	剥落(2),扑灭,耕反,吹倒,打伤,截断,翻竟,煮沸
动+形	V干	曝干(32),阴干(14),拭干,㾮干
	V满	浇满,填满
	V彻	热彻(2),冻彻,冷彻,润彻
	V熟	蒸熟(7),煮熟(6),炊熟(2),粪熟,耕熟,柔熟,研熟,作熟
	其他	澄清(4),洗净(2),变大(2),变小,晒燥,下饱

续 表

类	搭配	用　　例
否定式	饮不尽	《博物志》胡椒酒法:“欲多作者,当以此为率。若饮不尽,可停数日。”
	捣不著	齑臼欲重,(不则倾动起尘,蒜复跳出也。)底欲平宽而圆。(底尖捣不著,则蒜有粗成。)
	过不清	勿以杓抳,抳则羹浊——过不清。
	挹不得	挹时勿停火。(火停沸定,则皮膏汁下,挹不得也。)

上述动结式中,出现在补语位置上的动词达 20 多个,[①]它们和前面的动词已经结合得十分紧密,中间插入宾语的用例为数很少。其中有的使用十分频繁,如作、为、去、取、讫等,应该说,它们作为补语成分已经发育成熟。相对于“动词+动词”而言,“动词+形容词”的动结式要少得多,能充当补语成分的形容词也有限。蒋绍愚先生(1999)曾列举《贤愚经》(1 例)和《玉台新咏》(3 例)中动结式的否定形式例,指出:“可见动结式的否定式是出现得比较晚的,大约齐梁时才开始形成。”(261 页)《要术》中至少见到 4 例否定式,说明《要术》一书是能够比较忠实地反映新兴语言现象的,它在同时代著作中具有很高的语料价值。

《要术》反映出动结式发展的不平衡性,产生最早、发展最快的应该是“动词+动词”这种格式,其次是“动词+形容词”,否定式产生最晚,发展最慢。在每个次类中,各个词语的产生和发展也是不平衡的,有的词早,有的词晚。据此推论,动结式最初应该是在某一个或几个具体的词语上先发生的,后来这种格式逐渐扩散开来,成为汉语的一个新的语法格式。学者们提出的最早的动结式例子是《尚书·盘庚上》的“若火之燎于原,不可向迩,其犹可扑灭”(周迟明 1958),虽然对这个例子应该如何分析学界存在不同意见,许多学者把它看作连动结构(扑而灭之),但我认为,把这个例子看作动结式的萌芽未始不可:“扑”是动作,“灭”是结果(或者说包含结果的动作),两者并不是完全等立的,因此不能倒作“灭扑”。如果我们采取从宽的标准,

① 朱德熙《语法讲义》说:“能够充任结果补语的动词为数不多,常见的有:‘走、跑、动、倒、翻、病、疯、死、见、懂、成、完、通、穿、透’等。”(126 页)

把从上古到南北朝文献中的动结式作一个系统的梳理,应该可以按时间排出一个先后充当述语和补语成分的词的序列表。要之,汉语动结式的起源可能很早,[①]经过漫长的发展过程,到了南北朝后期已经渐趋成熟。[②]

汪维辉《〈齐民要术〉词汇语法研究》"《齐民要术》的动补结构"

（二）带"得"的述补结构(V得C)

带"得"的述补结构包括朱德熙先生《语法讲义》里所说的这两类：(3)状态补语(写得好,写得不好),(4)可能补语(写得好,写不好)。统称为"V得C"(C表示补语)。

"V得C"结构的来源及发展过程大致如下。

1. 状态补语

状态补语结构中的"得"来自动词"得"("获得,得到"义)。从汉代开始,"得"就可以放在动词后面：

民采得日重五铢之金。(《论衡·验符》)

大约到魏晋南北朝时期,这种"得"由"获得"变为表示动作的完成(王力先生称为"达成"义)：

先嫁得府吏,后嫁得郎君。(《古诗为焦仲卿妻作》)

值祥私起,空斫得被。(《世说新语·德行》)

嫁得长安少年。(《玉台新咏·庾信〈怨诗〉》)

唐以后,这种状态补语句就常见了,如：

清泉洗得洁,翠霭侵来绿。(皮日休《樵担》)

别来老大苦修道,炼得离心成死灰。(白居易《梦旧》)

---

① 柳士镇《魏晋南北朝历史语法》说："对于结果补语的起源,由于据以判定的标准不同,长期以来学者们持有不同看法,……我们倾向于先秦萌芽,汉代运用增多。"(修订本,458页)这个判断是合乎实际的。

② 以上请参看汪维辉《〈齐民要术〉词汇语法研究》(修订本),上海教育出版社2020年,143—148页。顺便指出：动趋式在《要术》中也已经得到了相当的发展,绝不可能还是处于初生阶段。(同上书146—147页)

旗下依依认得真。(《季布骂阵词文》)

太子既生之下,感得九龙吐水,沐浴一身。(《大目乾连冥间救母》)

2. 可能补语

学界对可能补语结构中“得”的来源有不同看法:一说也来自表“获得”义的动词“得”,演变路径是:获得→达成→可能;一说直接来源于表可能的“得”。值得注意的是,可能补语的否定式产生得比肯定式早,如:

今壹受诏如此,且使妾摇手不得。(《汉书·孝成许皇后传》)

古制宽,大臣有隐退,今去不得。(《汉书·龚遂传》)

太田辰夫先生《中国语历史文法》曾指出:

置于动词之后的“不得”表示不可能的比置于动词之后的“得”表示可能的要用得早。这是因为后助动词的“不得”实际上是从助动词转化而来的,一开始就具有可能的意思(与之相反,由于后助动词“得”是从“获得”的意义的动词发展而来的,转变到可能的意思需要时间)。带宾语的时候,古代是宾语置于“不得”的前面的。这也暗示“不得”原来是助动词。如:吾不自知,代汝迷不得;汝若自见,代得汝迷。(六祖坛经,S377)(215 页)

蒋绍愚先生《近代汉语研究概要》说:

这一观察是非常细致的。确实,表示不可能的“VO 不得”是从“欲走(而)不得(走)”演变而来的,所以“不得”在“VO”后面;“不得”原来就是能性助动词。而表可能的“V 得 O”是从表获得的“V 得 O”(探得赵王阴事)——表达成的“V 得 O”(空斫得被)——表可能的“V 得 O”(代得汝迷)这样演变而来,所以“得”在“VO”中间;“得”是从动词发展来的。……起初,表达成的“V 得 O”和表可能的“V 得 O”的区别只在于它们所处的语境。“V 得 O”如果出现在表已然的语境中,它就表示达成;如果出现在表未然或假设的语境中,它就表示可能。……杨平《动词+得+宾语结构的产生和发展》所举的例子也很好地说明了这一点：

只今吃饭成火，吃水成火，如何救得阿娘火难之苦。(《敦煌变文集》，743 页)

蒙世尊慈悲，救得阿娘火难之苦。(同上)

所以，应该说表可能的"V 得 O"中的"得"是由表达成的"得"发展而来的。到后来，这种发展已经定型，"V 得 O"就可以脱离语境来表示可能了。如：

迎儿……劈得柴，打得水，会吃饭，能窝屎。(《清平山堂话本·简帖和尚》)

然后，由这种表可能的"V 得 O"类推，后来也产生了"V 不得 O"。如：

禁止不得泪，忍管不得闷。(山谷词，吕叔湘 1944[①] 引)

这种"不得"就不是表可能的"不得"后置而成的，而是由表达成的"(不)得"发展而来的了。

总之，应该说，只有在"VO 不得"中的"得"是由表能愿动词"得"后置而来的，其他表可能的"V 得(O)"和"V 不得(O)"中的"得"，都是由"获得→达成→可能"发展而来的。从历史发展来看，"V 得 C"(状态补语结构和可能补语结构)中的"得"和"V 得(O)"中的"得"是同一来源，所以，"V 得 C"中的"得"也是由"获得"义的"得"发展来的，而不是由"可能"义的"得"发展来的。(235—237 页)

可能补语句从唐代开始逐渐普遍行用，如：

苍天变化谁料得？万事反复何所无？(杜甫《杜鹃行》)

① 吕叔湘《与动词后"得"与"不"有关之词序问题》，收入《汉语语法论文集》(增订本)，商务印书馆 1984 年。

气象四时清，无人画得成。（方干《处州洞溪》）

会待路宁归得去，酒楼渔浦重相期。（郑准《寄进士崔鲁范》）

若不融，一句只是一句在肚里，如何发得出来？（《朱子语类》，四纂，卷二）

在现代汉语中，这两种补语结构的分布是：

（1）V得+主谓结构/带修饰语的形容词：状态补语结构。如：累得他直不起腰来，写得很好。

（2）V得+表示结果或趋向的动词：可能补语结构。如：写得完，进得去。

只有“V得+单纯形容词”是有歧义的：既可以是状态补语结构，也可以是可能补语结构。因为单纯形容词（如“好”“干净”之类）既可以表示某种状态，也可以表示某种结果，如：写得好，洗得干净。

另外，状态补语的否定式是“V得不C”（写得好，写得不好），可能补语的否定式则是“V不C”（写得好，写不好）。“V得不C”和“V不C”形成互补的格局。①

这些都是在近代汉语阶段发展的结果，细节就从略了。

第五节　近代汉语代词系统的变化

汉语语法的历史发展，除上面所讲的句法方面的变化之外，虚词系统也发生过许多变化，特别是进入近代汉语以后，产生了一批新的虚词，比如：他、这、那、什么、怎么（代词），底/的、地、得、了、着（助词），和、同、跟、因为、所以、虽然、但是、那么、还是、万一（连词），啊、吗、呢/那/哩（语气词），们/每（复数词尾），等等。这些虚词迥别于上古、中古汉语，一直沿用到现代汉语。可以说，近代汉语虚词系统的大规模更新是汉语语法史上的大事之一。

蒋绍愚、曹广顺主编《近代汉语语法史研究综述》对近代汉语代词系统的变化做了扼要的概括：

① 以上见蒋绍愚《近代汉语研究概要》，231—239页。

> 近代汉语时期代词的面貌发生了很大变化。人称代词出现了专职的第三人称代词“他”，人称代词有了单复数的区别，第一人称代词复数有了排除式和包括式的对立。指示代词产生了“这”“那”，疑问代词产生了“什么”“怎么”，这些新代词使用开来，而古代汉语的代词却逐渐式微，退出了代词系统。（31页）

限于课时，本节重点介绍代词系统的三个重要变化：① 第三人称代词“他”的产生和发展；② 指示代词“这”“那”取代了“此”“彼”；③ 疑问代词“什么”取代了“何”。

一、第三人称代词“他”的产生和发展[①]

汪维辉、秋谷裕幸《汉语第三人称代词的现状和历史》

汉语的第三人称代词在历史上经历了从无到有的过程，上古汉语没有专职的第三人称代词，“彼、夫、其、之、厥”都不是真正的第三人称代词，[②]现代方言中使用的三个主要的第三人称代词，通行于广大南方方言的“其/渠”可以追溯到战国后期，闽语区的“伊”始见于魏晋之际，官话区的“他”确立于唐代。下面重点讨论“他”。

（一）“他”的来源及其确立年代

“他”来源于旁指代词“他/它”，经历了“其他/别的（事/物）→他人/别人→第三人称代词”的演变。

“他”的真正确立是在唐代。太田辰夫《中国语历史文法》说：“（他）作为第三人称代词的确凿的例子始见于唐代。历来被注意的隋以前的例子，有的是文献缺乏可靠性，或者是把第三人称的前身‘别的人’，即他称，误认为第三人称了。”（101页）今天看来，太田先生的这一论断仍然是正

---

① 参看汪维辉、秋谷裕幸《汉语第三人称代词的现状和历史》。

② 魏培泉指出：“根据藏缅语也没有一个共通的第三身代词，汉语原本没有真正的第三身代词也不足怪。”[《汉魏六朝称代词研究》，《语言暨语言学》专刊甲种之六，（台湾）“中央研究院”语言学研究所2004年，26页]唐正大说：“跨语言的类型比较证明，具有第三人称指称形式是人类语言的共性，但有的语言却没有专职的第三人称代词，如乔克托语（Campbell 2000：389）。”（《关中方言第三人称指称形式的类型学研究》，《方言》2005年第2期）可见上古汉语没有专职的第三人称代词并非特例。

确无误的。[①] 学者们讨论过的众多唐以前的例子，都还是泛指“别人”，不能确认为有定的第三人称代词。[②] “他”在初唐主要还是用作无定代词，但已向第三人称代词过渡；盛唐以后，“他”字已确立为第三人称代词。[③] 到晚唐五代，作第三人称代词已经变成“他”的主要用法。[④] 下面略举数例：

> 曲岸深潭一山叟，驻眼看钩不移手。世人欲得知姓名，良久问他不开口。（高适《渔父歌》）
>
> 且我辈无故远来，他又不与我战。（《大唐创业起居注》卷上）
>
> 泥他沽酒拔金钗。（元稹《遣悲怀》）
>
> 㦤才出，又失其弟。家人恸哭，㦤独不哭，曰：“他亦甚快活，何用哭也？”（《酉阳杂俎》卷十五“诺皋记下”）

第三人称代词“他”的产生跟佛经翻译有密切关系，其中是否有源头语的影响，值得进一步探究。

（二）“他”的发展

“他”大概起源于北方，这从今天的分布可以看得很清楚，Jerry Norman（1988：181—183）认为“他”是北方方言的鉴别词之一。唐以后“他”在北方地区普遍行用，还波及一些南方的非官话地区，今天除大官话区（含晋语）外，还分布在吴语太湖片（少数）、湘语（多数）、平话桂北片（少数）和赣语（个别）中。

---

① 王力（1958/1980：270）也认为“‘他’字起源于唐代”。太田辰夫先生在后来的《汉语史通考》中说：“现代汉语的第三人称‘他’，在中古尚为他称，但也偶或作第三人称用：彼实不食，我妄杀他。（百喻经）”（13 页）这个说法实际上反而是错误的。关于《百喻经》中的“他”，郭锡良先生有正确的分析，请参看下面一条注释。

② 郭锡良《汉语第三人称代词的起源和发展》指出：“南北朝时期，‘他’字虽然仍保存先秦的意义、用法，但用作‘别人’的意思已是普遍现象。《百喻经》是反映这一变化例证最多的一部作品，不过，所有这些用例都还不能认作第三人称代词。……只能认为是无定代词，当‘别人’解。”这是合乎实际的看法。柳士镇《魏晋南北朝历史语法》（南京大学出版社 1992 年，157—158 页）和俞理明《佛经文献语言》（巴蜀书社 1993 年，79—80 页）都有更详尽的分析，可参看。另可参看汪维辉《〈百喻经〉与〈世说新语〉词汇比较研究（上）》。

③ 朱冠明、陈中源《义净译经中的“他”和“将”——以〈根本说一切有部毗奈耶〉为例》认为：“初唐‘他’以做旁称代词为主，泛指用法多于专指，已经出现了第三人称代词的用法，句法功能完备但用例尚不多见。”

④ 参看吴福祥《敦煌变文语法研究》（修订本），商务印书馆 2022 年，21—22 页。

（三）“他”的韵母问题

上文曾经讨论过“他”的读音问题（第一章第一节中“一、语音的变化”），“他”读麻韵［tʻa］属于例外音变，是上古歌部读音的保存，按照音变规律，应该读歌韵［tʻuo］。王力先生（1958/1980：271）早就指出：“‘他’的中古音在歌韵（故亦写作‘佗’‘它’），现代读入麻韵。这和‘阿’字的情况一样，口语里比较容易保存古音，‘他’字的古音［tʻa］保存下来作为一个强式。”

大概从宋代起，“他”字就出现了歌韵和麻韵两读的现象。吕叔湘先生（1985/1992：5—6）说：“‘他’，也写作‘它’，上古属歌部，中古属歌韵，唐人韵语中还是如此。……到了宋词里边，有跟家字叶韵的，似乎已有归麻韵的趋势……元曲里，或入哥戈……或入家麻……。”鲁国尧先生（1986/1994：192）[①]说：“‘他’字，《广韵》歌韵托何切，《五音集韵》《新刊韵略》只收入歌韵。连《中原音韵》也只收入歌戈韵。宋代山东词人与歌戈部叶，福建、四川词人则与家车部叶，江西词人两叶。”这都说明“他”字读入麻韵至少可以上溯到宋代。最有意思的是《西厢记诸宫调》，押“歌戈”韵和“家麻”韵的都有，例如：

> 急离门首，连忙开放锁，直奔书帏里来见他。天色儿又待明也，不知做甚么，书帏里兀自点着灯火。（卷四）（“歌戈”韵）
>
> 打拍不知个高下，谁曾惯对人唱他说他？好弱高低且按捺。话儿不是朴刀杆棒，长枪大马。（卷一）（“家麻”韵）

可见宋金元时代“他”的读音表现出规则音变和例外音变的差异，我们推测，前者可能是读书音，而后者则是口语音，现代官话继承的就是这个口语音。

吕叔湘先生《近代汉语指代词》很早就指出：“（他）现代在北方方言区里差不多全都说 tʻa，但南京及其附近有些地方说 tʻɔ，吴语区里也有韵母作 o 韵的，如宜兴及溧阳 tʻo，无锡 do。”正如此言，在丹阳、金坛、溧水和南通等吴语和官话方言的交界地区“他”的读音很复杂。Richard VanNess Simmons

① 鲁国尧《元遗山诗词曲韵考》，收入《鲁国尧自选集》，河南教育出版社 1994 年。

(史皓元)等所记录的读音是：t'a、ta、t'e、t'o、da、tɦa、to、ɦa、ɾɦa、ɾ'ɦa、t'ɦa、do、t'ɦo、tɦe、t'ɦe。①这里我们着重讨论一下主要元音的音值问题。

吴语引进官话方言“他”的时候，它的主要元音音值当为[a]或[ɑ]等 a 类元音。那么，金坛西岗、靖江等吴语是照样引进了官话方言的“他”。宜兴方言把官话方言读 a 类韵的古舒声字读作[o]韵。例如：

表 3-5　把、马、茶、他在宜兴方言与官话方言中的读音

方言类别	把	马	茶	他
宜兴(钱乃荣 1992②)	ᶜpo	꜂mo	꜁dzo	꜀t'o
北京(北京大学 1995③)	ᶜpa	ᶜma	꜁tʂ'a	꜀t'a

据此我们可以推测，吴语方言里“他”的[o]韵是把官话方言的 a 类韵折合成自己音系的读音。

“他”的 o 类韵母也出现在湘语的少数方言和江淮官话泰如片南通、通州方言中。我们认为湘语的 o 类韵母的形成过程与吴语一样。第一，湘语的“他”也是借自官话方言的，它的固有说法应该是“渠”。第二，用 o 类韵“他”的湘语方言把官话方言读 a 类韵的古舒声字读作 o 类韵。例如：

表 3-6　把、马、茶、他在双峰方言与溆浦方言中的读音

方言类别	把	马	茶	他
双峰(北京大学 1995)	ᶜpo	ᶜmo	꜁dzo	꜀t'o
溆浦(贺凯林 1999④)	ᶜpɒ	ᶜmɒ	꜁dzɒ	꜀t'ɒ

少数湘语方言从官话方言借入 a 类韵的“他”后，把 a 类韵折合成 o 类韵。

① 史皓元、石汝杰、顾黔《江淮官话与吴语边界的方言地理学研究》，79—83 页。

② 钱乃荣《当代吴语研究》，上海教育出版社 1992 年。

③ 北京大学中国语言文学系语言学教研室《汉语方言词汇》(第二版)，语文出版社 1995 年。下同。

④ 贺凯林《溆浦方言研究》，湖南教育出版社 1999 年。

南通、通州二地方言把“他”的早期韵母*a按照它们的语音演变规律变成了[o]。例如：

表3-7　把、马、茶、他在南通方言中的读音

方言类别	把	马	茶	他
南通(鲍明炜等2002①)	ᶜpo	ᶜmo	꜁tsʻo	꜀tʻo

情况和宜兴、双峰等方言相同。Richard VanNess Simmons等(2006：81)却指出虽然表面上南通、通州方言中“他”的读音与邻近的吴语一致,但是南通和通州的/tʻo/与吴语无关。不过我们认为也有可能它们的底层是吴语,后来被江淮官话所覆盖。在存在“官话[a]：南通、通州[o]”的语音对应的情况下从官话借入“他”[꜀tʻa],此时完全可以发生像宜兴、双峰等方言一样的折合过程。在原来的官话区,“他”都读麻韵,内部一致,是继承的宋元时期的口语音;而在原先非属官话后来被官话覆盖的地区(即南通、通州方言)和受到官话影响而引进“他”的地区(即吴语太湖片和湘语的少数方言),“他”的读音都按照本方言的音系进行了折合,读作麻韵的音值。②

(四)“他”的声调问题

“他”本读阴平调,今天大部分方言继承了这个调,但是也有一部分方言读作上声调,主要有中原官话(多数)、北方官话(少数)、胶辽官话(少数)和晋语(少数)。这是受到“我”“你”类化的结果,因为三身代词是一个“小组”,组内成员会相互影响,“我”“你”都是上声调,就把弱势的“他”同化了。其他方言中也有类似的现象,比如宁波话的第三人称代词跟大部分南部方言一样是“渠”,但是声调从阳平变作了阳上(宁波话阳上并入阳去),读作[꜂dʑi]。

二、指示代词“这”“那”的由来

指示代词this和that作为人类语言的核心词,被斯瓦迪士列入100核心

① 鲍明炜、王均主编《南通地区方言研究》,江苏教育出版社2002年。

② 关于这个问题,也可参看郑伟《吴语和南部江淮官话音韵比较研究中的几个问题》。

词表，可见其重要性。在文言里，与 this 和 that 相当的主要是“此/是”和“彼”，而到了近代汉语，它们分别被“这”和“那”取代，并且“这”“那”一直沿用到现代汉语。[①] 这两个新兴的指示代词是怎么来的呢？下面分别讨论。[②]

（一）这

近指代词“这”最早出现在唐代，开始时写作這、者、遮、赭等，后来逐渐统一于“這”，现简化为“这”。太田辰夫（1953）[③]所举的早期例子如：

（1）牟尼這日发慈言。（维摩变文 P.2292）

（2）若觅远公，只這贱奴便是。（惠远外传 S.2401）

（3）赭回好好，更看去也。（历代法宝记 P.2125）

（4）拊掌大笑曰：“遮阿师更不要见。”（唐摭言卷五）

（5）者边走，那边走，只是寻花柳。（王衍，醉妆词）

早期“这”只能作定语，不能独立充当主语和宾语。太田先生指出：

> “這”（“者”“遮”也同）在唐代还没有成为自立语，因此不存在“这是狗”的用法，一定用在名词或量词之前。作自立语用的还是“此”，代替“这是……”的是“此是……”。宋代也大致同样，作自立语用的例子很少。

在《中国语历史文法》中，他说：

> 在唐代，用“这”的例子很多，但全是和名词配合使用的，或者经常在“这度”“这般”等词组中使用，似乎还不能说是独立词。但是，在晚唐以后，也不是没有少数例子可以认为是独立词。
>
> 孔雀毛衣应这是。（齐己诗《对菊》）
>
> 长年祇这是。（寒山诗《诗三百》）

---

① 太田辰夫《中国语历史文法》说：“指示代名词‘这’‘那’是唐代开始使用的。”见修订译本 115 页。

② 志村良治《“这”和“那”——中世新的指示词体系》对这两个代词有专门讨论，读者可以参看。见氏著《中国中世语法史研究》。

③ 太田辰夫《唐代文法试探》，《亚洲言语研究》5 号，1953 年。

到宋代,“这”也可以作为主语使用。

只这难依口。(张元干词《点绛唇》)

这是说天地无心处。(《朱子语类》(116 页))

近指代词“這(这)”的来源一直众说纷纭,大致有来自之、者、適、只者、隻等说法,迄无定论。[①] 朱冠明《再谈近指代词“這”的来源》从语法功能和语音变化两个方面论证了“這”来自中古以前常见的近指代词“是”。他的论证主要围绕以下几点展开。

第一,“是”到哪里去了?

“是”从先秦到魏晋南北朝都是常见的近指代词,但是隋唐以后,近指代词“是”衰落,使用频率急剧下降,竟至文献中濒于消失。“是”的衰落有两个表现:一是原本用“是”的地方,到隋唐以后换为“此”;二是在唐以后的文献中极为少见。中古十分兴盛的近指代词“是”,到了唐代,无论在本土文献还是翻译佛经中都式微如是,我们不禁要问:“是”到哪里去了?

第二,“這”是哪里来的?

入唐以后,一个新的近指代词“這”开始登上舞台。朱冠明仔细分析了学者们所举的例句,认为晚唐五代以前“這”的使用有这样几个特点:

(1) “這”的可靠用例出现在中唐以后,而且用例较多。

(2) 字形有“這、者、遮、赭、拓(柘)、遮”等,但以“這、者、遮”用例较多,其他几个只是偶见。这么多的不同字形,表明时人对其语源认识不清。

(3) “這”这些较早用例的作者几乎都是北方人。朱冠明认为“這”早期是在北方使用。

(4) 晚唐五代以前“這”主要作定语。

近指代词“是”虽然在唐代式微了,但老牌的近指代词“此”仍在文献中使用,可从中唐起在北方又冒出一个主要作定语的不明语源的“這”,且来势汹汹,从中唐到晚唐五代用例增长很快。我们不禁又要问:“這”是哪里来的?

第三,“這”的来源之一:“適”写为“這”的历史。

① 详见朱冠明(2019)。

“這”字本音“彦”(《广韵》“鱼变切”),义为“迎接”(《玉篇·辵部》“這,迎也”),这样一个音义与近指代词都毫无关系的字,为什么在唐代会被拿来记写近指代词并广泛使用呢?对“這”这个文字的来源,目前其实已经基本有了共识,那就是:作为近指代词的“這”,并不是“鱼变切”的那个字,而是另外一个字“適”,“適”与“這”形近,再加上“迎接”义的“這”基本见不到文献用例,是一个死字,故人们把“適”写成了“這”(参看蒋绍愚,2017:148)。“適”写成“這”在东汉时就已渐成风气,从中古译经的情况看,对以“這”代“適”这一习气的沿袭,北方远胜于南方。唐代这一风气仍在延续,在唐代后期以“這”代“適”有较大的应用面。

第四,“這”的来源之二:语源为什么是“是”?

朱冠明认为“適”就是隋唐以前常用的老牌近指代词“是”的音变形式。功能词因为使用频率高,一方面语音容易弱化虚化,另一方面语音又容易保持旧音而不随大流一起演变(参看江蓝生,1999;潘悟云,2002),这两种情况都常常会导致人们丧失对它们语源的认识,于是根据实际语音,另找新字来代替它们。“適”(以下写为“這”)代替“是”就是典型例证。语源是“是”的理由主要有两点。

其一,“這”与“是”语法意义和功能对等。

“是”和“這”在二者相衔接的一段历史时期内,在语法功能上表现出高度的一致性,即“主要作定语”。中古以前的“是”作主、宾、定语都有较多用例,而唐五代以后“這”在定语之外也逐步获得了作主、宾语的功能。同样,近指代词“此”也可以自由地充当主、宾语和定语。恰恰中古的“是”和唐代的“這”都不太能充当主、宾语而主要作定语,这要么解释为巧合,即两个不同的近指代词碰巧都只有作定语的功能;但更好的解释是,“這”继承了中古以来“是”的语法功能,与“是”有密切的关系。

其二,“是”与“這”语音上的关系:通假、促化和清化。

这是论证难度最大的一点,也是朱文最重要的创见,作者提供了充分的论据。

“是”与“適”在中古以前即可通假,它们的中古音也很接近。《广韵》“是”为禅母纸韵上声;“適”有三个反切(见下表3-8),考虑到同为记音形式的“者、赭、拓(柘)、遮”等都是章母字,且目前所见最早记录“這”的“俗呼”（实即作为近指代词的读音）为“之夜切”，作者认同陈治文（1964）等人的看法，认为作近指代词的“適（這）”应来自它的“之石切”一音，章母昔韵入声。

表 3－8　“是”和“適”的中古拟音

	郑张尚芳	高本汉	王　力	李　荣	邵荣芬
是（承纸切）	dʑiᴇ	ʑie̯	ʑĭe	ʑie	dʑiɛ
適$_1$（之石切）	tɕiᴇk	tɕi̯ɛk	tɕĭɛk	tɕiɛk	tɕiæk
適$_2$（施隻切）	ɕiᴇk	ɕi̯ɛk	ɕĭɛk	ɕiɛk	ɕiæk
適$_3$（都歷切）	tek	tiek	tiek	tek	tɛk

从郑张的拟音看，“適$_1$”同“是”只有两点区别：韵母“是”无韵尾，“適”有舌根塞音韵尾；声母“是”为舌面前浊塞擦音，而“適”为同部位的清塞擦音。

先说韵母。“是”无韵尾而“適”有舌根塞音韵尾，这是功能词在使用中发生的一个常见的语音弱化现象，即促化，“是”的韵母声调促化便成了“適”的韵母。潘悟云（2002）指出“实词在虚化的过程中往往会变作轻声，轻声的最重要特点是音长缩短，而入声的特点也是短促，所以虚词很容易混到入声里去”。郑张尚芳（1995）列举了现代方言中和唐宋以来汉语史上大量的舒声促化现象，并指出“虚字容易促化，这自然跟虚助成分时常轻读有关”。

再看声母。从郑张尚芳拟音看，“是”声母清化后即同“適”。全浊声母清化是从《切韵》时代到唐五代时期声母系统发生的重要变化，学者们通过不同材料发现并证实了这一现象，黄笑山（1995：122—123）对此总结：罗常培（1933/2012：185）分析汉藏对音译音材料，证明那时的全浊擦音禅、邪、匣三母已经清化；邵荣芬（1963）研究敦煌的别字异文，结论是十世纪西北方言全浊声母消失；周祖谟（1988：217）利用《汉书注》等初盛唐时人注疏中的反切材料，说明浊声母变成清声母了。黄笑山还有其他证据：“到了唐五代，全浊声母发生了清化，最明显的证据来自日语借音。日语吴音是用浊音来表示汉语的浊音字的，到了汉音就全部改用清音来对应原来的全浊字了。”在这个音变的大背景下，“是”的声母从禅母清化而同于章母也很自然。

因此，中古的近指代词“是”到唐代被写为“適（這）”，在语音上是完全可以解释的，即由于语音弱化和浊音清化，它的韵母和声母都发生了改变。

朱文还对其他几个字“者”“赭”“遮”“拓（柘）”同“是”或“適（這）”是什么关系做了详细论证，同时也讨论了“是”在中古以后的去向，即北方成为“這”，南方成为“底”。这里就从略了。

应该说，近指代词“这（這）”来源于“是”的观点十分新颖而大胆，但是朱文对此做了充分而周密的论证，尤其是很好地解释了语音的演变，结论几近完美。这个汉语史上的老大难问题终于基本解决了。朱文的思路和论证方法值得好好揣摩。

（二）那

与“这”相对的远指代词“那”也始见于唐代。太田辰夫《中国语历史文法》说：

> “那”从唐代开始用，但和“这”同样还不是独立词。
>
> 必是那狗。（朝野佥载2，又广记259引）
>
> 那时离别后，入梦到如今。（杜牧诗）
>
> 想得那人垂手立，娇羞不肯上秋千。（韩偓诗）
>
> 那年离别日。（刘采春诗）
>
> “那”成为独立词也是在宋代。
>
> 那是做人底样子。（《朱子语类》卷七）（118页）

不过志村良治（1995）举出唐末五代的两个做主语的例子：

> 那是阎浮提内，五天印土之中。（难陀出家缘起 P.2324）
>
> 只那施为一分时，时时往往虚抛契。（无常经讲经文 P.2305）

他说：“‘这’和‘那’做独立语用都见于唐末五代，所以可以说新的指示词体系是在这一时期确立的。”（126—127页）

唐代以后“那”逐渐在北方通行开来，并波及南方的一些地区。

关于“那”的来源，太田辰夫说：“‘那’的前身，想来是南北朝时的‘尔’。”[①]王力说：“‘那’的来源比较简单，不是‘若’就是‘尔’，来自‘尔’的说法比较可信。”志村良治也说：“它是渊源于上古的泥母，从‘尔’的系统引出的指示词。”吕叔湘在《近代汉语指代词》中则认为假定为来自指代词“若”比较合适：

> 那跟古代的远指指示代词彼或夫毫不相干，倒是跟第二身代词尔（爾）和若有关系。尔和若在古代也有指示的用法：先秦用若，如“君子哉若人！”（《论语·宪问》）但魏晋以后多用尔，如《世说新语》里尔时、尔日、自尔、尔多、尔馨等就屡见不鲜。因此唐钺先生在《白话字音考源》（《国故新探》卷二）里就假定那是尔的音变。可是如果从语音上考察，似乎不如假定那从若出较为合适。不错，“那”字在中古是上声（原本是平声，《广韵》哿韵注：“俗言那事，本音傩”），而“若”字通常是入声（药韵，而灼切）。可是“若”字又有马韵人者切一读，注云：“干草；又般若……，又虏复姓……《周书》若干惠……《后燕录》有若久和。”可见南北朝时拿“若”字跟外语对音都是作上声，焉知这个音不也有所本？果真如此，若变成那是很有可能的。（5.1.2 节）[②]

吕先生的这一看法最早见于他的《语法札记·这那考源》。从语音上看，我认为吕说更可信。

三、疑问代词“什么”的产生和发展

最基本的疑问代词 what 作为人类语言的核心词，也被斯瓦迪士列入 100 核心词表。在汉语史上，这个疑问代词经历过从“何”到“什么”的历时更替，近代汉语的疑问代词与中古以前的是截然不同的两个系统。现代汉

---

① 太田辰夫《中国语历史文法》（修订本），118 页。

② 这和那的由来，章太炎都已经见到。《新方言》卷一里说：“又指示者或曰那个，那与若亦一音之转。”但都是语焉而不详，因此在这里重加考校。

语通语和许多方言的疑问代词都是近代汉语“什么”系的直接继承。上古的“何”系今天主要在吴语和闽语中还有部分保留。

“什么”是怎么产生和发展的？它的来源又是什么？下面我们就来讨论这个问题。①

关于“什么”的研究很多，最重要的是太田辰夫、吕叔湘和志村良治三家的论文和专著，下面择要介绍。

太田辰夫《“甚麽”考》说：

太田辰夫《“甚麽”考》

跟“甚麽”相当的词自唐代始见，隋以前未见用例。在唐五代时期这个词有各种标写形式，现在根据这些形式的文字在音韵上的大的特征，分类如下(o表示开音节)：

a型	-o	-t	是物	是勿	是没
b型	-m		甚		
c_1型	-m	-t	甚物	甚没	
c_2型	-p	-t	什没(拾没)		
d_1型	-m	-o	甚谟	甚摩	甚麽
d_2型	-p	-o	什摩	什麽	

下面从太田先生所列的大量例子中各举一例：

未审马别驾疑是物？(神会语录，石井本)

是勿是生灭法？(神会语录，石井本。伯希和本同)

是是没？(神会语录，石井本。伯希和本没有相对应处)

来者甚人？(汉将王陵变)

若不是夜地，眼、眼不瞎，为甚物入、入里许？(太平广记卷248引，启颜录“吃人”②)

---

① 参看：吕叔湘《近代汉语指代词》“4 什么”；太田辰夫《“甚麽”考》，收入其《汉语史通考》；志村良治《中世汉语的疑问词系谱·b)“甚麽”的成立》，收入其《中国中世语法史研究》；[法] 贝罗贝、吴福祥《上古汉语疑问代词的发展与演变》，汪维辉《汉语核心词的历史与现状研究》“98. 什么—何/胡/奚/曷(what)”条。

② “吃人”的意思是“口吃的人”，“眼、眼”“入、入”是摹写口吃者的说话。

三藏曰:“问我作甚没?”(宝林传卷6)

前生为什没不修行?(阿弥陀经讲经文,S.6551)

没,不知而问曰拾没。(《集韵·上声·哿韵》“母果切”)

毕竟唤作甚谟物?(大乘中宗见解43行,注音为Simma)

甚摩处来?(祖堂集卷20,14叶里)

甚麽处人?(景德传灯录卷8,大正藏卷51,261页下)

贵姓什摩?(祖堂集卷4,15叶里)

在什麽处?(景德传灯录卷8,大正藏卷51,261页)

其中a型出现最早。太田先生认为:敦煌本《神会语录》“应是开元至迟是天宝年间完成的”,它的抄写时间不会晚于元和十一年(816)。神会和尚的生卒年是668—760。出现最晚的是d_2型,太田先生说:“‘什摩’是五代的写法,‘什麽’是到了宋代才产生的写法。”他把各型之间的关系和大致年代归纳如下:

a型	是物(是勿、是没)		8世纪前半
	↓		
b型	甚		9世纪
	↓		
c_1型	甚物(甚没)→c_2型	什没	9世纪
	↓		
d_1型	甚摩→d_2型	什摩	10世纪中
	↓		
	甚麽	什麽	10世纪后半以后

我们之所以不厌其烦地介绍太田先生的研究,是因为这样的考证对于弄清楚“什么”一词的历时演变尤其是考源很重要(详下),而且利用同时资料给各种书写形式排序和确定相对年代的方法具有示范性。

除上面这些形式外,还可单说“没”“莽”等,犹如今天方言中的“么”和“吗(嘛)”。吕叔湘先生认为这是“什么”的省缩。“没”“莽”还可说成“阿没”“阿莽”。口语中还说“啥(煞、偖、啥)”,今天存在于官话区的一大部分方言和吴语区的大多数方言中,吕叔湘先生说这可能是“什么”的合音。下面据《近代汉语指代词》略举数例:

缘没不攒身入草,避难南畈?(李陵变文,敦煌变文集86页)

于身有阿没好处?(燕子赋甲,敦煌变文集251页;注[五五]云甲卷“阿没”二字作“甚”,乙戊两卷作“阿莽”。)

今受困厄天地窄,更向何边投莽人?(捉季布传文,敦煌变文集57页;注[四六]云庚卷“莽”作“甚”。)

但知搥胸拍臆,发头忆想阿莽?(燕子赋甲,敦煌变文集251页)

姑娘,作吗呢?(儿女英雄传第十回;张太太)

吃点吗儿再走。(又第十四回;山东车夫)

怪饿的,俺两天没吃麻儿。(三侠五义第七十九回)

也得请他老人家起来吃点麻呀。(老残游记第十四回)

这是什么东西?有煞用处呢?(红楼梦第六回;刘老老)

姑娘,这是偖话?(儿女英雄传第九回;张老)

阿有啥人来哚?(海上花列传第十四回)

关于“什么”的语源,学者们提出过各种推测,但尚无定论。“什么”的最初形式是“是物”,这是大家的共识,但是“是物”为什么能表示what的意思,却有不同的解释。下面介绍三种最主要的观点。

太田辰夫认为:

“是”本为指示代名词,意为“这”,它又用作“所有”之意。这个时期无法确定,恐怕初唐已经产生了这个用法。……“是”单独用在名词之前,表示“凡”意,……这样,当代名词指“所有”之物时,即为任指。在汉语中疑问代名词一般也转用于任指(什么→任什么)。或许因此而相反地从任指的“是”而产生了疑问的意思?不过它不用于一般名词只用于“物”(又写作“勿”“没”)的前面的原因还须要考虑,或许是很早就使用的“何物”的影响所致也未可知。而且正因为只用在“物”的前面,才很快地复合,最后成为一个音节,产生了“甚”的。

在说“是物”的时候,从语源上“是”表示疑问,“物”为“东西”意的名词。但是令人不解的是,有时光是相当于“物”的部分就表示疑问。现代北京话里说“干么”(即“干什么”之意,么 ma 阳平)的时候,这个“么”(也写作“吗”)为“何”意。这个“么”有点儿方言味,现在用得很广泛,前举《新方言》里也说“湖北曰么事”。现在寻检唐代跟它相当的词,没有写作“物”来表示的例子,而是用“没”:金刚经里道没话?(神会语录,石井本及 P.3047;胡适校敦煌唐写本神会和尚遗集 124 页)……金精合属我,缘没敢叫唤。(太平广记卷 400 引,博异志)如上所示,“何”意的“没”在敦煌资料里很多,但在后时资料里很少,只找到一例。

这种用法的“没”是怎么产生的呢?看作前述“是没”的省略很简单,但前面已述,在“是没”里,“何”的意思存在于“是”,“没”失去了意义而接尾辞化了。这样来看,岂非省略“没”的现象即或有也不会有省略“是”的现象吗?下面把我个人的想法扼要阐述于下。

“何物”的“物”失去意义,仅同于“何”意的例子在南北朝时候不少。“何物”的“何”,词头辅音弱化,“何物”变成“阿物”。但是实际上只找到“阿没”(“阿磨”罕见)的写法。“阿没”在唐代的资料里多见,但是另一方面,“阿”作为接头辞不只附在名词前面也附在代名词前面,如“阿谁”“阿你”“阿侬”“阿那”等等。因而“阿没”的“阿”也被误解为接头辞,使人认为在这个词中“没”为“何”意,它的前面加上了没有意义的“阿”。因为这个原因才使得单个的“没”用作“何”意的。①

吕叔湘认为:

假如只有什麼和甚麼等写法,我们将无从推究这个字的来源:幸而有最早的形式是物给我们一个线索。“什麼”和“甚麼”都只是依音为字,是物则不仅仅是传写声音(“勿”是“物”的简写)。魏晋以来通用何物一词,何物已融为一体,只有何字之用。物不是“万物”之物,而应解

① 太田辰夫《“甚麼”考》,《汉语史通考》,101—104 页。

作“等类、色样”，何物即“何等、何种”。我们所见到的何物用例中，绝大多数是做名词的修饰语，①这一现象也有助于说明何物一词的意义。例如：近见孙家儿作文，道“何物真猪”也。（世说 6.13）何物尘垢囊？（又 6.14）……是物里头的物就是何物的物，这自从唐钺先生在《国故新探》里提出来以后，可算是已成定论。

但是关于是物的是，至今还没有满意的解释。……

另一种可能就是前面说过的，认为是物的物就是何物的物，而是则是是与不是的本义；换句话说，是物是是何物的省缩。何物用在是字后头做表语的机会很多。除此之外，近代汉语里还有一种倾向，避免用疑问代词做主语，常常在它前边加个是字，使它变成表语。……也许口语里很早已经有一个惯例，在句子头上的何物前头说个是，而这个“是何物”的公式又转而促进何字的脱落，正如“作何物”的变成“作物”（即作麽）一样。何的脱落也可以由阿没的形式提供一种佐证，那就是何物的何原来就有失去声母的倾向，在是何物里边就更容易完全消失了。这个假设，除句子头上的“是何物”连文同样缺失实例以外，在义解和语音方面都似乎比源出于舍之说为胜。

自从是物融合成为一个语词之后，是字受物字声母（m-）的影响，才变音为甚（-m）和什（-p）。

下一字，物和没中古时都音 muət（“物”字读音原为 mĭuət，但语音当已因轻读而失去介母），但《集韵》拾没的“没”是母果切 mua，正与“麽”同音。可见唐宋之际这个语词的第二音节已经有了变化，所以最初写“物”或“没”，后来不得不写“麽”。

什麽的由来好像很早便已经被人忘却，因为唐代已经有在是没后头再加上一个“物”字的例子，……②

志村良治认为：

---

① 做表语的例子比较少见，如卢志于众坐问陆士衡：陆逊陆抗是君何物？（世说3.6）牛屋下是何物？（又 3.19）维辉按：后一例吕先生所引有误，原文是“何物人”而非“何物”，见上文第一章第三节“一、研究材料”。

② 吕叔湘：《近代汉语指代词》，《吕叔湘文集》卷三，128—130 页。

> “底物”和“是物”是从同一声音而来的不同标记。……前面讲的“是”,在当时跟“底”或许音通,这是就南方的音韵体系而言。在北方,唐代“是”已经变入齿音。……综观现代诸方言,“是”大体都变为齿音,但在唐代的方言里,发舌音的地方大概还是会有的。
>
> 如上所述,“底物”和“是物”是起源于南方的词语,我们推测它也传到了北方。而且,在颜师古生活的时代,“底物”这个词在北方竟然不好懂了。
>
> ……在从“底”到“底物”“是物”的漫长历史过程中,这个来源于南方的疑问词在唐代中期以“是没”的标记出现;如上所说,它在北方也具体地通行。在考虑同一时代和社会的语言状态的等质性的程度时,以上情况是必须考虑的。①

由上述三家的论述不难看出,“什么”这个疑问代词由于在口语中高频使用,随着时间的推移,加上方言的因素,它的语音和书写形式变得相当纷乱复杂,人们其实是将其作为一个整体(相当于单纯词)来使用的,不再明了它的内部形式(理据),以致我们今天要追溯它的语源十分困难。综观三家的意见,都有其合理性,但又各有难以解释之处。太田先生其实提出了两种假设,但是他并不确定:一是来自“什么→任什么”的反向类推;二是受到很早就使用的“何物”的影响,这使得“是”也产生了疑问的意思。吕先生也把“是物”和魏晋时期的“何物”相联系,这是很有见地的,两者的性质相同,都相当于 what。但是“何物”是怎么变成“是物”的,却难以说清,他提出一个假设:“是物”可能是“是何物”的省缩,正如“作何物”的变成“作物”(即作麽)一样。这在理论上并非不可能,太田先生和吕先生都提到了“何没”(<何物)的“何”弱化为“阿”的现象,但是“是何物”找不到实际例子。志村先生推测“是物”和“底物”是同一来源,它们都是起源于南方的词语,后来传到了北方。“是”和“底”都是疑问代词,“是”在唐代的方言里可能还是发舌音,就跟现在南方的江苏省松江(今属上海)、太仓等县“是”仍读舌音一样。但是一个起源于南方的词语何以能传到北方并且大面积通行开来,还

① 志村良治《中国中世语法史研究》,175—176 页。

需要更多的证据。

总之,"什么"的来源问题还有待于继续探究。

课外阅读

1. 王力《汉语语法史》
2. 吕叔湘《近代汉语指代词》
3. 杨伯峻、何乐士《古汉语语法及其发展》
4. 柳士镇《魏晋南北朝历史语法》(修订本)
5. 蒋绍愚《近代汉语研究概要》(修订本)
6. 蒋绍愚、曹广顺主编《近代汉语语法史研究综述》

思考题

1. 下面两个例子是不是宾语前置句?为什么?

我心伤悲,莫知我哀。(《诗经·小雅·采薇》)

百尔所思,不如我所之。(《诗经·鄘风·载驰》)

2.《论语·学而》:"吾日三省吾身:为人谋而不忠乎?与朋友交而不信乎?传不习乎?"有人说"三省"就是"从三个方面反省"的意思。你认为是否正确?为什么?

3. 简述汉语判断句的历史发展。

4. 先秦汉语有没有第三人称代词?为什么?

5. 成语"耳濡目染"和"条分缕析"的内部结构是否一样?请作具体分析。

第四章　语音史

第一节　音韵学常识

古人所说的话已经一去不返，今天的人是怎样知道古人的语音的呢？这要从音韵学常识说起。

一、音韵学与汉语的音节结构

汉语音韵学是一门古老的专门学问，在传统小学中，它跟文字学、训诂学鼎足而三；今天，它是汉语学的一个分支。音韵学内部包括四个部门：今音学、等韵学（切韵学）、古音学、北音学。如图 4－1 所示。

- 小学（语言文字学）
  - 文字学
  - 音韵学
    - 今音学（研究中古音——隋唐宋之音）
    - 等韵学（中国传统的语音学）
    - 古音学（研究上古音，又称“诗韵学”）
    - 北音学（研究近代音——元以后的北方音）
  - 训诂学

图 4－1　传统小学中的音韵学

我们可以这样下定义：汉语音韵学是研究汉语各个时期的语音系统和汉字读音以及它们的变化的学科。

汉语是音节语言，跟印欧语相比，汉语的语音结构是比较简单的。一个汉字记录汉语中的一个音节，每个汉字的读音都可以分析成三个部分，即声、韵、调。比如“南”字，声是 n，韵是 an，调是阳平；“京”字，声是 j，韵是 ing，调是阴平。汉末开始有反切，齐梁人懂得了辨别声调，从那以后，人们就知道这样分析汉字的语音结构了。用图4－2来表示，汉字（音节）的语音结构就是：

图 4－2　汉字语音结构图

刘复（半农）先生把组成汉语音节的五个部分形象地称为“头（声母）、颈（韵头）、腹（韵腹）、尾（韵尾）、神（声调）”。① 这五部分只有“腹”和“神”是每个音节都必不可少的，其余均可缺省（见表 4－1）。比如：

表 4－1　汉字语音结构举例

	声母	韵头	韵腹	韵尾	声调
一			i		1
国	g	u	o		2
两	l	i	a	ng	3
制	zh		i		4

根据缺省部分的多少，可以把汉字的语音结构分为八种格式：

（1）缺头（零声母）：弯、腰；

（2）缺颈：枕、头；

（3）缺尾：国、家；

（4）缺头、颈：恩、爱；

（5）缺头、尾：月、夜；

（6）缺颈、尾：布、谷；

（7）缺头、颈、尾：武、艺；

① 刘复《北平方音析数表》，《国学季刊》第三卷第三期（1932）。原文分为字头、字面、字颈、字腹、字尾、字神六部分，但是有说明：“字头与字面是不能分开的；字头所表示的是声母的部位，字面所表示的是声母的发音方法。”因此我们把字头和字面合并为“头（声母）”。

（8）不缺：九、江，捐、献。

下面重点介绍“声、韵、调、切”四个基本概念。

二、声

声，或叫声母，又叫声纽，传统音韵学上常简称为纽。

声母一般由辅音充当，如《汉语拼音方案・声母表》所列的21个声母，都是辅音。有些字没有起首辅音，如“永远”“音韵”等，就算作零声母。凡是以元音开头的字都是零声母字。

声母的代表字，传统音韵学上叫做“字母”，相当于今天《汉语拼音方案》中的声母罗马字母，如b这个声母，古人就用“帮”字来代表。传统等韵图中所列的“三十六字母”，大体上代表了唐宋间的声母系统。这三十六字母是：

见溪群疑　端透定泥　知彻澄娘　帮滂並明　非敷奉微

精清从心邪　照穿床审禅　影喻晓匣　来日

我们知道，辅音可以从发音部位和发音方法两个角度去分析和归类。

发音部位是指一个辅音是从哪个部位发出来的，旧有“五音”“七音”的说法。《康熙字典》卷首有“分九音法”：

> 见溪群疑是牙音，端透定泥舌头音，
> 知彻澄娘舌上音，帮滂並明重唇音，
> 非敷奉微轻唇音，精清从心邪齿头，
> 照穿床审禅正齿，影晓喻匣是喉音，
> 来日半舌半齿音，后习学者自明分。

五音、七音、九音的关系如图4－3所示：

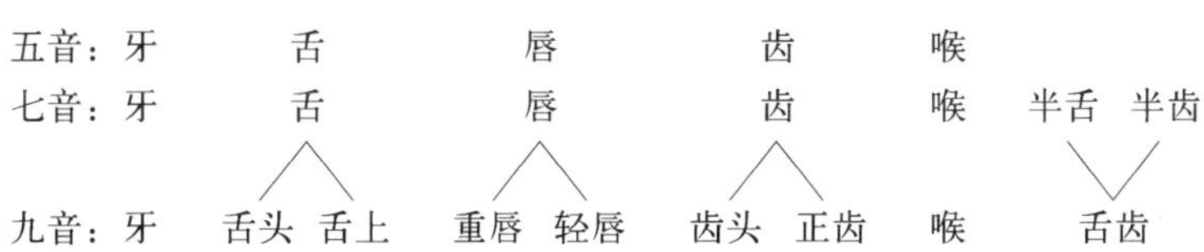

图4－3　五音、七音、九音关系图

下面用现代语音学术语来解释一下这九音：

（1）牙音，现称舌根音。清江永《音学辨微·辨七音法》云："牙音气触牡牙。"黄侃谓牡当是壮字之误。古人大概以为这种音是"由尽头一牙发声"（黄侃语），故称为"牙音"。"见溪群疑"四个字母的音值就是国际音标的[k][k‘][g][ŋ]。

（2）舌头音，就是舌尖塞音和鼻音，发音时舌尖抵住上齿龈。"端透定泥"的音值是[t][t‘][d][n]。

（3）舌上音，即舌面前塞音和鼻音，发音部位跟 j、q、x 同，但发音方法不同。"知彻澄娘"的大致音值是[ȶ][ȶ‘][ȡ][ȵ]。

（4）重唇音，就是双唇音，"帮滂並明"的音值是[p][p‘][b][m]。

（5）轻唇音，即唇齿音，由上齿与下唇相接触发音。"非敷奉微"的大致音值是[f][f‘][v][ɱ]。

（6）齿头音，就是舌尖塞擦音和擦音。齿头音跟舌头音的发音部位大致相同（罗常培认为舌头是舌尖中，齿头是舌尖前），只是发音方法不同：舌头音是塞音和鼻音，齿头音则是同部位的塞擦音和擦音。"精清从心邪"的音值是[ts][ts‘][dz][s][z]。

（7）正齿音，就是舌面前塞擦音和擦音，它跟舌上音的区别也是发音部位相同，发音方法不同，这和齿头音跟舌头音的关系一样。"照穿床审禅"就是"知彻澄娘"同部位的塞擦音和擦音，音值是[tɕ][tɕ‘][dʑ][ɕ][ʑ]。由上可见，古人分舌音和齿音（细分为舌头、舌上，齿头、正齿），其实并不是发音部位的不同，而是发音方法（即除阻方式）的不同。塞擦音和擦音因为带有摩擦的缘故，听起来好像跟牙齿有关，于是就管它叫齿音了。这是古人审音不如今人精细的地方。

（8）喉音，前人又分为深喉和浅喉两种，江永说："晓匣浅喉出喉外，影喻深喉出喉中。"大致说来，"影"就是元音[0]（有人认为是喉塞音[ʔ]），"喻"是半元音[j]；所谓浅喉，实际上是牙根擦音，"晓"是[x]，"匣"是[ɣ]。

（9）半舌音"来"即边音[l]。边音不是完全闭塞，也不属于擦音，所以叫做半舌音。半齿音"日"是最难肯定的音，现在暂从高本汉拟作[ȵʑ]。

这九音概括起来就是五音，从外到内依次是唇、齿、舌、牙、喉。这五音是汉语辅音发音的五大部位，古今皆同。

发音方法是指一个辅音是怎样发出来的，除上面提到过的除阻方式外（依此标准可将辅音分为塞音、塞擦音、擦音、边音、颤音、闪音等），古人还有“清浊”的说法。

所谓“清浊”，用现代语音学术语来解释，就是带音与不带音的区别。发音时声带不颤动的（即不带音，unvoiced），就是清，反之，声带颤动的（即带音，voiced），就是浊。如帮滂是清，並明是浊。发音时以手指按喉头或捂住耳朵即可试出。清，古人又分为全清和次清；浊，又分为全浊和次浊。全清和次清的区别在于送气与否，不送气的塞音、塞擦音和擦音就是全清，如帮；送气的塞音和塞擦音就是次清，如滂、清。全浊是指不送气的带音的塞音、塞擦音和擦音，如並、从、匣；次浊则是指带音的鼻音、边音和半元音，如明、来、喻。

至此，我们可以将三十六字母按发音部位和发音方法列成表 4－2，并注上国际音标拟音，算是对本部分内容的一个小结。

表 4－2　三十六字母表

<table>
<tr><td rowspan="2" colspan="2">五音</td><td colspan="4">清浊</td></tr>
<tr><td>全清</td><td>次清</td><td>全浊</td><td>次浊</td></tr>
<tr><td colspan="2">牙音</td><td>见[k]</td><td>溪[k‘]</td><td>群[g]</td><td>疑[ŋ]</td></tr>
<tr><td rowspan="2">舌音</td><td>舌头</td><td>端[t]</td><td>透[t‘]</td><td>定[d]</td><td>泥[n]</td></tr>
<tr><td>舌上</td><td>知[ȶ]</td><td>彻[ȶ‘]</td><td>澄[ȡ]</td><td>娘[ȵ]</td></tr>
<tr><td rowspan="2">唇音</td><td>重唇</td><td>帮[p]</td><td>滂[p‘]</td><td>並[b]</td><td>明[m]</td></tr>
<tr><td>轻唇</td><td>非[f]</td><td>敷[f‘]</td><td>奉[v]</td><td>微[ɱ]</td></tr>
<tr><td rowspan="2">齿音</td><td>齿头</td><td>精[ts]
心[s]</td><td>清[ts‘]</td><td>从[ʣ]
邪[z]</td><td></td></tr>
<tr><td>正齿</td><td>照[ʨ]
审[ɕ]</td><td>穿[ʨ‘]</td><td>床[ʥ]
禅[ʑ]</td><td></td></tr>
<tr><td colspan="2">喉音</td><td>影[Ø]
晓[x]</td><td></td><td>匣[ɣ]</td><td>喻[j]</td></tr>
<tr><td colspan="2">半舌音</td><td></td><td></td><td></td><td>来[l]</td></tr>
<tr><td colspan="2">半齿音</td><td></td><td></td><td></td><td>日[ȵʑ]</td></tr>
</table>

三、韵

传统音韵学把韵腹以下部分和声调相同的字归为一类,称为“韵”,如《广韵》就分 206 韵,后来的《平水韵》归并为 106 韵,等等。每个韵给它一个代表字,以便称述,叫做韵目,这跟声母的代表字叫字母是一样的性质,比如《广韵》的韵目叫“一东、二冬、三钟、四江……”。

根据收尾音的不同,韵又可分为三种:

以元音收尾的叫阴声韵,如微、波;

以鼻音收尾的叫阳声韵,如名、人;

以塞音(不破裂)收尾的叫入声韵,如压[-p]、迫[-k]。

这里的阴声、阳声、入声跟声调没有关系,声调是以音高区分的,这里的阴阳入则专指音节收尾音的不同。

跟“韵”相关的一系列概念,到下文再详述。

懂得了“声”和“韵”这两个概念,我们就可以来讨论一下双声、叠韵的问题了。

双声,是指两个字的声母相同;叠韵,是指两个字的韵腹和韵尾相同(不管韵头)。如现代汉语“公关”“学习”是双声,“捐款”“萧条”是叠韵。这是不难理解的。

需要注意的是双声、叠韵有时空性(见表 4-3),比如:

表 4-3(a) 双声、叠韵的时空性

时代	双声			叠韵		
	雕琢	玄黄	学习	胚胎	光明	舒服
上古	√	√	×	√	√	×
中古	×	√	×	×	×	×
现代	×	×	√	×	×	√

表 4-3(b)　双声、叠韵的时空性

地点	双　声		叠　韵		地点
	王　侯	文　武	鹅　毛	萧　条	
苏州	√	×	√	×	福州
潮州	√	×	×	√	广州
广州	×	√	×	√	宁波

古人有所谓“双声诗”“叠韵诗”，这是利用汉语的声、韵特点而创作的一种文字游戏，如南朝齐·王融《双声诗》：“园蘅眩红蘤，湖荇燡黄华。回鹤横淮翰，远越合云霞。”[1]唐陆龟蒙《吴宫词》：“红栊通东风[2]，翠珥醉易坠[3]。平明兵盈城[4]，弃置遂至地[5]。”

四、调

调即声调，又叫字调。如前所说，声调是构成汉语音节不可缺少的部分。

齐、梁以后，人们就能辨别声调，一般分为平上去入四声；但是对于四声的性质，却一直说不清楚，只能用一些模糊笼统的话来譬况，如唐释处忠《元和韵谱》云：“平声哀而安，上声厉而举，去声清而远，入声直而促。”明释真空《玉钥匙歌诀》云：“平声平道莫低昂，上声高呼猛烈强，去声分明哀远道，入声短促急收藏。”都不能给人以明确的概念。现代学者运用西方实验语音学的理论和手段研究声调，才对汉语声调的性质有了科学的认识和解释。在这方面贡献最为突出的是刘复（半农）和赵元任两位语言学家。他们认为声调主要跟音高相关，用赵氏的话说，“声调是音高在时间上的函数。”如图 4-4 所示。

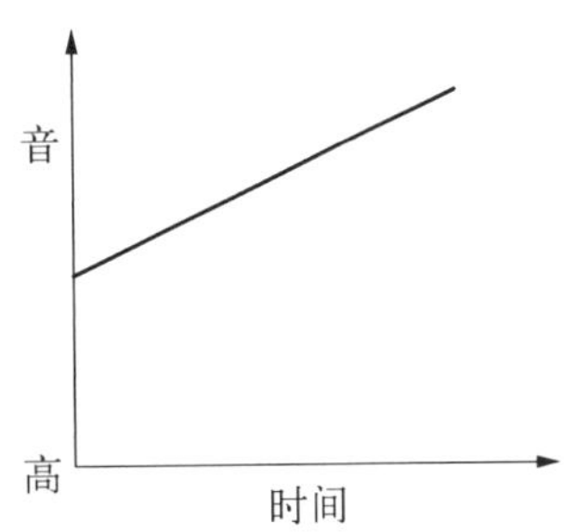

图 4-4　普通话阳平调值示意图

① 此二十字均属中古匣母字。
② 五字均属《平水韵》平声“东”韵。
③ 五字均属《平水韵》去声“寘”韵。
④ 五字均属《平水韵》平声“庚”韵。
⑤ 五字均属《平水韵》去声“寘”韵。

一个音节从开始到结束的音高变化就是这个音节的声调，因此声调是贯穿于声韵两个部分的，刘复先生把它叫做“神”，它是一个超音段音位。平上去入四声大致上代表了中古时期的调类系统，《切韵》《广韵》《集韵》等韵书都是按这四声分卷排列的。现代汉语方言中，最少的只有三个声调，如银川话，最多的有十个声调，如博白话，广州话也有九个声调。从中古四声演变为普通话四声，有三大规律：一是平分阴阳，二是浊上变去，三是入派三声。

五、切

切是反切的简称。反切是中国古代的一种注音方法，是用两个字切出另一个字的读音来。开始的时候只叫“反”（又写作“翻”），如初唐陆德明编的《经典释文》引用前人的反切都称“某某反”。据说唐人忌讳“反”字，于是改为“切”。后来就合称“反切”。反和切都是拼音的意思，并没有其他区别，名异而实同。

古人读前人的著作，碰到冷僻字和有特别读音的字，就需要注音。在反切盛行以前，通常有三种注音方法，这就是譬况、读若和直音。这三种注音方法都不够理想，就有了发明更加先进的注音方法的需要，这就是反切产生的客观基础；而随着佛教东渐而传入中土的印度“悉昙学”，无疑对反切的产生起了重要的作用。

反切是根据双声叠韵的原理，用两个汉字来拼读出另一个汉字的读音。怎么拼呢？陈澧《切韵考》对于反切的原则说得最为简明：

> 切语之法，以二字为一字之音，上字与所切之字双声，下字与所切之字叠韵；上字定其清浊，下字定其平上去入；上字定清浊而不论平上去入，下字定平上去入而不论清浊。

双声是指两个字的声母相同，叠韵在此是指两个字的韵母相同。约言之，反切之法就是：上字取声，下字取韵和调。例如：

> 都，当孤切。

都叫被切字，当叫反切上字（也叫切上字），都当双声，中古同属端母；孤叫反切下字（也叫切下字），都孤叠韵，中古同属平声模韵（据《广韵》）。这个反切用公式来表示就是：

当　+　孤　=都

d(āng)(g)ū → dū

上字去尾，只取声母；下字剪头，只取韵母和声调。上字取声，下字取韵和调，这就是反切的原则和方法。

下面再举一些例子：

康，苦冈切；

眷，居倦切；

条，徒聊切；

田，徒年切。

碰到零声母字，就用零声母字作反切上字，例如：

乌，哀都切；

哀，乌开切；

安，乌寒切。

中国古代没有拼音字母，反切上字和下字相当于拼音符号。反切是汉末以后最重要的注音方法，沿用了将近两千年，一直到注音字母被创制出来（1913 年制定，1918 年发布）才逐渐被废弃。古人想出这种办法来给汉字注音，是很聪明的。可是我们今天拿上述原则去拼读古人的反切，却会碰到很多麻烦。一翻《广韵》就知道，有些反切按“去尾剪头”的办法并不能拼出今音来，例如《广韵》第一字“东，德红切”，东，阴平，红，阳平，德红切拼出来的应该是 dóng，而不是 dōng。实际上普通话并没有 dóng 这样的音节。又如：虫，直弓切；封，府容切；桑，息郎切；狂，巨王切；等等。它们都不能“出切”。我们查《康熙字典》，常常会遇到这种困难。这是什么道理呢？是不是我们所归纳出来的反切原则有问题呢？其实反切原则并没有错，原因是古今语音不同。古人是根据当时的读音来造反切的，到今天语音发生了变化，我们用今音去拼读古人的反切，当然就会扞格难通了。比如中古平声不分阴阳，因此德红切东、直弓切虫都是符合反切原则的。封和容中古是叠韵的，今天许多方言还是如此，故府容可切封；今普通话 ong 不能自成音节（要读成 weng)，也不能跟唇音声母(b、p、m、f)相拼，在唇音后面都读成 eng。虫和直中古都属澄母，是双声，符合反切原则；今音则全浊声母平声送气，仄声不送气，[①]故一读 ch，一读 zh。因此，要能正确地拼读古人的反切，还必须全面掌握古今语音的对应规律。

第二节 《切韵》音系——沟通古今语音的桥梁

一、《广韵》简介

音韵学上所说的“中古音”，大致是指隋唐宋时期的语音。研究中古音，主要是依据《广韵》，而《广韵》是从《切韵》来的，因此习惯上又把中古音叫做“《切韵》音系”。

《切韵》是隋代陆法言编纂的一部韵书，书成于公元 601 年(隋文帝仁寿元年)，原书已佚，今只存残片和断片共 6 种，均在国外。《切韵》行世后，不断有人给它作注和增补修订。唐代王仁昫作过《刊谬补缺切韵》，今存三个传本，其中故宫博物院所藏《刊谬补缺切韵》为一完本，后有明代宋濂跋语，世称宋跋本王韵，或简称王三，于 1948 年被发现，是我国现存最古的一部完整韵书。[②]《切韵》传至唐代，经孙愐重为刊定，改名《唐韵》。《唐韵》原本亦佚，今只存残卷(吴县蒋斧藏本)。《唐韵》到了宋大中祥符元年(公元 1008 年)，陈彭年、丘雍等奉诏重修，赐名《大宋重修广韵》。即：

《切韵》(601)→《唐韵》(713—741)→《广韵》(1008)

由于《切韵》《唐韵》久已亡佚，在故宫所藏宋跋本王韵被发现以前，人们只能依据《广韵》来作研究，比如顾炎武的《唐韵正》、陈澧的《切韵考》，所谓“唐韵”“切韵”其实都是《广韵》。据今人比较，《广韵》的韵数和韵次虽与《切韵》不尽相同，但反切相同之处甚多，体系是一致的，因此研究《广韵》实际上也就是研究《切韵》。

《广韵》分韵很细，共 206 韵。一个语音系统有这么多韵是很难想象的

---

① 指语音变化中的“浊音清化”，详见第四章第四节“一、浊音清化”。

② 王力《汉语语音史》说现存最古的韵书是《广韵》，欠妥。

(普通话语音系统如果不计韵头,四声分开,也不过八九十个韵)。《切韵》的小韵(音节)数多达 3 617 个,而现代汉语方言中没有一种是超过 2 000 个的(福州话达 1 868 个,可能算是最多的)。① 这都跟实际的活语言相去甚远。陆法言在《切韵序》里说:"因论南北是非,古今通塞。"可见他在编《切韵》时是兼顾了古今南北之音的。他的原则是从分不从合,所以分韵很细。章太炎说《广韵》所包兼有古今方国之音,是有道理的。但也有学者认为《切韵》是以当时某一地点的实际语音系统为基础同时吸收了南北方音而写成的,又有"长安音"和"洛阳音"两说。关于《切韵》音系的性质问题,至今没有定论,看来还会长久地争论下去。正因为《切韵》音系不是单一音系,所以《广韵》在汉语语音史上有着极其重要的地位,它是沟通上古音与现代音的桥梁,我们靠它上推古音,下推今音。

《广韵》的体例:《广韵》是一部按韵编排的字书。全书共五卷,每卷再分韵:上平声 28 韵,下平声 29 韵,上声 55 韵,去声 60 韵,入声 34 韵,总计 206 韵。一韵里边,同音字之间用圆圈隔开,一组同音字就称为一个小韵。一个小韵实际上就是一个音节,小韵的首字下注明反切和字数。(详见下面的书影图 4－5)

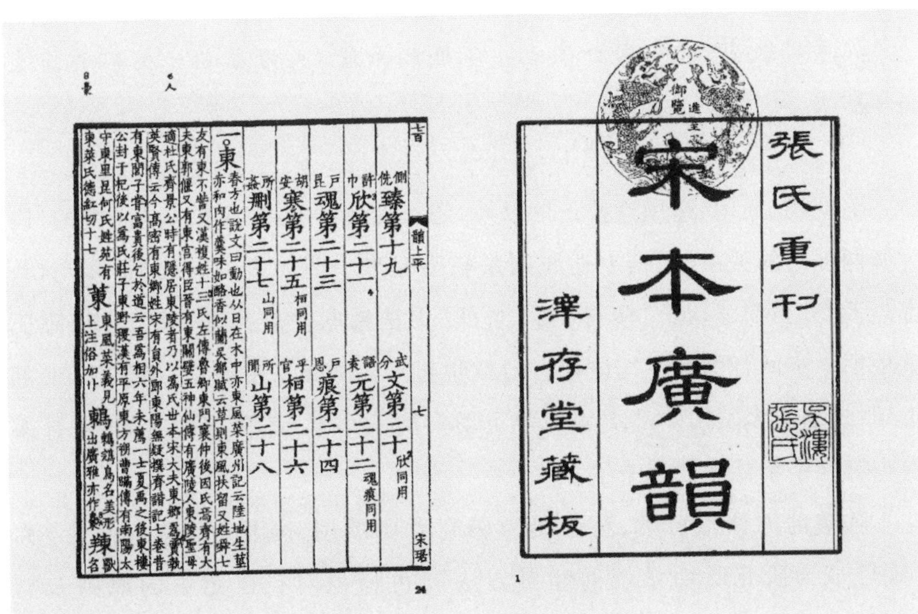

图 4－5　宋本《广韵》书影

① 参看曾晓渝、刘春陶《〈切韵〉音系的综合性质再探讨》。

二、《广韵》的声母系统

《广韵》既是一部按韵编排的字典，读者就无从知道它的声母有多少个。前人一直以为宋元等韵图中所列的三十六字母就是《广韵》的声母系统。清人陈澧采用"反切系联法"研究《广韵》，才为弄清《广韵》的声母和韵母开辟了崭新的途径。陈澧《切韵考·条例》云：

> 切语上字与所切之字为双声，则切语上字同用者、互用者、递用者，声必同类也。同用者，如冬都宗切，当都郎切，同用都字也；互用者，如当都郎切，都当孤切，都当二字互用也；递用者，如冬都宗切，都当孤切，冬字用都字，都字用当字也。今据此系联之，为切语上字四十类。
>
> 切语下字与所切之字为叠韵，则切语下字同用者、互用者、递用者，韵必同类也。同用者，如东德红切，公古红切，同用红字也；互用者，如公古红切，红户公切，红公二字互用也；递用者，如东德红切，红户公切，东字用红字，红字用公字也。今据此系联之，为每韵一类二类三类四类。

除同用、互用、递用这些正例以外，还有变例。有些字本来是同类的，因为两两互用的关系，根据上述原则系联不起来。例如多得何切，得多则切；都当孤切，当都郎切。"多得"与"当都"无法系联。碰到这样的情况，陈氏就根据一字两音的互注切语把它们系联起来。例如一东涷字，德红切，又都贡切；送韵涷多贡切。都贡切与多贡切指同一个音，都多实同一类，于是多得当都四个字就系联起来了。

陈澧的方法很科学，至今仍为研究者所承用，麦耘《音韵学概论》称"现已成为研究反切系统的经典方法"，可惜他对自己定下的原则未能贯彻始终，因此他归纳出来的 40 声类（根据 452 个反切上字）和 311 韵类（根据 1 190 个反切下字）都不够精确。依后人的研究，如果兼据变例，声类只有 33 类；若仅依正例，则有 47 类。黄侃和钱玄同都主张在陈氏的40类中再从明母分出微母，得41类。这41类学术界承认的人较多。

声类还不等于声母，声类是反切上字的分类，有的声类可以两两合并，如“见”母的“古”类和“居”类，“影”母的“乌”类和“於”类，“帮”母的“博”类和“必”类等，前者只跟一、二、四等①的反切下字相拼，后者只跟三等字相拼，目的是为了拼切起来更加和谐。这样归并的结果就是《广韵》实际的声母系统。但各家对《广韵》声母的归纳不尽一致，最多的有40个，②还有38个的，③最少的是35个。④ 这里暂依唐作藩的意见，把《广韵》35个声母及其拟音排列如下：

唇音：帮（非）[p]、滂（敷）[p‘]、並（奉）[b]、明（微）[m]。

舌音：端[t]、透[t‘]、定[d]、泥（娘）[n]、来[l]

知[ȶ]、彻[ȶ‘]、澄[ȡ]。

齿音：精[ts]、清[ts‘]、从[dz]、心[s]、邪[z]

庄[ʧ]、初[ʧ‘]、崇[ʤ]、生[ʃ]

章[ʨ]、昌[ʨ‘]、船[ʥ]、书[ɕ]、禅[ʑ]、日[nʑ]。

牙音：见[k]、溪[k‘]、群[g]、疑[ŋ]。

喉音：晓[x]、匣（于）[ɣ]、影[Ø]、喻[j]。

跟传统的三十六字母比较起来，分合如下：

（1）非敷奉微四个轻唇音并入帮滂並明，它们从重唇音中分化出来是《切韵》时代以后的事；

（2）娘母并入泥母；

（3）照穿床审四母，依据陈澧考定，分为两类：二等改称庄初崇生，三等改称章昌船书；

（4）喻母也据陈氏分为两类：三等改称于（有的称为云），不过在《广韵》声母系统中于母与匣母互补，实际上只有一个声母，因此并入匣母；四等仍称喻（有些学者改称以或余）。

---

① “等”相关概念可参看唐作藩《音韵学教程》第二章第六节“等韵图”。

② 丁声树、李荣《汉语音韵讲义》，上海教育出版1984年，2—3页。

③ 潘悟云《汉语历史音韵学》，上海教育出版2000年，59—61页。

④ 唐作藩《音韵学教程》（第五版），北京大学出版社2015年，91—92页。

三、《广韵》的韵母系统

《广韵》共分206韵：平声57韵，上声55韵，去声60韵，入声34韵。如果不计四声，就只有61类。《广韵》二〇六韵四声相配排列如下：

1. 东董送屋
2. 冬〇宋沃
3. 钟肿用烛
4. 江讲绛觉
5. 支纸寘
6. 脂旨至
7. 之止志
8. 微尾未
9. 鱼语御
10. 虞麌遇
11. 模姥暮
12. 齐荠霁
13. 〇〇祭
14. 〇〇泰
15. 佳蟹卦
16. 皆骇怪
17. 〇〇夬
18. 灰贿队
19. 咍海代
20. 〇〇废
21. 真轸震质
22. 谆准稕术
23. 臻〇〇栉
24. 文吻问物
25. 欣隐焮迄
26. 元阮愿月
27. 魂混慁没
28. 痕很恨〇
29. 寒旱翰曷
30. 桓缓换末
31. 删潸谏辖
32. 山产裥黠
33. 先铣霰屑
34. 仙狝线薛
35. 萧筱啸
36. 宵小笑
37. 肴巧效
38. 豪皓号
39. 歌哿个
40. 戈果过
41. 麻马祃
42. 阳养漾药
43. 唐荡宕铎
44. 庚梗映陌
45. 耕耿诤麦
46. 清静劲昔
47. 青迥径锡
48. 蒸拯证职
49. 登等嶝德
50. 尤有宥
51. 侯厚候
52. 幽黝幼
53. 侵寝沁缉
54. 覃感勘合
55. 谈敢阚盍
56. 盐琰艳叶
57. 添忝㮇帖
58. 咸豏陷洽
59. 衔槛鉴狎
60. 严俨酽业
61. 凡范梵乏

后来的等韵家把这206韵概括为16个大类，叫做“十六摄[①]”，每一摄中

① “摄”是“集而统之”的意思，又称“韵摄”，简称“摄”。

的韵，都是韵尾相同（或阳声韵与入声韵收尾辅音的发音部位相同），韵腹相近的。如果举平以赅上去入（有四韵只有去声，无平声），各摄所包含的韵如下：

1. 通摄：东冬钟
2. 江摄：江
3. 止摄：支脂之微
4. 遇摄：鱼虞模
5. 蟹摄：齐祭泰佳皆夬灰咍废
6. 臻摄：真谆臻文欣魂痕
7. 山摄：元寒桓删山先仙
8. 效摄：萧宵肴豪
9. 果摄：歌戈
10. 假摄：麻
11. 宕摄：阳唐
12. 梗摄：庚耕清青
13. 曾摄：蒸登
14. 流摄：尤侯幽
15. 深摄：侵
16. 咸摄：覃谈盐添咸衔严凡

这十六摄对我们记忆《广韵》206韵来说很方便。

据后人研究，《广韵》的入声韵是配阳声韵的（见陈澧《切韵考》卷六“论四声相承”），阳声韵分三类，入声韵也分三类：

入声韵收[-k]尾的，配阳声韵收[-ŋ]尾：通江宕梗曾五摄是收[-ŋ]尾的，与之相配的入声屋沃烛觉药铎陌麦昔锡职德12韵是收[-k]尾的；

入声韵收[-t]尾的，配阳声韵收[-n]尾：臻山两摄是收[-n]尾的，与之相配的入声韵质术栉物迄月没曷末辖黠屑薛13韵收[-t]尾；

入声韵收[-p]尾的，配收[-m]的阳声韵：深咸两摄是收[-m]尾的，与之相配的入声韵缉合盍叶帖洽狎业乏9韵收[-p]尾。

这种阳入相对应的格局，在今天的粤方言中还完整地保存着。

陈澧用反切系联法归纳出来的《广韵》韵类共311类(依据1 190个反切下字),黄侃用同样的方法统计的结果是339类。陈、黄二氏的结论都有疏漏之处。白涤洲和瑞典汉学家高本汉归纳的结果是四声共290类,不计四声则为90类。高氏的结论接受的人较多。唐作藩《音韵学教程》在此基础上又增加3类,共得293个韵类。如果不管声调,只计舒促,则舒声可归纳为91类,促声(入声)可归纳为51类,两者相加,共142个韵母,这就是《广韵》的韵母系统。具体的韵母及其拟音可参看唐作藩《音韵学教程》“《广韵》反切下字表”,这里从略。

韵类为什么比韵多呢(293∶206)?因为韵类是通过系联反切下字归纳出来的,《广韵》的反切下字开合和洪细不相同的不互用,所以计入韵头,韵类自然就比韵多。也就是说,韵是不管韵头的(押韵只要求韵腹以下相同),而韵类则是计韵头的,因此有些韵可以包含不止一个韵类,如东韵就包含两个韵类,一个叫红类,拟音为uŋ,一个叫弓类,拟音为juŋ。(红和弓都是每类出现最多的反切下字,用来作为代表字。)最多的一韵可以包含四个韵类,如庚韵。这就是陈澧所说的“为每韵一类二类三类四类”。

下面是一组跟“韵”有关的概念:韵摄、韵部、韵(韵目)、韵母、韵类。它们之间的关系如下(见图4－6):

韵摄	>	韵部	>	韵(韵目)	>	韵母	>	韵类
韵腹近		韵腹同		韵腹同		韵头同		韵头同
韵尾同		韵尾同		韵尾同		韵腹同		韵腹同
				声调同		韵尾同		韵尾同
								声调同

图4－6　韵摄、韵部、韵(韵目)、韵母、韵类关系图

韵摄、韵部、韵(韵目)、韵母、韵类、小韵的关系可归纳为下表(表4－4):

表 4-4　韵摄、韵部、韵(韵目)、韵母、韵类、小韵关系表

<table>
<tr><td>声母</td><td>韵头</td><td>韵腹</td><td>韵尾</td><td>声调</td></tr>
<tr><td colspan="5">小　韵</td></tr>
<tr><td></td><td colspan="4">韵　类</td></tr>
<tr><td colspan="2"></td><td colspan="3">韵</td></tr>
<tr><td></td><td colspan="3">韵　母</td><td></td></tr>
<tr><td colspan="2"></td><td colspan="2">韵部(韵基)</td><td></td></tr>
<tr><td colspan="2"></td><td colspan="2">韵　摄</td><td></td></tr>
</table>

《切韵》原是为文人学士写作韵文而编写的韵书,但它分韵太细,不便实用。至唐初,“属文之士共苦其苛细”,于是有人就将其中实际语音已经没有分别的韵加以归并。以后不断有人归并。至宋淳祐十二年(1252),江北平水刘渊编成了一部《壬子新刊礼部韵略》,将韵归并为 107 韵。稍前的王文郁《新刊韵略》和张天锡草书《韵会》都并其为 106 韵(两人都是金人)。后来元明清写近体诗所依据的诗韵就为“平水韵”,韵部是 106 个,取王、张二人的归并,名称则用刘渊的。这种诗韵一直沿用至今。106 韵韵目表见王力主编《古代汉语》1511—1512 页(中华书局 1999 年版)。

四、《广韵》的声调系统

《广韵》分平上去入四声。这四个调类的实际调值已无从考定。前人虽有些口诀描述(见前引),但含混笼统,也不知道据何处方音,故不必细论。

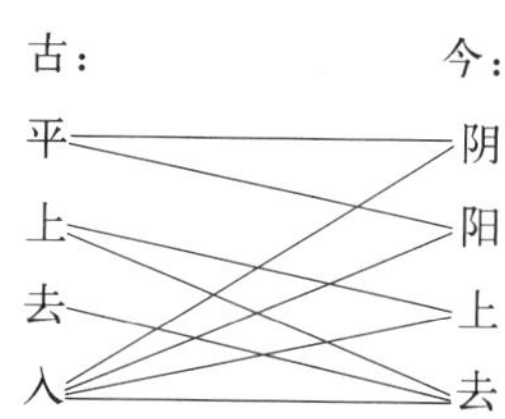

图 4-7

中古的四声发展到今天北京话的阴阳上去四声,主要有三大变化:平分阴阳、浊上变去、入派三声。可以图示为图 4-7。

演变的基本规律可概括为下表(表 4-5):①

① 见唐作藩《音韵学教程》,124 页。

表 4－5 《广韵》四声与现代普通话四声比较表

<table>
<tr><th colspan="2" rowspan="2">广　韵</th><th colspan="4">普　通　话</th></tr>
<tr><th>阴　平</th><th>阳　平</th><th>上　声</th><th>去　声</th></tr>
<tr><td rowspan="2">平</td><td>清</td><td>边飞丁知尊
三专开蒸刚</td><td></td><td></td><td></td></tr>
<tr><td>浊</td><td></td><td>扶唐才陈寒
时麻难文人</td><td></td><td></td></tr>
<tr><td rowspan="2">上</td><td>其他</td><td></td><td></td><td>粉体走展古
武女五老手</td><td></td></tr>
<tr><td>全浊</td><td></td><td></td><td></td><td>倍妇坐断似
柱甚社跪厚</td></tr>
<tr><td>去</td><td>全部</td><td></td><td></td><td></td><td>盖变正对醉
共助大望用</td></tr>
<tr><td rowspan="3">入</td><td>全浊</td><td></td><td>白服食泽杂
读合局俗十</td><td></td><td></td></tr>
<tr><td>次浊</td><td></td><td></td><td></td><td>目物麦曰①月
入玉落额②育</td></tr>
<tr><td>清</td><td>积出黑七
匹③桌郭压</td><td>急竹德菊觉
决福洁荚</td><td>笔百尺铁
谷血角甲</td><td>必惕策摄
客作设粟</td></tr>
</table>

其中比较复杂的是“入派三声”。详下。

五、从音类到音值

古音的研究有两个步骤，一是划分音类，二是构拟音值。

划分音类，简单地说，就是确定所研究的古代音系（比如《切韵》音系）有多少声类、多少韵类、多少调类，每个声类、韵类、调类各包括哪些字。比如陈澧《切韵考》通过系联反切上字和下字，归纳出《切韵》（《广韵》）的 40

① “曰”今普通话读阴平声 yuē。可改成“岳”字。

② “额”今普通话读阳平声 é。可改成“葶”字。

③ “匹”今普通话读上声 pǐ。可改成“劈”字。

声类（根据 452 个反切上字）和 311 韵类（根据 1 190 个反切下字），清代以来的古音学家通过系联《诗经》韵脚，归纳出《诗经》韵部 10 部、13 部、17 部、18 部、21 部、23 部、25 部、28 部、30 部不等（详下）。清代的古音研究做的就是划分音类的工作。

构拟音值就是在划分音类的基础上，给每个音类构拟（reconstruct）出实际的读音。比如上文所介绍的《广韵》35 个声母和 142 个韵母的拟音。段玉裁分出上古韵部“支、脂、之”三部后，就非常想知道这三部在上古是怎么读的，他晚年写信给晚辈江有诰说：“足下能知其所以分为三乎？仆老耄，倘得闻而死，岂非大幸？”构拟印欧语系诸语言的原始形式，一直是西方历史比较语言学的主要工作。对古代汉语语音进行构拟，是从 20 世纪初开始的，这一方法来自西方。高本汉的《中国音韵学研究》是第一部全面构拟《切韵》音系的划时代的著作，他构拟中古音的主要依据是现代方言和域外借音（朝鲜、日本、越南）。给古音构拟音值，其意义并不在于肯定“古音就是这样读的”（事实上这是不可能做到的，构拟永远只能给出近似的音值），而是通过这种方式去解释音类的划分、理解古代音系的构成，从而更深入地了解古音。构拟是根据各种材料把已经逝去的古代语音“还原”出来，就像古生物学家根据出土的化石等还原出恐龙等的模样来一样。这种工作一方面有充分的科学合理性，另一方面由于有相当的难度，不可能一步到位。①

第三节　上古音简述

上古音一般指周秦时期的语音，有时候也笼统地泛指汉以前的语音。先秦时期没有反切注音法，也没有韵书，研究上古音缺乏可以直接依据的材料，后人只能从中古音出发，根据先秦文献中的韵文和通假字、异文、重文、声训、读若、直音，以及谐声字、连绵词等间接材料去考求上古音的声韵调系统。

清代人研究上古音很有成绩，特别是在韵方面。但是由于材料不足，也还有许多难题没有解决，主要是在声和调方面。下面从声韵调三个方面简

① 参看麦耘《音韵学概论》，43 页。

单介绍一下上古音。

一、上古的韵部

上古音的研究,是从《诗经》韵部开始的。

汉魏以后的人读先秦的韵文,觉得有好些地方不押韵。这个问题引起了人们的思考。

开始的时候人们用“叶音”(或称“叶句”)说来解释。这种说法六朝已经产生。梁末沈重《诗音义》于《邶风·燕燕》三章“远送于南”的“南”字下注云:“协句宜乃林反。”唐宋以后,“叶音”说更加盛行,朱熹的《诗集传》是个代表。例如同一个“家”字,在《召南·行露》第二章“谁谓雀无角,何以穿我屋?谁谓女无家,何以速我狱?虽速我狱,室家不足”下注云:“叶音谷。”在第三章“谁谓鼠无牙,何以穿我墉?谁谓女无家,何以速我讼?虽速我讼,亦不女从”下注云:“叶各空反。”又在《周南·桃夭》首章“桃之夭夭,灼灼其华。之子于归,宜其室家”的“家”字下注云:“古胡、古牙二反。”这样一来,“家”字就有了四个读音:音谷、各空反、古胡反、古牙反。为了与上下文叶韵,可以临时改变读音。这就成了字无定音。这是违反语言的社会性原则的。

叶音说的病根是没有历史观点。明末的陈第明确地提出了时地观念,他写了《毛诗古音考》和《屈宋古音义》。在《毛诗古音考》的《自序》里他说了几句很有名的话:

> 盖时有古今,地有南北,字有更革,音有转移,亦势所必至。故以今之音读古之作,不免乖刺而不入,于是悉委之叶。

但是有一点必须指出来,陈第并非第一个反对叶音说的人。在他以前,宋代的徐蒇和元代的戴侗都批驳过叶音说,原文具见顾炎武《音学五书·音论》卷中“古诗无叶音”条引。王力《诗经韵读·〈诗〉韵总论》中说“明末的陈第第一个反对‘叶音’说”,郭锡良等编《古代汉语》说“直到明代末年出了一个古音学家陈第,他坚决反对朱熹的叶音说”,都是失于详考的。不过徐、戴二人的话影响不大,也不像陈第著有专书,既有理论又有实践,对有清一代的古音学产生了直接的影响，正如段玉裁所说：

> 自有明三山陈第深识确论，信古本音与今音不同，如凤鸣高冈而啁噍之喙尽息也。

陈第可以说是古音学的开路先锋，而顾炎武则是奠基人。顾氏积三十年之功撰成《音学五书》，定古韵为十部。后来的古音学都是在他的基础上将分韵加详加细，并没有突破他的范围。顾氏的最大功绩是离析《唐韵》（即《广韵》）。他的古韵分部完全是依据《诗经》押韵，然后再与《广韵》比较，指出《诗》韵某部包括《广韵》的哪些韵及哪些字。这就打破了《广韵》的局限，具有开创性。

韵部是怎么归纳出来的呢？是用“韵脚系联法”系联出来的：凡相互押韵的字必定同属一个韵部。这样做首先得确定韵脚。怎么知道某字押韵，某字不押韵呢？这就需要研究韵例。

王力主编《古代汉语》“《诗经》的韵例”一节（534—537页），举了六篇诗，对《诗经》韵例作了简要归纳，可以参看。主要结论如下：

第一，从韵在句中的位置来看，句尾韵是最普遍的形式。《诗经》里有不少的诗句以代词或语气词收尾，韵往往在代词或语气词的前面。

第二，从一章中所用的韵数来看，有一韵到底和换韵两类。

第三，从韵脚相互的距离来看，情况比较复杂，大致可以分为三类：① 句句押韵；② 隔句押韵；③ 交韵（奇句和奇句押韵，偶句和偶句押韵）。

实际情形有时没有这么简单，学界对《诗经》韵部的归纳产生分歧，有些就是对韵例的认识不一致造成的。

确定了韵例，就可以用“韵脚系联法”来系联入韵字了。[①] 例如：

（1）参差荇菜，左右采之。窈窕淑女，琴瑟友之。（《关雎》四章）

采采芣苢，薄言采之。采采芣苢，薄言有之。（《芣苢》一章）

蒹葭采采，白露未已。所谓伊人，在水之涘。溯洄从之，道阻且右。溯游从之，宛在水中沚。（《蒹葭》三章）

---

① 参看王力主编《古代汉语》，538—539页。

风雨如晦，鸡鸣不已。既见君子，云胡不喜？（《风雨》三章）

三之日于耜，四之日举趾。同我妇子，馌彼南亩。田畯至喜。（《七月》一章）

弗问弗仕，勿罔君子。式夷式已，无小人殆。琐琐姻亚，则无膴仕。（《节南山》四章）

止基乃理，爰众爰有。（《公刘》六章）

（2）氓之蚩蚩，抱布贸丝，匪来贸丝，来即我谋。送子涉淇，至于顿丘。匪我愆期，子无良媒。将子无怒，秋以为期。（《氓》一章）

君子于役，不知其期。曷至哉？鸡栖于埘，日之夕矣，羊牛下来。君子于役，如之何勿思！（《君子于役》一章）

如此就把“采、友、有、已、涘、右、沚、晦、喜、耜、趾、子、亩、仕、殆、理”“蚩、丝、谋、淇、丘、期、媒、哉、埘、来、思”这些韵脚字系联起来了。

《诗经》中没有用作韵脚的字，我们怎么给它归部呢？一种办法是根据先秦别的诗歌韵文（如《楚辞》《老子》）和散文中的韵语（如《周易》等），还有一种办法是依据谐声偏旁。段玉裁说：“一声可谐万字，万字而必同部。同声必同部。”这话用于上古的谐声字基本上是对的。段玉裁首创了《古韵谐声表》，为古音学的研究开辟了一条新的道路。① 例如“母、海、悔”《诗》韵皆属“之部”，“每”字未入韵，据谐声偏旁亦当入“之部”；“胹”字，古书上用得很少，更不用作韵脚字，我们可以根据它的声符“而”把它归入“之部”。这样就把几乎所有的字都归了部，于是也就得出了整个先秦的古韵分部。王力主编《古代汉语》“附录三”《上古韵部及常用字归部表》（671—682页）大体上就是这样归纳出来的。

顾氏以后，江永分为十三部，段玉裁分为十七部，孔广森分为十八部，王念孙和江有诰各分为二十一部，章太炎分为二十三部，这是考古派；另一派是审音派，认为入声应独立，戴震分为九类二十五部，黄侃分为二十八部，王力分为十一类三十部（见王力主编《古代汉语》540页）。王力《古代汉语》先秦古韵三十部如下：

① 在段玉裁以前，已有古音学家提到了谐声偏旁系联法，如徐蒇为吴棫《韵补》所作的《序》就说：“音韵之正，本诸字之谐声，有不可易者。”顾炎武《诗本音》云：“凡所不载者，即案文字偏旁以类求之。”不过段玉裁把这个方法系统化了。

1. 之部[ə]	2. 职部[ək]	3. 蒸部[əŋ]
4. 幽部[u]	5. 觉部[uk]	6. 冬部[uŋ]
7. 宵部[o]	8. 药部[ok]	
9. 侯部[ɔ]	10. 屋部[ɔk]	11. 东部[ɔŋ]
12. 鱼部[ɑ]	13. 铎部[ɑk]	14. 阳部[ɑŋ]
15. 支部[e]	16. 锡部[ek]	17. 耕部[eŋ]
18. 脂部[ei]	19. 质部[et]	20. 真部[en]
21. 微部[əi]	22. 物部[ət]	23. 文部[ən]
24. 歌部[ɑi]	25. 月部[ɑt]	26. 元部[ɑn]
	27. 缉部[əp]	28. 侵部[əm]
	29. 叶部[ɑp]	30. 谈部[ɑm]

这就是古音学发展的简史，在方法上都是客观的归纳，在前人的基础上再仔细研究，分韵越来越细，诚如章太炎所说："前修未密，后出转精。"经过几代学者的努力，古韵的分部和归字已基本趋于一致。

二、上古的声母

清代古音学的主要成就在韵方面，声方面由于缺少材料，一般学者多阙而不论。黄侃说："清世兼通古今声韵者，惟有钱大昕，余皆有所偏阙。"钱大昕是考证古声纽的第一人，他的结论已被普遍接受，他的方法也一直为后人所承用。钱氏之后，章太炎、曾运乾、黄侃、周祖谟诸家对上古声母都陆续有所考订，综合起来，有如下一些结论。

（一）古无轻唇音（非敷奉微归帮滂並明）

钱大昕《十驾斋养新录》卷五"古无轻唇音"条云：

> 凡轻唇之音，古读皆为重唇。……六朝以后，转重唇为轻唇，后世不知有正音，乃强为类隔之说，谬矣。

钱氏列举古籍中的异文、重文、注音、声训、假借字等零散材料，来证明他的结论。如：

异文例：

《诗》“凡民有丧，匍匐救之”，《檀弓》引《诗》作扶服，《家语》引作扶伏。又“诞实匍匐”，《释文》：“本亦作扶服。”《左传·昭十二年》：“奉壶饮冰以蒲伏焉。”《释文》：“本又作匍匐。蒲，本亦作扶。”《昭二十一年》：“扶伏而击之。”《释文》：“本或作匍匐。”《史记·苏秦传》：“嫂委蛇蒲服。”《范雎传》：“膝行蒲服。”《淮阴侯传》：“俯出袴下，蒲伏。”《汉书·霍光传》：“中孺扶服叩头。”皆匍匐之异文也。

重文例：

古音鲂如鳑，《说文》：鲂，或作鳑。

注音例：

古音逄如蓬。《诗》“鼍鼓逄逄”，《释文》：“逄，薄红反。”

声训例：

古音负如背，《释名》：“负，背也，置项背也。”古读封如邦，《释名》：“邦，封也，有功于是，故封之也。”①

又如：

古读弗如不，《广韵》不与弗同分勿切。《说文》：“吴谓之不律，燕谓之弗，秦谓之笔。”……古读房如旁，《广韵》：“阿房，宫名，步光切。”《释名》：“房，旁也，在堂两旁也。”《史记·六国表》秦始皇二十八年“为阿房宫”，二世元年“就阿房宫”，宋本皆作旁。旁房古通用。

① 维辉按：邦、封古音声韵皆同，属帮母东部。

钱氏列举的证据非常充分，很有说服力。我们在古籍和今方言中，随处可以找到类似的例子。例如：

汉乐府民歌《十五从军征》："舂谷持作飰，采葵持作羹。羹飰一时熟，不知饴阿谁。"飰即饭字，从卞作，卞重唇。

形声字还有：赴从卜声，圃、铺、脯、浦、莆、埔、匍、捕、晡、哺、逋等字均从甫声，贬从乏声[1]，扮从分声，版、板、扳、阪、钣、舨、阪等字从反声[2]，潘、蟠从番声，攀从樊声，篷从逢声，彷、旁从方声，等等。

地名往往保存古读，如广东番禺，番念 pān，河南开封有一座繁塔，繁字当地人念 bó/pó，皆其例。

宁波话中保存了一批古重唇音字，如：田野畈、同年相仿（声母读作［p-］），甫（声母读作［pʻ-］），肥皂、防止、包袱、伏、孵小鸡、明矾、缚（声母读作［b-］），蚊虫、问路、晚头、晚青、袜、网、味、望、忘、无（南无阿弥陀佛）、万子（麻将牌名称）（声母读作［m-］）等。

儿童习得语言时也是先学会重唇音，后掌握轻唇音，比如我儿子小时候念下面几个字：飞、头发（声母读作［pʻ-］，f>pʻ），维（声母读作［b-］，v>b）。

微母字从上古发展到今天的普通话，大致经历了这样一个过程：m->v->Ø-。宁波话有许多例子可以说明这个过程，如晚头，白读 m-，文读 v-（宁波话并入奉母），普通话则读零声母（Ø-）。再如问、蚊、晚、味、望、忘、妄、闻（上海话"闻闻看"）等都有这种文白异读。

总之，经过后人的补充论证，钱大昕"古无轻唇音"的论断已基本成为定论。[3] 照钱氏的意见，轻唇音从重唇音中分化出来的时间应在六朝，但据黄淬伯《慧琳一切经音义反切考》[4]研究，陆法言《切韵》尚无轻重唇音之别，"降而至《（一切）经音义》，所据韵[5]方、扶、武三类，斠然与重唇有鸿沟之隔，

---

① 此据《说文》段注。

② "反"在唐代还读重唇音帮母，如唐张鷟《朝野佥载》卷二"侯思止"条："凡推勘，杀戮甚众，更无余语，唯谓囚徒曰：'不用你书言笔语，止还我白司马。……'……白司马者，北邙山白司马坂也。……"陈寅恪先生说："当时'反''坂'同音。"坂谐音反，《广韵》都是"府远切"。参看汪维辉《〈朝野佥载〉"侯思止"条解读》。

③ 也有人认为钱大昕的论证至多只能证明古代轻唇重唇为同类，而不能证明一定是"古无轻唇音"，如符定一就跟钱氏针锋相对，写过一篇《古无重唇音》，但这种观点是不值一驳的。

④ "中央研究院"历史语言研究所 1931 年出版，中华书局 2010 年重印。

⑤ 维辉按：指天宝时元廷坚所作之《韵英》。

此隋唐间音变之又一端也”。说明至迟在唐代天宝年间轻重唇音已经分化了。①

（二）古无舌上音（知彻澄归端透定）

这也是钱大昕的著名论断。同书同卷“舌音类隔之说不可信”条云：

> 古无舌头舌上之分，知彻澄三母，以今音读之，与照穿床无别也，求之古音，则与端透定无异。

例证如：

> 古音直如特。《诗》“实维我特”，《释文》：“韩诗作直，云相当值也。”《孟子》“直不百步耳”，直，但也，但直声相近。《吕览·尚忠篇》“特王子庆忌为之赐而不杀耳”，《注》：“特犹直也。”《檀弓》“行并植于晋国”，《注》：“植或为特。”《王制》“天子犆礿”，注：“犆犹一也。”《释文》：“犆音特。”《玉藻》“君羔幦虎犆”，注：“犆读如‘直道而行’之直。”《士相见礼》“喪俟事，不犆吊”，定本作特。《穀梁传》“犆言同时”，本亦作特。
>
> 古读猪如都。《檀弓》“洿其宫而猪焉”，注：“猪，都也。南方谓都为猪。”《书·禹贡》“大野既猪”，《史记》作“既都”；“荥波既猪”，《周礼注》作“荥播既都”。
>
> 古读追如堆。《士冠礼》“追”注：“追犹堆也。”《郊特牲》“毋追”，《释文》：“多雷反。”枚乘《七发》“逾岸出追”，李善注：“追古堆字。”《诗》“追琢其章”，《传》：“追，雕也。”雕追声相近，故《荀子》引《诗》“雕琢其章”，《释文》：“追，对回反。”追琢又作敦琢，《诗》“敦琢其旅”，《释文》：“敦都回反，徐又音雕。”
>
> 古读池如沱。《诗》“滮池北流”，《说文》引作“滮沱”（据宋本）。《周礼·职方氏》：“并州，其川呼池。”《礼记》：“晋人将有事于河，必先

① 敦煌遗书唐末《守温韵学残卷》三十字母中唇音只有“不芳並明”四个，意味着轻唇音尚未分化出来，但它是抄的，不见得就是反映当时的实际语音。此承安徽师范大学储泰松教授见教，谨致谢忱。

有事于恶池。”即滹沱之异文。①

古读陈如田。《说文》:“田,陈也。”齐陈氏后称田氏,陆德明云:“陈完奔齐,以国为氏,而《史记》谓之田氏。”是古田陈声同。《吕览·不二篇》:“陈骈贵齐。”陈骈即田骈也。

笃,《说文》从马竹声,训“马行顿迟”,今犹读舌音。又笃厚之笃据《说文》当作竺,而古书中每假笃为之,可见竺古亦读舌音。又印度古译作捐毒、身毒、天毒,又译作天竺、天督,毒、督皆舌音,则竺亦为舌音无疑。②

“古无舌上音”的结论也为大多数学者所接受。除钱氏所列举的古籍例证以外,还有两个重要依据。一是舌头音只有一四等,舌上音只有二三等,两组正好互补。上古均读舌头,后世一四等仍读舌头,二三等则读成舌上。这在音理上很容易解释。二是今天的闽方言仍无舌上音,舌上读成舌头(有少数例外字)。闽方言也没有轻唇音,这也是古音轻唇读作重唇的一个重要证据。

“古无舌上音”例证:

宁波话(老派)秩读如敌。

坠从队声(澄母),掇从叕声(知母),都从者声(章母)。

《诗·周南·汝坟》:“未见君子,惄如调饥。”毛传:“惄,饥意也;调,朝也。”郑笺:“惄,思也;未见君子之时,如朝饥之思食。”维辉按,朝澄母字,古无舌上,则读定母,同调。(韵也相近,朝宵部,调幽部。)

(三) 古音娘日二纽归泥

这是章太炎提出来的。他说:

古音有舌头泥纽,其后支别,则舌上有娘纽,半舌半齿有日纽,于古

---

① 维辉按:《广韵》“池”有“徒河切”一音,云:“呼池,水名,在并州界,出《周礼》。”此虖池即今流经山西省和河北省之滹沱河。又池字至南朝梁时仍读舌头音,梁元帝《金楼子·捷对篇》:“羊戎好为双声,江夏王设斋,使戎铺坐,戎曰:‘官家前床,可开八尺。’王曰:‘开床小狭。’戎复曰:‘官家恨狭,更广八分。’又对文帝曰:‘金沟清泚,铜池摇漾,既佳光景,当得剧棋。’”以“铜池”为双声,则池亦读为舌头定母。

② 维辉按:刘熙《释名·释言语》云:“笃,筑也。筑,坚实称也。”可见筑字古亦读舌头。

皆泥纽也。

日归泥的例证：

> 入之声今在日纽，古文以入为内，《释名》曰："入，内也，内使还也。"是则入声同内，在泥纽也。任之声今在日纽，《白虎通德论》《释名》皆云："男，任也。"又曰："南之言任也。"《淮南·天文训》曰："南吕者，任包大也。"是古音任同男、南，本在泥纽也。
>
> 而日纽，耐从而声，在泥纽；
>
> 若日纽，诺从若声，在泥纽；
>
> 仍日纽，本从乃声，乃泥纽。

娘归泥的例证：

> 今音泥昵在泥纽，尼昵在娘纽。仲尼，《三苍》作仲昵，《夏堪碑》曰："仲泥何忙。"足明尼声之字古声皆如昵泥，有泥纽，无娘也。
>
> 今音男女在娘纽，尔女在日纽。古声女本如帑，妻帑、鸟帑其字则一。《天文志》颜师古说："帑，雌也。"是则帑即女矣。尔女之音展转为乃。有泥纽，无娘纽也。

古无娘纽是可以肯定的，因为娘泥事实上在《广韵》中仍然不分，所以李荣、丁声树定的《广韵》四十声母索性将娘母取消了。此外，娘母也只有二三等，泥母只有一四等，正好互补。至于日纽归泥，光凭谐声、读若、声训等零碎材料还难以下结论。我们只要知道日泥二纽关系甚密就行了，至于是否所有的日母字在上古都读泥母，可以暂时不管。

（四）喻三归匣，喻四归定（云归匣，以归定）

此说见曾运乾《喻母古读考》。曾氏云：

> 喻于二母（近人分喻母三等为于母）本非影母浊声，于母古隶牙声匣母，喻母古隶舌声定母，部仵秩然，不相陵犯，等韵家强之与影母清浊

相配，所谓“非我族类，其心必异”者也。

喻三归匣的例证：

古读营（于倾切）如环。《韩非子》“自营为私”，《说文》引作“自环”。按：环户关切，匣母。

古读营如还。《诗·齐风》“子之还兮”，《汉书·地理志》引作营，师古曰：“齐诗作营，毛诗作还。”按：还亦户关切。

古音营魂相近。《老子》：“载营魄抱一，能无离乎。”注：“营魄，魂魄也。”按：魂户昆切，匣母。

古读援（雨元、为眷二切）如换。《诗·皇矣》“无然畔援”，《汉书·叙传》注引作畔换，郑氏《笺》：“畔援，犹拔扈也。”按：畔援古叠韵，无正字，只取声相近之字通作，如《诗·卷阿》作泮奂，《魏都赋》作叛换，《隶释·成阳令唐扶碑》“夷粤布扈”。畔泮判同声，拔布与畔均双声，换奂并胡玩切，扈扈并侯古切，亦均匣母双声字。

喻四归定的例证：

古读夷（以脂切）如弟。《易·涣》：“匪夷所思。”《释文》：“夷，荀本作弟。”又《明夷》“夷于左股”，《释文》：“子夏本作睇，又作眱。”《说文》：“鴺，从鸟，夷声。”重文作鹈，从鸟，弟声。按弟徒礼、特计二切，睇特计切，鹈杜奚切，并定母。

古音易（羊益、盈益二切）如狄。《管子·戒篇》“易牙”，《大戴礼·保傅篇》《论衡·谴告篇》均作“狄牙”。又《说文》易声之字或从狄声，如“逖”字古文作“逷”，从易声；“惕”字或体作“悐”，从狄声。按：狄徒历切，定母。

古读繇（余招、以周二切）如陶，《尚书》“皋陶”，《离骚》《尚书大传》《说文》并作繇。按：陶徒刀、余招二切，前切定母，后切喻母。前人改陶从繇音读，非是。

古读揄如舀。《诗·生民》“或舂或揄”，《说文·臼部》引作舀。

按:《广韵》揄有度侯、徒口、羊朱、以周四切,舀有代兆、羊朱、以周三切,并定母喻母相通之理。

喻三归匣大多认为是对的,因为在等韵图中,匣母只有一二四等,没有三等,喻母三等刚好与匣母互补。在曾氏的例证之外,这是一个有力的佐证。喻四归定曾氏虽然举了许多例证,但喻四是否都是从定母变来,还值得进一步研究。例如余是喻母四等字,从余得声的字有途、涂、荼、酴等,属定母;有徐,属邪母。从谐声字看,喻四的来源也许不止一个。不过,喻四跟定母的关系的确十分密切。知道这一点,对于我们阅读古书很有用处。

在上古声母研究方面,还有"照二归精,照三归端"等说法,这里就不再一一介绍了。

至于上古有多少个声母,由于研究不够深入,目前还是众说纷纭,难以取得一致的结论。王力主编的《古代汉语》暂定为 32 个声母(表 4-6)(544—545 页):

表 4-6 王力《古代汉语》上古三十二声母分类表

牙音	见 k	溪 kʻ	群 gʻ	疑 ŋ		
舌音	端(知)t 章(照三)ȶ	透(彻)tʻ 昌(穿三)ȶʻ	定(澄)dʻ 船(床三)ȡʻ	泥(娘)n	余(喻四)d 书(审三)ɕ	禅 ʑ
唇音	帮(非)p	滂(敷)pʻ	並(奉)bʻ	明(微)m		
齿音	精 ʦ 庄(照二)ʧ	清 ʦʻ 初(穿二)ʧʻ	从 ʣʻ 崇(床二)ʤʻ		心 s 山(审二)ʃ	邪 z
喉音	影 Ø	晓 x	匣(喻三)ɣ			
半舌				来 l		
半齿				日 ȵʑ		

跟《广韵》的 35 声母(见本书第 161 页)相比,少了知彻澄三母,章昌船书禅和喻四(余)划归舌音。

三、上古的声调

上古汉语有没有声调,如果有的话共有几个调类,这都是至今无法确切回答的问题。

从顾炎武开始,古音学家们就注意到声调问题。顾炎武主张四声一贯,段玉裁说古无去声,孔广森说古无入声,黄侃认为古无上去声,只有平入二声,王力主张上古平入二声又各分长短,而江有诰、王念孙则主张上古也有四声,只是四声的归字与后代有所不同。现在多数人逐渐趋向于江、王之说,认为上古也有平上去入四声,归字则与中古不尽相同。

古代声调问题之所以难以确定,主要是因为缺乏材料。各家都是据上古韵文(主要是《诗经》)来研究,得出的结论却很不一致,与古韵部研究的情形截然相反,这说明材料本身就有问题。无论哪一种说法,有一个前提是共同的,即都认为《诗经》押韵是同调相押。这在方法论上本身就有问题。我们凭什么肯定上古的韵文必定是同调相押呢?章太炎说得好:"今诗词平上去分用,南北曲则以平上去错杂为用,不得见南北曲而谓今无上去也。《诗》三百篇之谐韵,盖与今之南北曲同。"因此仅依据韵文来研究上古声调,预期不会有太大的进展。

四、上古音研究中的困难

由于缺乏可以直接依据的材料,要全面构拟上古音的声韵调系统存在着极大的困难。从高本汉以来,学者们进行了许多探索,主要是依据上古韵文(如《诗经》《楚辞》等)、《切韵》音系、谐声字、现代方言、对音资料和周边少数民族语言等间接资料进行推测,提出了一些新的假说,但是都没有成为定论,像复辅音声母问题、阴声韵韵尾辅音问题、介音问题、声调问题等,都存在争议。这里就不详细介绍了。国内学者的研究成果主要有郑张尚芳的《上古音系》、潘悟云的《汉语历史音韵学》等,国外的有 William H Baxter and Laurent Sagart 的 *Old Chinese: A New Reconstruction* (Oxford University Press, 2014),可以参看。

第四节　近代汉语阶段语音的三大变化

近代汉语阶段汉语语音发生了重大变化，特别是元代以后。下面简要介绍其中最重要的三大变化：浊音清化、-m 并入-n 和入派三声。

一、浊音清化

浊音清化就是《切韵》音系里的全浊声母变成了清声母。现代汉语保留全浊声母的主要是吴语和老湘语，其余方言基本上都已经清化了。

浊音清化在历史上应该是一个漫长的渐变过程，通语中这个过程是何时完成的学界尚无一致的意见。王力先生《朱熹反切考》和《汉语语音史》依据朱熹（1130—1200）的反切，认为宋代"全浊声母全部消失了"，但是黎新第先生不同意此说，他采用定量分析方法得出结论说："有足够的理由可以认定：在朱熹反切音系中，全浊清化尚在进行，全浊声母并没有全部消失。"①

大致而言，唐代以后的相关语音材料都反映出个别的浊音清化现象，晚唐五代以后更多，分布区域也比较广。② 但通语材料里没有完整显示这一变化的材料。估计在宋代的大部分官话方言中已经出现或接近完成浊音清化，而《中原音韵》标志着这一变化的彻底完成。③《中原音韵》的二十一个声母中没有全浊声母（详下）。

明代兰茂《韵略易通》（1442）用一首《早梅诗》来表示其书的二十个声母："东风破早梅，向暖一枝开。冰雪无人见，春从天上来。"这些声母（见表4-7）是：

---

① 黎新第《从量变看朱熹反切中的全浊清化》，《语言研究》1999 年第 1 期。

② 维辉按：上文曾引用过朱冠明（2019）的论述，黄笑山（1995：122—123）对此总结：罗常培（1933/2012：185）分析汉藏对音译音材料，证明那时的全浊擦音禅、邪、匣三母已经清化；邵荣芬（1963）研究敦煌的别字异文，结论是十世纪西北方言全浊声母消失；周祖谟（1988：217）利用《汉书注》等初盛唐时人注疏中的反切材料，说明浊声母变成清声母了。黄笑山还有其他证据："到了唐五代，全浊声母发生了清化，最明显的证据来自日语借音。日语吴音是用浊音来表示汉语的浊音字的，到了汉音就全部改用清音来对应原来的全浊字了。"

③ 这段话及上引黎新第先生的意见均承储泰松教授见教，谨致谢忱。

表 4－7　《韵略易通》中的二十个声母

冰 p	破 pʻ	梅 m	风 f	无 ʋ
见 k	开 kʻ	(ŋ)	向 x	一 ∅
东 t	天 tʻ	暖 n		来 l
早 ʦ	从 ʦʻ		雪 s	
枝 tʂ	春 tʂʻ		上 ʂ	人 ɻ

这个声母系统大致上可以作为近代时期声母的代表。从中可见中古全浊声母都合并到了相应的清声母中，其中的浊擦音直接变为清擦音：

奉 v→非敷 f　　逢肥父伐房乏

匣 ɣ→晓 x　　胡回曷效和行

邪 z→心 s　　遂似徐旋像席

而全浊的塞音和塞擦音则或变为不送气清音，或变为送气清音，以声调为分化条件，大致上是平声字变送气，去声（包括全浊上声变为去声的）和入声字变不送气（即所谓“平送仄不送”）：

并 b$_{\text{仄}}$→帮 p　　(去)捕病(上)伴部(入)别白

并 b$_{\text{平}}$→滂 pʻ　　皮排盆袍婆彭

群 ɡ$_{\text{仄}}$→见 k　　(去)共技(上)近舅(入)极及

群 ɡ$_{\text{平}}$→溪 kʻ　　奇葵渠强求琴

定 d$_{\text{仄}}$→端 t　　(去)大定(上)杜淡(入)铎牒

定 d$_{\text{平}}$→透 tʻ　　同徒田陶唐甜

从 ʣ$_{\text{仄}}$→精 ʦ　　(去)自聚(上)坐静(入)疾昨

从 ʣ$_{\text{平}}$→清 ʦʻ　　慈齐裁秦全曹

澄 ȡ$_{\text{仄}}$→知 ȶ(→tʂ)　　(去)召郑(上)丈柱(入)逐秩

澄 ȡ$_{\text{平}}$→彻 ȶʻ(→tʂʻ)　　除池潮陈橙沉

床禅 dʐ$_{\text{仄}}$→照 tʂ　　(去)助状(上)撰(入)植闸

床禅 dʐ$_{\text{平}}$→穿 tʂʻ　　垂柴愁唇成辰

“仄”实际上只包括去声和入声，因为全浊上声变去声在浊音清化之前早已完成，所以原来的全浊上声字都已并入了去声。

床、禅母不论什么声调，多数都变为擦音 ʂ，如“时神上授熟实”等，而少数仍读塞擦音的，也依上述规则分读送气和不送气清音。

元代周德清（1277—1365）编撰的《中原音韵》（1324）的声母系统跟《韵略易通》基本上一致，只有一个小差别：《中原音韵》还残留有个别中古疑母字仍读 ŋ，与零声母对立，例如我 ŋɔ—婀 ɔ，仰 ŋjɒŋ—养 jɒŋ。也就是说，《中原音韵》有二十一个声母，即《早梅诗》的二十个声母再加上一个字数不多的 ŋ 声母。[①] 可见现代汉语普通话声母系统的基本格局早在元代就已经奠定了，差别只在普通话没有 ʋ 和 ŋ，多出了舌面音 ʨ、ʨʻ、ɕ。

二、-m 并入-n

上文举过晚唐胡曾的《戏妻族语不正》诗：呼十却为石，唤针将作真。忽然云雨至，总道是天因。（《全唐诗》卷八七〇）按：针，侵韵，真，真韵；阴，侵韵，因，真韵。可见在唐代方音中，闭口韵-m 已经有并入-n 的。

《中原音韵》分十九韵，每韵取两个字为韵目，如下：

东钟　江阳　支思　齐微　鱼模　皆来　真文　寒山　桓欢　先天

萧豪　歌戈　家麻　车遮　庚青　尤侯　侵寻　监咸　廉纤

其中“侵寻、监咸、廉纤”三韵是收[-m]尾的，即所谓“闭口韵”。

到兰茂的《韵略易通》中，[-m]韵尾仍然存在。而在桑绍良的《青郊杂著》（1543—1581）中，[-m]韵尾已经合并到[-n]韵尾里去了。目前可见较早反映[-m]韵尾消失的文献材料还有李登《书文音义便考私编》（1587）、徐孝《重订司马温公等韵图经》（1606）和吕坤《交泰韵》（17 世纪初）等。可见-m 并入-n 大概是在 16 世纪完成的。[②] 如今还保留着[-m]韵尾的方言只有大部分粤语，此外还有部分闽语（闽南话）、客家话和少数赣语，这些方言基本上没有经历[-m]→[-n]的语音演变。

三、入派三声

入派三声就是中古的入声调发生舒声化，原来的入声字分别归入了平、

① 以上请参看麦耘《音韵学概论》，154—158 页。

② 参看麦耘《音韵学概论》，140、146 页。

上、去三个声调。这也是一个漫长的渐变过程。

《切韵》音系的入声有-p、-t、-k 三种韵尾。入声消失的第一步是三个塞音韵尾归并为一个喉塞尾[ʔ],其中-p 大概消失得最早,上文所引的胡曾《戏妻族语不正》诗反映出晚唐的某些方音中-p 尾可能已经并入-k 尾。王力《汉语史稿》说:

> 韵尾-p,-t,-k 在北方话里的消失,是比较早的事。……依我们的观察,首先是收-p 的入声消失了。黄公绍的《古今韵会》(书成于 1292 年以前)是保存着收-k 和收-t 的入声的,但是收-p 的入声字已经并到收-t 的入声去了。到了《中原音韵》里入声就完全消灭了。当然其间可能经过一个收[ʔ]的阶段,就是-p,-t,-k 一律变为[ʔ],像现代吴方言一样。但是,这个阶段是很短的。(134 页)

不过施向东《玄奘译著中的梵汉对音研究》认为-p 比-t 和-k 保存得好:

> 玄奘译音说明,中原方音中阳声韵尾保存得较好,而入声韵尾弱化得很严重。三组入声韵中,又以收舌根音和舌头音的入声韵弱化得更厉害,以至在宋代《皇极经世书》所反映的汴洛方音中,这两组入声已经没有塞音尾,只是读音较短促罢了。① 这一格局,在玄奘译音中已露端倪了。②

关于入派三声完成的具体时间,目前学术界意见不一。学界争论最激烈的问题是《中原音韵》是否还有入声,一派认为已经消亡,另一派则认为入声仍存在,迄今没有定论。麦耘《音韵学概论》持后说,他认为:

> 《中原音韵》的声调有“平声阴、平声阳、上声、去声”,还有“入声作平声阳、入声作上声、入声作去声”,共七种。但如仅从音高上说,应是四种,是为“七声四调”。其关系表解如下:

① 周祖谟《宋代汴洛语音考》,见《问学集》下,中华书局 1966 年。
② 施向东《音史寻幽——施向东自选集》,南开大学出版社 2009 年,35—39 页。

	平		仄	
舒声调	阴平	阳平	上声	去声
促声调		入声作平声阳	入声作上声	入声作去声

《中原音韵》把入声字按中古声母的不同分成三部分，分派到三个声调中，是为“入派三声”，也就是“入声作×声”。……

另一方面，《正语作词起例》又说：“入声派入平、上、去三声者，以广其押韵，为作词而设耳。然呼吸言语之间，还有入声之别。”《中原音韵》在各阴声韵中于阳平后列入作阳平，于上声后列入作上，去声后列入作去，并不把入声字同其他声调字混在一起，也说明入声字的读音自有不同。

……当时的入声字已经全部从中古的 *-p,-t,-k 韵尾演变为喉塞音 *-ʔ 韵尾，或者连喉塞韵尾也没有，仅是读音比较短促（是所谓“短调”）。这是三种入声的共同特点。由于有没有喉塞音或是不是短调对于作为高低律的曲律来说是无所谓的，所以入声在曲律中无特殊地位。又由于喉塞音韵尾音色远不如 *-p,-t,-k 那么明显，而且在歌唱中很容易弱化，短调特征在歌唱中也会失去，所以可以和阴声韵相押韵。

《等韵图经》[①]立“平、上、去、如”四声，“平”即阴平，“如”即阳平，没有入声。

综上所述，近代入声消亡的路径是：先在音高上分化，分别与舒声韵的几个声调相同，而以带喉塞音韵尾或短调保持其入声的特征；以后喉塞音韵尾失去，读音延长，入声于是消亡，原入声字便自然融入其他声调中了。在发展的速度上，入声字内部有差异，阳入先变，阴入变得较晚。（160—164 页）

常用的古入声字大约有五百来个。这五百来个字，在派入今四声的时候，有将近二分之一变读为去声，将近三分之一变读为阳平，其次是变读为阴平的，约占百分之十五，最少的是变读为上声的，约占百分之六。

① 维辉按：指明末徐孝《重订司马温公等韵图经》。

今天无入声地区的人要辨别古入声是有困难的，有一些规律可以帮助我们从今天普通话的读音去推断古代的入声字。

（1）声母是不送气的塞音和塞擦音而读阳平的字，绝大多数来自古代入声。

普通话里的阳平字有两个来源：一是来自古平声，一是来自古入声。由古代的平声来的阳平字，如果声母是浊的塞音、塞擦音，一般都读送气清音（即 p、t、k、c、ch、q），不送气的只能来自仄声，而仄声中上声和去声极少变读为平声，因此这类阳平字只能来自入声。掌握这条规律，则可以推断约五分之一的常用入声字。只有个别例外，如“弼”字本来是个並母入声字，按规律应念阳平，但在普通话里，却读成了去声；又如“鼻”字，现代普通话念阳平，不送气，可是此字并非古入声，“鼻”在《广韵》属“至”韵，毗至切，並母，按照规律当读去声，今念阳平，不合规律，属于例外音变。① 但是这种例外是个别的。

（2）üe 韵母的字大都来自古代入声。在常用字中只有“瘸、靴”两个是例外，它们古属舒声戈韵。

（3）uo 韵母和卷舌声母相拼的字，来自古代入声。普通话的 uo 韵母也有两个来源：一个来自阴声韵，一个来自入声韵。但是来自阴声韵（歌戈韵）的字没有跟卷舌声母相拼的，而能跟卷舌声母相拼的则都来自入声。

（4）e 韵母和古端、精二组声母相拼的字，大都来自古代入声。普通话的 e 韵母也有阴声韵和入声韵两个来源，而跟端、精二组声母相拼的字没有来自阴声韵的，只有来自入声韵的。

（5）ie 韵母和帮组、端组声母相拼的字，来自古代入声。

（6）声母 f、z、c、s 和 a 韵母相拼的字，来自古代入声。

（7）一些开韵尾的有文白两读而又没有意义区别的字，往往是古入声字，如“色”字，既念 sè（文），又念 shǎi（白）。

掌握以上七条规律，五百来个常用入声字绝大多数可以推断出来。下面把七条规律及例字列表（表 4－8）如下：②

① 实际上唐代以后“鼻”由于连读音变而从去声变成了入声，今天普通话的阳平调就是来自入声。参看陈思捷《再论“鼻”字入声的来源》（未刊稿）。

② 有些例字同时符合两个以上条件，因此各条之间有重复，如责、则、泽、择、别等。

表4－8 辨别古入声的七条规律及例字表

序号	声母	韵 母	声调	例 字	例外
1	不送气的塞音和塞擦音		阳平	b：白拔跋薄雹荸别鳖勃博驳伯泊舶帛 d：达答狄笛得德夺铎敌迭谍读毒独 g：革国格隔阁 z：卒责族杂凿足则泽择 zh：哲辙直值轴浊茁逐烛竹铡 j：截捷疾节即集绝及籍极杰局菊橘桔结秸夹急吉觉决掘	弼鼻
2		üe		虐略抉确学月约厥绝雀穴血	瘸靴
3	卷舌	uo		zh：酌桌琢啄捉着镯濯浊拙 ch：辍绰戳 sh：说硕 r：若弱	
4	古端、精二组	e		d：得德 t：特忒慝 n：讷 l：勒肋乐 z：则泽择责 c：侧策 s：塞色瑟	
5	帮组、端组	ie		b：憋别 p：撇 m：灭蔑 d：跌蝶迭 t：铁帖 n：捏聂 l：列烈劣	
6	f、z、c、s	ɑ		f：發髮法伐筏罚 z：扎札紮 c：擦 s：撒卅萨飒	
7		开韵尾，有文白两读而无意义区别		泽择角脚血麦脉剥削薄册落六没	

除此之外，我们还可以利用形声字的声符来类推，如“合”在《广韵》中是收[-p]的入声字，那么凡从“合”声的“盒、答、塔”等字，也都是入声，而且

都是收[-p]的。又如“出”在《广韵》中是收[-t]的入声字,那么凡从“出”声的,如“拙、茁、诎、绌、倔、崛、掘”等字,也都是入声,而且都是收[-t]的。再如知道“读”的声旁“賣”(和“买卖”的“賣”不是一个字)在《广韵》中是收[-k]的入声字,那么凡从它得声的“渎、读、椟、犊、牍、黩”等字也都是入声,而且都是收[-k]的。诸如此类,可以自己归纳和类推。

另外,我们还可以从反面排除一大批非入声字,肯定它们不是入声字,可以缩小辨别入声字的范围,比如阳声韵字,肯定不是入声字。又如普通话中念 zi、ci、si 的字,都不是入声字,因为它们只是从止摄(支、脂、之三韵开口)精组来的,如“兹资姿紫子字自雌疵慈瓷刺次赐斯私思丝司死似”等。再如念 ui、uai 韵的字,也基本上不是入声字,因为现代普通话 ui 韵母和 uai 韵母是从止、蟹二摄来的,一般没有来自入声的。只有 uai 韵个别字例外,如“率”字。①

第五节　字音的演变

语音史的研究不仅要研究音系的变化,还要研究单个字音的演变。字音的演变颇为复杂,大致有以下几种类型。

一、阴阳对转

清代学者戴震和孔广森等提出了阴阳对转的理论。所谓阴阳对转,是指主要元音(即韵腹)相同而收尾音不同的韵部可以相互转化,即阴声韵可以转化为阳声韵,阳声韵也可以转化为阴声韵(清代学者多以入声韵归阴声韵,音韵学上所谓阴阳对转,亦包括入声韵的变化在内)。阴阳对转是汉语中普遍存在的一种现象,在古籍的押韵、谐声字和古音通假等方面都有所表现。

押韵方面,比如“敦”字,从形声看应为阳声文部字,但《诗经》中往往转为阴声微部,如《邶风・北门》篇与“遗、摧”押韵。“西”字,古音属阳声文

① 以上详见唐作藩《音韵学教程》,127—128 页。

部，“哂”即从“西”得声，《大雅·桑柔》：“忧心殷殷，念我土宇。我生不辰，逢天僤怒。自东徂西，①靡所定处。多我觏痻，孔棘我圉。”王力《诗经韵读》谓“殷、辰、西、痻”韵，文部，“宇、怒、处、圉”韵，鱼部。《邶风·新台》：“新台有洒，河水浼浼。燕婉之求，籧篨不殄。”“洒、浼、殄”也押文部，“洒”从“西声”。② 汉代以前，“西”均读阳声韵，后代才对转为阴声韵。③

谐声字方面，例子很多，比如：难声有傩（nuó），旦声有怛、妲（dá，古读入声），禺声有喁、颙（yóng），寺声有等④、特⑤，乃声有仍，敦声有憝、镦（duì），斤声有祈、颀、旂、蚚（qí）、沂（yí），军声有挥、煇（辉）、珲、晖、翚、褌、楎（huī），等等。《诗经·小雅·庭燎》：“夜如何其？夜乡晨。庭燎有煇。君子至止，言观其旂。”“晨、煇、旂”押文部。《小雅·采菽》：“觱沸槛泉，言采其芹；君子来朝，言观其旂。”“旂”与“芹”押韵，也是文部，“芹”今天仍读阳声。后代则“旂”和“煇（辉）”均转入阴声韵。最有意思的是珲、喁二字，今天同时存在阴声韵和阳声韵两个读音：

珲 { huī：瑷珲县（在黑龙江，今作爱辉）
　　 hún：珲春县（在吉林）

喁 { yú：喁喁［① 随声附和。② 形容说话的声音（多用于小声说话）：喁喁私语］
　　 yóng：喁喁（形容众人景仰归向的样子）

古音通假方面，“亡”字借为“无”，如甲骨文“无咎”均写作，贾谊《论积贮疏》：“生之有时而用之亡度，则物力必屈。”《愚公移山》：“河曲智叟亡以应。”《庄子·逍遥游》：“而后乃今培风。”“培”借作“凭”。⑥ 都是例子。

“嗅”字，《广韵·宥韵》：“齅，以鼻取气。亦作嗅。许救切。”《集韵·送韵》：“嗅，鼻审气也。香仲切。”两音属阴阳对转，今普通话读许救切的音

---

① 自注：今本作“自西徂东”，当是“自东徂西”（采江有诰，朱骏声说）。

② “浼”字从“免”声，本读阳声韵，今亦转为阴声，读 měi。

③ 参看顾炎武《音学五书·唐韵正》“西”字条。顾氏认为读为阴声韵始于东汉王逸《九思》。

④ 《说文解字·竹部》：“等，齐简也。从竹、寺，寺，官曹之等平也。”认为是会意字，恐非是。张舜徽《说文解字约注》云：“徐灏曰：‘等者平也。寺当为声。’舜徽按：徐氏谓等字当从寺声，是也。等从寺声而读多肯切，亦犹待字从寺得声，而今日俗语，读之为等耳。”

⑤ 《广韵》徒得切，读入声。

⑥ 参看王念孙《读书杂志·余编上》。

(xiù)，而宁波话则继承了香仲切的音([ɕyoŋ˒])。①

下面重点讨论一下能、莽二字的读音。

(1) 能

《离骚》：

> 纷吾既有此内美兮，又重之以修能。扈江离与辟芷兮，纫秋兰以为佩。

钱杲之《离骚集传》云："能，协韵宜音耐。《礼记》：'圣人耐以天下为一家。'盖古文能、耐通。"

麦耘《音韵学概论》讲到阴阳对转时举有"咍—职—蒸"对转的例子，其中一例是：耐** nə—能** nəŋ/nə。自注："在'能够、经受'的意义上，'耐'和'能'是同族词，二字古通。"(107 页)其实"能"字在南北朝以前都只有阴声韵一读(即** nə)，对转为阳声韵"始自宋齐之世"。顾炎武《音学五书·唐韵正》"能"字条云：

> (能，《广韵》"奴登切"。)古音奴来、奴代二反。《诗·宾之初筵》二章："其湛曰乐，各奏尔能。宾载手仇，室人入又。酌彼康爵，以奏尔时。""又"音肄。……②按：陆氏《释文》，《诗》"各奏尔能"下云："徐奴代反，又奴来反。""柔远能迩"下云："郑奴代反。"……是古但有奴来、奴代二音……晋时此音未改，江左以降，始以方音读为奴登反，而又不可尽没古人奴来、奴代之音，故兼收之咍、代、登三韵……按：能音奴登反始自宋齐之世……今按：经传之文，下至魏晋，皆作奴来反，并无奴登反者。……唐时古音尚存，……

---

① 这个阳声韵的音今天还广泛地分布于吴语、徽语、湘语、粤语、平话等南部方言中，官话区只有个别点(如安徽桐城、枞阳)。参看汪维辉、秋谷裕幸《汉语"闻/嗅"义词的现状与历史》，《语言暨语言学》(*Language and Linguistics*)第 15 卷第 5 期(2014)。

② 此处引《易》《礼记》《楚辞》《大戴礼》《说苑》《(孔子)家语》《老子》《管子》《庄子》《列子》《荀子》《韩非子》《逸周书》《淮南子》《文子》、汉司马相如《封禅颂》《太玄经》、张衡《东京赋》、王逸《九思》、边让《章华台赋》《后汉书·黄琬传》、魏文帝《秋胡行》、阮瑀《七哀诗》、阮籍《咏怀诗》、晋潘岳《射雉赋》、潘尼《玳瑁椀赋》《赠王元贶诗》、挚虞《尚书令箴》、陆机《挽歌诗》、夏侯湛《东方朔画像赞》、郭璞《〈山海经〉赞》《抱朴子·博喻篇》、隋张公礼《龙藏寺碑文》等韵文约 42 例。兹从略。

顾炎武征引的材料极为丰富，结论令人叹服。可见“能”字从阴声韵 **nə 对转为阳声韵 **nəŋ 是南北朝以后的事，在此之前并不存在阴阳对转的问题。

（2）莽

《离骚》：

> 汩余若将不及兮，恐年岁之不吾与。朝搴阰之木兰兮，夕揽洲之宿莽。日月忽其不淹兮，春与秋其代序。惟草木之零落兮，恐美人之迟暮。不抚壮而弃秽兮，何不改乎此度？乘骐骥以驰骋兮，来吾道夫先路！

莽和与、序、暮、度、路押韵。

《庄子·则阳》：

> 长梧封人问子牢曰：“君为政焉勿卤莽，治民焉勿灭裂。昔予为禾，耕而卤莽之，则其实亦卤莽而报予；芸而灭裂之，其实亦灭裂而报予。予来年变齐，深其耕而熟耰之，其禾蘩以滋，予终年厌飧。”

卤莽，上古音鱼部；灭裂，上古音月部。二者均为叠韵联绵词。

“莽”字《广韵·荡韵》“莫朗切”，顾炎武《音学五书·唐韵正》“莽”字条云：“古音莫补反。”举《离骚》此例，又《九章·怀沙》：“滔滔孟夏兮，草木莽莽。伤怀永哀兮，汩徂南土。”又引汉张衡《西京赋》、宋谢灵运《过瞿溪山僧》、梁何逊《宿南洲浦诗》为证，结论是：“按：‘莽’字自晋左思《吴都赋》始与晃、纍为韵，陆机《赴洛诗》与广、往、响、朗、想为韵。今此字两收于‘十姥’‘三十七荡’部中，当削去，并入‘姥’韵。”（351 页）

由阴阳对转造成的字音演变，例子不少，大家可以举一反三。

二、避讳改音

语言里有些词由于种种原因需要避讳，像男女生殖器、厕所、死、送终[1]、病故[2]等概念都会引起不快，在日常的语言生活中需要避忌。避讳最常见的是亵词和詈词（所谓的“脏字眼”）。

在汉语里，一个词如果由于避讳不能说，通常会采取以下几种方式：

（1）同义词替换。比如：邦—国、启—开、世—代（以上为避皇帝名讳），卵—蛋（避亵词），舌（头）—赚（头）/脷（钱）（避讳取吉），等等。

（2）别的同音词改变读音，为它让道。

（3）本身改音。

以上（2）和（3）都属于“避讳改音”，但又有别人改音和自我改音之别。下面举些例子。

鸟：《广韵·筱韵》“都了切”。普通话有 niǎo、diǎo 两音。《现代汉语词典》第 7 版：

> 鸟　niǎo　名① 脊椎动物的一大类，体温恒定，卵生，嘴内无齿，全身有羽毛，胸部有龙骨突起，前肢变成翼，后肢能行走。一般的鸟都会飞，也有的两翼退化，不能飞行。如燕、鹰、鸡、鸭、鸵鸟等都属于鸟类。②（Niǎo）姓。（955 页）
>
> 鸟　diǎo　名 同“屌”。旧小说中用作骂人的话。（300 页）
>
> 屌　diǎo　名 男子阴茎[3]的俗称。（300 页）

按：《现代汉语词典》diǎo 音节下只有鸟、屌两个字。

“鸟”本为端母字，到了《中原音韵》中已读作泥母，跟“袅、嫋、裹”列在一起（萧豪韵），也就是跟今天普通话的声母一致了。读作泥母是为了避讳而改音。其实早在唐代“鸟”字已产生专用义，敦煌变文《燕子赋》（一）：“不曾触犯豹尾，缘没横罗（罹）鸟灾？”蒋礼鸿《敦煌变文字义通释》：“鸟，骂人的话，和《水浒传》里的‘鸟人’、‘鸟男女’的‘鸟’相同。”《太平广记》卷二七三“妇人四（附妓女）·李秀兰”：“秀兰尝与诸贤会乌程县开元寺。知河间

---

① 许多地方送礼忌讳送钟，因为钟、终同音。

② 上海人看望病人忌讳送苹果，因为苹果、病故在上海话里同音。

③ 按：此释义恐未确，当指男性的整个生殖器。

刘长卿有阴疾，谓之曰：‘山气日夕佳。’长卿对曰：‘众鸟欣有托。’举坐大笑，论者两美之。”（出《中兴间气集》）按：“山气日夕佳”和“众鸟欣有托”均出自陶诗，[①]“山气”盖谐音“疝气”，“鸟”显然是指男阴。因此推测这个读音在实际口语中的产生年代当更早。赵庸《杭州话白读系统的形成》说：“郑张尚芳在论述吴语中官话层次分析的方言史价值时，提出可以把杭州话作为识别判认南方方言中北来层次先后的重要的语音史坐标，并列出杭州话在语音上的十个官话特点……之后又补充了一点：特字‘鸟’说 liɔ，也属官音，吴语则另有白读 tiɔ。[②] ……特字‘鸟’说 liɔ，可能是更早的读音，我们这次没有调查到，老中青年均说 n̥iɔ，另有亵语音 tiɔ，同吴语异读音。”从这一间接证据来看，“鸟”读作泥母大概不晚于北宋后期，杭州话的读音应该是宋室南渡时从中原带过来的。明代的字书、韵书中，就明确记载了这个读音，如《洪武正韵》《篇海类编》均音“尼了切”。

笔：《广韵·质韵》“鄙密切”，当音 bī，避“屄”字改读上声。《字汇·尸部》：“屄，女人阴户。边迷切。”

松：《广韵·钟韵》“祥容切”，当音 sóng，避“㞞”字改读阴平。《集韵·钟韵》：“松，木也。关内语。思恭切。”又：“松，《说文》：‘木也。’亦州名。祥容切。”“思恭切”即读作 sōng，可见此避讳音由来已久，而且最初可能是“关内语”，后来再扩散到北方大部分地区及一部分北部吴语的。《大字典》：“㞞 sóng 精液的俗称。”

入：《广韵·缉韵》“人执切”，当音 rì，避“㕥/日”字改读为 rù。[③]《大字典》：“㕥 rì 发生性关系。通常指男性对女性主动所施的性行为。《金瓶梅》第七回：‘你这老油嘴，是杨家那膫子㕥的。’”

糙：《广韵·号韵》“七到切”，当音 cào，避亵词“肏（操）”改读作阴平。《大字典》：“肏 cào 男性的性交动作。《红楼梦》第十二回：‘只见炕上那人笑道：“瑞大叔要肏我呢！”’”《大词典》略同。

---

① 陶渊明《饮酒》：“山气日夕佳，飞鸟相与还。”又《读山海经》：“孟夏草木长，绕屋树扶疏。众鸟欣有托，吾亦爱吾庐。”

② 郑张尚芳《吴语中官话层次分析的方言史价值》，上海：首届国际汉语方言历史层次研讨会提交论文，2004 年。

③ 参看李荣《论“入”字的音》，《方言》1982 年第 4 期；又收入其《语文论衡》，商务印书馆 1985 年。

操：《广韵》有“七刀切”和“七到切”两音，读平声是动词“持”义，读去声则是名词“志节；品德”义，如“操行”。曹操字孟德，“操”即取名此义，本应读去声，《中原音韵》中“操”还兼收于平声阴和去声。今天北方话中“操”只读平声，大概也是避亵词“肏（操）”的缘故，去声读法消失了。湖北黄冈话中，曹操的“操”读阴去，来自古代的去声，姓操的“操”也读阴去。①

昆：据平山久雄先生《昆明为什么不读 Gunming?》研究，“昆”由 gūn 改读成 kūn，是为了避同音字“裈”。这篇文章很值得一读。

平山久雄《昆明为什么不读Gunming?》

腐：《广韵・麌韵》“扶雨切”，本当音 fù，与“父”同音，避“父”字讳，改读作上声。

徙、玺、枲、葸：本当音 sǐ，避“死”字讳，改读为 xǐ，如下表 4－9 所示：

表 4－9　徙、玺、枲、葸避讳改音

声　母	韵		
	纸	旨	止
精	紫　zǐ	姊　zǐ	子　zǐ
清	此　cǐ	○	○
心	徙、玺　xǐ	死　sǐ	枲、葸　xǐ

李荣先生说：

> 研究语言的人常常排斥有关“性”的字眼，编辑字典跟调查方言都是这样。其实说话的时候要回避这类字眼，研究的时候是不必排斥的，并且是不能排斥的。就学问本身说，这类禁忌的字眼常常造成字音的更改，词汇的变化，对认识语言的现状跟历史，都是很重要的。②

① 参看孙玉文《汉语变调构词考辨》上册，商务印书馆 2015 年，314 页。

② 《论“入”字的音》，《方言》1982 年第 4 期；又收入其《语文论衡》，商务印书馆 1985 年，107—111 页。

三、例外音变

“例外音变”是个外延很宽的概念，凡是不符合音变规律的读音都可以统称为“例外音变”。这里我们把它作狭义的理解，跟“阴阳对转”“避讳改音”和“特殊来源的字音”并列，专指不符合一般音变规律的读音。

李荣先生有《语音演变规律的例外》一文，是系统研究汉字例外音变的开山之作。该文的主旨是“探因”，讨论了杉、亲（亲家）、犀、婿、望等 30 余字的例外今读，并把它们的变化原因归结为七个方面：连音变化、感染作用、回避同音字、字形的影响、误读反切、方言借音、本字问题。李文很有概括性，发表以后产生了很大的影响，至今仍有指导意义。李荣先生又有《论北京话“荣”字的音》《论“入”字的音》两文，深入探讨了“荣”“入”两字今读的成因。王力先生在《汉语语音史》（1985）卷下“语音的发展规律”最后设了一章，专谈“（语音）不规则的变化”。该章指出，语音的“不规则变化”是与“自然的变化”“条件的变化”相对而言的，其内容是论证语音不规则变化的原因。他列举了婿、剧、厕、侧、缚等 68 字读音的不规则变化，并把字音不规则变化的原因归结为三种：文字的影响、方言和普通话的互相影响、偶然性。此外还有一些其他的文章谈例外音变问题。钟明立《汉字例外音变研究》是研究例外音变的第一部专著，可以参看。下面略举数例以见一斑。

鲸：《切韵》渠京反，与“擎”同音，本当读 qíng，今读 jīng。

艇：《广韵》徒鼎切，本当读 dìng，今读 tǐng。

矿：《切韵》古猛反，当音 gǒng，今读 kuàng，是 20 世纪的事情。《新华字典》：“矿 kuàng（旧读 gǒng）：矿物。”

帆：《切韵》《广韵》符咸切，当音 fán，今读 fān，在 19 世纪中期的《语言自迩集》中已读作阴平。台湾“国语”今天仍读阳平。同类的例子还有期、微、危、涛、捞、奚、兮、酣等，都从阳平调变成了阴平调。

铅：《广韵》与专切，当音 yuán 或 yán（江西铅山县现仍读 yán），今读 qiān，见于《韵学大成》（1578 年序）、《合并字学篇韵便览》（1606 年序）、《音韵正讹》（1644 年刊）。平山久雄先生《普通话“铅”字读音的来源》认为：在 -m尾和-n 尾合并了的方言里，“铅”就和“盐”同音，两样东西同是白色粉末状的矿产,这种背景就会促使"铅"字改换读音。另可参看远藤光晓《东亚语言中的"铅笔"》一文。

平山久雄先生说:"探讨例外音变的各种原因不但对汉语音韵史,而且对阐明汉语词汇史也有用处,因为现代汉语里极为常见的词往往是经过例外音变的。"①

除了上面已经提到的《昆明为什么不读 Gunming?》外,平山先生还著有《论"我"字例外音变的原因》《中古汉语鱼韵的音值——兼论人称代词"你"的来源》《说"欲"——论饮义"喝"的语源》《动词"吃"的来源》《汉语中产生语音演变规律例外的原因》等名文,都值得认真学习。

四、特殊来源的字音

有些字的读音有特殊来源,不能用一般的音变规律来解释。比如"给(gěi)"字。

《广韵·缉韵》:"给,供给。又姓。居立切。"今天书面音 jǐ 与此对应,白话音 gěi 则不对应,因为缉韵牙喉音字现代北京话照例都作-i,如急、及、泣、揖,除"给"白话音以外没有作-ei 的。从声调方面来看,"给"的白话音在很多官话、晋语方言,包括保留入声的方言中也多念上声,可见它并不是来自入声的。

太田辰夫《中国语历史文法》列举了《五代史平话》里的"归"、《朴通事》里的"馈"和《醒世姻缘传》里的"己",解释说:"以上的'归''馈''己'可能都是和'给'相当的,语源不清楚,但可以推想,恐怕是从具有'给与'意义的动词发展而来的。"

池田武雄《〈给〉(*gei*)の发生について》提出"给"源自"过与"的看法,他指出,"过"字唐代有"授受"义,如:

> 龙牙问:"如何是祖师西来意?"师云:"与我过禅板来。"牙便过禅板与师。师接得便打。牙云:"打即任打,要且无祖师意。"牙后到翠微问:"如何是祖师西来意?"微云:"与我过蒲团来。"牙便过蒲团与翠微。

① 平山久雄《"大"字 dà 音史研究》,收入氏著《汉语语音史探索》,北京大学出版社 2012 年。

翠微接得便打。牙云:“打即任打,要且无祖师意。”(临济录)

娑婆国里且无贫,拾得金珠乱过与人。(敦煌变文集)

路边有一个树子,石头云:“汝与我斫却,这个树碍我路。”对曰:“某甲不将刀子来。”石头曰:“我这里有刀子。”曰:“便请。”石头便抽刀,把柄过与刀子。(《祖堂集》卷五)

池田武雄说:“至此,‘过与’可算是一个复合动词了。后代的‘给’当是由这个‘过与’缩合而成的。”他构拟了“过与”合音的过程。

平山久雄先生在池田武雄的基础上做了进一步的论证,他指出:

“过与”表示“送给”“交给”义的例句,蒋礼鸿(1962: 72—73)引敦煌变文、孟郊诗、《景德传灯录》等,王锳(1986: 95—96)则引李山甫诗、敦煌词、《游仙窟》、陈师道词、《元曲选外编》等,可以参看。

《祖堂集》除池田氏所引以外还有四个用“过与”的例子,……我觉得当时用“过与”表现“送”“交”的动作应该是更具体,更富于形象的。一个常用词被另一个形象更鲜明的词来替代,是词汇演变中的一个重要类型,例如“目”被“眼”,“口”被“嘴”,“行”被“走”,“饮”被“喝(欱)”取代都是如此。

于是我们可以将“过与”到“给”的演变过程设想为A:

A. “过与”kuɑ去jiə上>*kuɑ去ji上>*kuəi上>kəi上(gěi)“给”。

关于“过与”的缩合过程,也可以设想与A稍有不同的演变过程B:

B. “过与”kuɑ去jiə上>*kuɑ去jy上>*kuɑ去ji上>*kuəi上>kəi上(gěi)“给”。

平山先生的“结语”说:

给例外音变所拟的各种原因,包括轻读音变,不外乎是个假设,它们的意思是:要是如此假定,就能比较合理地说明该字发生例外音变的原因,换言之:在没有更好的说明以前,我们暂时可以这样理解。关于合乎音韵对应规律的字,则与此不同,只要字义相同或相类,就可以保证它是从上古或中古时期一脉承袭下来的。我认为,对符合对应规律

> 的字来说，认定其历时同一性近乎是“不能不这样看”的性质，而对经过例外音变的字或词来说，拟测其历时来源则是“可以这样看”的性质。科学上很多学说似乎也属于后一类，我们不能因此一概否定之，而应该把这一类拟测的相对性常存于心中。①

这是十分通达和正确的观念，对我们的研究工作有指导意义。

不符合音变规律的字音演变是饶有趣味的话题，同学们可以在平时多加留意。

课外阅读

1. 王力《汉语语音史》
2. 唐作藩《音韵学教程》
3. 麦耘《音韵学概论》
4. 平山久雄《“大”字 dà 音史研究》
5. 汪维辉《说“鸟”》

思考题

1. 符定一有《古无重唇音》一文，反对钱大昕的“古无轻唇音”说。请阅读两家的原文，评论其得失。

2.《诗经·邶风·北门》：“王事敦我，政事一埤遗我。我入自外，室人交遍摧我。”王力主编《古代汉语》注：“敦，文部，遗，摧，微部，文微合韵。”请评价“合韵”说是否合理。

① 以上请参看平山久雄《“给”字白话音源自“过与”合音说》一文，载《历史语言学研究》第三辑，商务印书馆 2010 年；又收入其《汉语语音史探索》，北京大学出版社 2012 年，题名改为《“给”字白读音源自“过与”合音说》。后者是最终定本，增加了三条补注，2.5 节的叙述也有改动，阅读时应该选择此本。另可参看：赵葵欣《明清北京官话文献中表给予义的“给[kei]”的读音》，《方言》2021 年第 3 期；汪维辉《再谈“给(gěi)”的来源——与赵葵欣先生商榷兼论字词关系的复杂性》，《方言》2022 年第 3 期。

3. 请举例解释“反切系联法”和“韵脚系联法”。

4. 河南开封有一座繁塔，繁字当地人念 bó/pó;《汉书·元帝纪》“御史大夫延寿卒”颜师古注：“即繁延寿也。繁音蒲何反。”“繁”字为什么有这样的音？请你用所学的音韵学知识试作解释。

5. “雌、秘、那、刍、贿、馈、驱、荀、弛、寻、词、薛、访、横、缩、捧”的普通话读音相对于《广韵》的反切而言都属于例外音变，试解释其原因。

参考文献

[1] 爱切生.语言的变化：进步还是退化[M].徐家桢，译.北京：语文出版社，1997.

[2] 白一平，沙加尔.上古汉语新构拟[M].来国龙，郑伟，王弘治，译.上海：上海教育出版社，2020.

[3] 鲍明炜，王均.南通地区方言研究[M].南京：江苏教育出版社，2002.

[4] 北京大学中国语言文学系语言学教研室.汉语方言词汇[M].2版.北京：语文出版社，1995.

[5] 贝罗贝，吴福祥.上古汉语疑问代词的发展与演变[J].中国语文，2000(4)：311－326，381－382.

[6] 波多野太郎.中国方志所录方言汇编：第一编[M].横滨：横滨市立大学，1965.

[7] 曹志耘.汉语方言地图集[M].北京：商务印书馆，2008.

[8] 曹志耘，秋谷裕幸，太田斋，等.吴语处衢方言研究[M].东京：好文出版，2000.

[9] 长泽规矩也编.明清俗语辞书集成[M].上海：上海古籍出版社，1989.

[10] 陈剑.关于"营$_=$"与早期出土文献中的"省代符"[EB/OL].(2011－7－10)[2023－1－4].http://www.fdgwz.org.cn/forum/forum.php?mod=viewthread&tid=4809&extra=page%3D28.html.

[11] 陈莉.《训世评话》词汇研究[D].江苏：南京大学，2006.

[12] 陈奇猷.吕氏春秋新校释[M].上海：上海古籍出版社，2002.

[13] 陈治文.近代指示词"这"的来源[J].中国语文，1964(6).

[14] 程鹏万.简牍帛书格式研究[M].上海：上海古籍出版社，2017.

[15] 程湘清.《论衡》复音词研究[M]//程湘清.两汉汉语研究.济南：山东教育

出版社,1985:262-340.

[16] 池田武雄.《给》(*gei*)の发生について[J].中国语学,1962,122.

[17] 大庭脩.江户时代日中秘话[M].徐世虹,译.北京:中华书局,1997.

[18] 刁晏斌.现代汉语使动用法论略[J].语文建设通讯,1997(54).

[19] 丁声树,李荣.汉语音韵讲义[M].上海:上海教育出版社,1984.

[20] 董绍克.汉语方言词汇差异比较研究[M].北京:民族出版社,2002.

[21] 董守志.东汉—元明否定判断句演变之研究[J].古汉语研究,2011(1):23-29.

[22] 董秀芳.词汇化:汉语双音词的衍生和发展 修订本[M].成都:四川民族出版社,2011.

[23] 方一新,王云路.中古汉语读本:修订本[M].上海:上海教育出版社,2006.

[24] 冯胜利.古汉语判断句中的系词[J].汪维辉,译.古汉语研究,2003(1):30-36.

[25] 傅国通,方松熹,蔡勇飞,等.浙江吴语分区[J].语言学年刊(杭州大学学报增刊),1985(3):9.

[26] 高本汉.中国音韵学研究[M].赵元任,李方桂,罗常培,译.北京:商务印书馆,1940.

[27] 谷雨."X于"格式的多功能模式及其历史形成考察[D].浙江大学,2018.

[28] 管燮初.西周金文语法研究[M].北京:商务印书馆,1981.

[29] 郭锡良.汉语第三人称代词的起源和发展[M]//北京大学中文系《语言学论丛》编委会.语言学论丛:第6辑.北京:商务印书馆,1980:64-93.

[30] 郭锡良.关于系词"是"产生时代和来源论争的几点认识[C]//《王力先生纪念论文集》编委会.王力先生纪念论文集.北京:商务印书馆,1990:222-239.

[31] 韩晓光.《诗经》中的宾语位置考察[J].古汉语研究,1995(3):16-20.

[32] 韩晓光.《论语》中的特殊语序考查[J].江西教育学院学报(社会科学),1999(1):22-25.

[33] 何乐士.《史记》语法特点研究[M]//程湘清.两汉汉语研究.济南:山东教育出版社,1985:1-261.

[34] 贺凯林.溆浦方言研究[M].湖南教育出版社,1999.

[35] 洪诚.论南北朝以前汉语中的系词[J].语言研究,1957(2).

[36] 洪诚.训诂学[M].南京:江苏古籍出版社,1984.

[37] 华学诚,王智群,谢荣娥,等.扬雄方言校释汇证[M].北京:中华书局,

2006.
[38] 黄淬伯.慧琳一切经音义反切考[M].中央研究院历史语言研究所,1931.
[39] 黄笑山.《切韵》和中唐五代音位系统[M].台北：文津出版社,1995.
[40] 季羡林.朗润琐言[M].上海：上海文艺出版社,1998.
[41] 江蓝生.语法化程度的语音表现[M]//石锋,潘悟云.中国语言学的新拓展：庆祝王士元教授六十五岁华诞.香港：香港城市大学出版社,1999.
[42] 蒋绍愚.古汉语词汇纲要[M].北京：北京大学出版社,1989.
[43] 蒋绍愚.汉语动结式产生的时代[M]//袁行霈.国学研究：第6卷.北京：北京大学出版社,1999：327－348.
[44] 蒋绍愚.词义变化与句法变化[J].苏州大学学报,2013,34(1)：132－144.
[45] 蒋绍愚.魏晋南北朝的“述宾补”式述补结构[M]//袁行霈.国学研究：第12卷.北京：北京大学出版社,2003：293－322.
[46] 蒋绍愚.汉语历史词汇学概要[M].北京：商务印书馆,2015.
[47] 蒋绍愚.近代汉语研究概要：修订本[M].北京：北京大学出版社,2017.
[48] 蒋绍愚,曹广顺.近代汉语语法史研究综述[M].北京：商务印书馆,2005.
[49] 蒋文.据胡家草场汉简《诘咎》“鬼取人为妻”条首句谈睡虎地秦简《诘》对应简文[J].文物,2021(3)：91－94.
[50] 黎新第.从量变看朱熹反切中的全浊清化[J].语言研究,1999(1)：47－60.
[51] 李荣.语音演变规律的例外[M]//李荣.音韵存稿.北京：商务印书馆,1982：107－118.
[52] 李荣.论“入”字的音[J].方言,1982(4)：241－244.
[53] 李荣.音韵存稿[M].北京：商务印书馆,1982.
[54] 李荣.语文论衡[M].北京：商务印书馆,1985.
[55] 李荣主编.现代汉语方言大词典：6卷本[M].南京：江苏教育出版社,2002.
[56] 李若晖.先秦文字中“=”符作用浅析[M]//北京大学中国古文献研究中心编.北京大学中国古文献研究中心集刊：第四辑.北京：北京大学出版社,2004.
[57] 梁冬青.出土文献“是是”句新解[J].中国语文,2002(2)：130－136.
[58] 梁冬青.出土文献“是是”句的再探讨[J].古汉语研究,2007(1)：57－62.
[59] 梁光华.试论西汉以前汉语中的系词“是”[J].贵阳师范学院学报,1983(2)：40－45.
[60] 林焘.北京官话区的划分[J].方言,1987(3)：166－172.

[61] 刘坚.近代汉语读本：修订本[M].上海：上海教育出版社,2005.
[62] 刘利.先秦汉语助动词研究[M].北京：北京师范大学出版社,2000.
[63] 刘丽川.试论《搜神记》中的结果补语[J].语文研究,1984(4)：33-39.
[64] 柳士镇.从语言角度看《齐民要术》卷前《杂说》非贾氏所作[J].中国语文,1989(2).
[65] 柳士镇.魏晋南北朝历史语法：修订本[M].北京：商务印书馆,2019.
[66] 鲁国尧.元遗山诗词曲韵考[M]//鲁国尧.鲁国尧自选集.郑州：河南教育出版社,1994：177-196.
[67] 罗常培.汉语音韵学导论[M].北京：中华书局,1956.
[68] 罗常培.唐五代西北方音[M].北京：商务印书馆,2012.
[69] 罗杰瑞.汉语概说[M].张惠英,译.北京：语文出版社,1995.
[70] 雅柯布森.雅柯布森文集[M].钱军,王力,译注.长沙：湖南教育出版社,2001.
[71] 吕传峰.现代方言中"喝类词"的演变层次[J].语言科学,2005(6)：96-102.
[72] 吕叔湘.语法札记：这那考源[M]//吕叔湘.汉语语法论文集.北京：科学出版社,1955：179-180.
[73] 吕叔湘.语文常谈[M].北京：生活·读书·新知三联书店,1980.
[74] 吕叔湘.近代汉语指代词[M]//吕叔湘.吕叔湘文集：第三卷.北京：商务印书馆,1992：1-406.
[75] 吕叔湘.关于汉语词类的一些原则性问题[J].中国语文,1954(9).
[76] 吕叔湘.未晚斋语文漫谈(一二)[J].中国语文,1989(5).
[77] 麦耘.音韵学概论[M].南京：江苏教育出版社,2009.
[78] 梅广.上古汉语语法纲要[M].上海：上海教育出版社,2018.
[79] 梅祖麟.从语言史看几本元杂剧宾白的写作时期[M]//北京大学中文系《语言学论丛》编委会.语言学论丛：第13辑.北京：商务印书馆,1984：111-153.
[80] 梅祖麟.从汉代的"动杀"和"动死"来看述补结构的发展[M]//北京大学中文系《语言学论丛》编委会.语言学论丛：第16辑.北京：商务印书馆,1991：112-136.
[81] 潘悟云.汉语历史音韵学[M].上海：上海教育出版社,2000.
[82] 潘悟云.汉语否定词考源：兼论虚词考本字的基本方法[J].中国语文,2002(4)：302-309.
[83] 潘允中.汉语述补结构的发展[J].中国语文,1980(1).

[84] 潘允中.汉语语法史概要[M].中州书画社,1982.

[85] 裴学海.评高邮王氏四种[J].河北大学学报(哲学社会科学版),1962(2):43-123.

[86] 裴学海,王荫浓,程垂成,等.《古代汉语》上册(第一分册)中语法、训诂问题的商榷[J].河北大学学报,1963(1):77-138.

[87] 平山久雄.论“我”字例外音变的原因[J].中国语文,1987(6).

[88] 平山久雄.中古汉语鱼韵的音值:兼论人称代词“你”的来源[J].中国语文,1995(5).

[89] 平山久雄.说“欱”:论饮义“喝”的语源[M]//(台湾)中山大学中国文学系,中国训诂学会.训诂论丛:第3辑.台北:文史哲出版社,1997.

[90] 平山久雄.普通话“铅”字读音的来源[M]//《李新魁教授纪念文集》编辑委员会.李新魁教授纪念文集.北京:中华书局,1998:196-201.

[91] 平山久雄.平山久雄语言学论文集[M].北京:商务印书馆,2005.

[92] 平山久雄.昆明为什么不读Gunming[M]//平山久雄.平山久雄语言学论文集.北京:商务印书馆,2005:103-112.

[93] 平山久雄.汉语语音史探索[M].北京:北京大学出版社,2012.

[94] 平山久雄.“大”字dà音史研究[M]//平山久雄.汉语语音史探索.北京:北京大学出版社,2012:1-23.

[95] 平山久雄.动词“吃”的来源[M]//平山久雄.汉语语音史探索.北京:北京大学出版社,2012:30-40.

[96] 平山久雄.“给”字白读音源自“过与”合音说[M]//平山久雄.汉语语音史探索.北京:北京大学出版社,2012:47-57.

[97] 平山久雄.汉语中产生语音演变规律例外的原因[M]//平山久雄.汉语语音史探索.北京:北京大学出版社,2012:92-101.

[98] 钱乃荣.当代吴语研究[M].上海:上海教育出版社,1992.

[99] 裘锡圭.谈谈古文字资料对古汉语研究的重要性[J].中国语文,1979(6).

[100] 邵荣芬.敦煌俗文学中的别字异文和唐五代西北方音[J].中国语文,1963(3).

[101] 施向东.音史寻幽:施向东自选集[M].天津:南开大学出版社,2009.

[102] 石峰.秦简中的系词“是”[J].四川大学学报,1999(S1):84-87.

[103] 石汝杰,宫田一郎.明清吴语词典[M].上海:上海辞书出版社,2005.

[104] 史皓元,石汝杰,顾黔.江淮官话与吴语边界的方言地理学研究[M].上海:上海教育出版社,2006.

[105] 孙良明.古代汉语语法变化研究[M].北京:语文出版社,1994.

[106] 孙锡信.古今汉语语法比较说略[J].文科月刊,1986(8).
[107] 孙诒让.墨子间诂[M].北京:中华书局,1986.
[108] 孙玉文.汉语变调构词考辨[M].北京:商务印书馆,2015.
[109] 太田辰夫.汉语史通考[M].江蓝生,白维国,译.重庆:重庆出版社,1991.
[110] 太田辰夫."甚麽"考[M]//太田辰夫.汉语史通考.江蓝生,白维国,译.重庆:重庆出版社,1991:88-104.
[111] 太田辰夫.中国语历史文法:修订译本[M].蒋绍愚,徐昌华,译.北京:北京大学出版社,2003.
[112] 唐钰明.上古判断句的变换考察[J].中国语文,1991(5).
[113] 唐钰明.《上古判断句的变换考察》补正[J].中国语文,1992(2).
[114] 唐正大.关中方言第三人称指称形式的类型学研究[J].方言,2005(2):109-118.
[115] 唐作藩.音韵学教程[M].5版.北京:北京大学出版社,2016.
[116] 汪锋,王士元.语义创新与方言的亲缘关系[J].方言,2005(2):157-167.
[117] 汪维辉.释"困"[M]//浙江省语言学会编.'94语言论丛.杭州:杭州大学出版社,1994:46-48.
[118] 汪维辉.系词"是"发展成熟的时代[J].中国语文,1998(2).
[119] 汪维辉.《周氏冥通记》词汇研究[M]//浙江大学汉语史研究中心编.中古近代汉语研究:第1辑.上海:上海教育出版社,2000:152-177.
[120] 汪维辉.东汉—隋常用词演变研究:修订本[M].北京:商务印书馆,2017.
[121] 汪维辉.宁波方言词语札记三则[C]//上海市语文学会,香港中国语文学会.吴语研究:第二届国际吴方言学术研讨会论文集.上海:上海教育出版社,2003:257-262.
[122] 汪维辉.从汉语史看"多""少"直接修饰名词问题[M]//北京大学汉语语言学研究中心《语言学论丛》编委会.语言学论丛:第28辑.北京:商务印书馆,2003:114-127.
[123] 汪维辉.汉语"说类词"的历时演变与共时分布[J].中国语文,2003(4):329-342.
[124] 汪维辉.论词的时代性和地域性[J].语言研究,2006,26(2):85-90.
[125] 汪维辉.《齐民要术》卷前"杂说"非贾氏所作补证[J].古汉语研究,2006(2):85-90.
[126] 汪维辉.纵横结合研究汉语词汇[M]//商务印书馆编辑部编.21世纪的中国语言学(二).北京:商务印书馆,2006:288-294.

[127] 汪维辉.《词汇化：汉语双音词的衍生和发展》评介[J].语言科学,2006(2)：104－107.

[128] 汪维辉.《说苑》与西汉口语[M]//四川大学汉语史研究所,四川大学中国俗文化研究所.汉语史研究集刊：第10辑.成都：巴蜀书社,2007：16－58.

[129] 汪维辉.《齐民要术》词汇语法研究：修订本[M].上海：上海教育出版社,2020.

[130] 汪维辉.撰写《汉语100基本词简史》的若干问题[M]//中国社会科学院语言研究所《历史语言学研究》编辑部.历史语言学研究：第1辑.北京：商务印书馆,2008：201－215.

[131] 汪维辉.《百喻经》与《世说新语》词汇比较研究(上)[M]//浙江大学汉语史研究中心.汉语史学报：第10辑.上海：上海教育出版社,2010：279－304.

[132] 汪维辉.说"鸟".[G]//中国语学论集刊行会.太田斎・古屋昭弘两教授还历记念中国语学论集.东京：好文出版,2013.

[133] 汪维辉.《朝野佥载》"侯思止"条解读[M]//中国社会科学院语言研究所《历史语言学研究》编辑部.历史语言学研究：第6辑.北京：商务印书馆,2013：330－336.

[134] 汪维辉,秋谷裕幸.汉语"闻/嗅"义词的现状与历史[J].语言暨语言学,2014,15(5)：699－732.

[135] 汪维辉.说"脖子"[M]//朱庆之,汪维辉,董志翘,等.汉语历史语言学的传承与发展：张永言先生从教65周年纪念文集.上海：复旦大学出版社,2016：183－215.

[136] 汪维辉.汉语史研究的对象和材料问题：兼与刁晏斌先生商榷[J].吉林大学社会科学学报,2017,57(4)：158－165.

[137] 汪维辉.汉语核心词的历史与现状研究[M].北京：商务印书馆,2018.

[138] 汪维辉.《京本通俗小说》系伪书的语言学证据[M]//中国社会科学院语言研究所《历史语言学研究》编辑部.历史语言学研究：第13辑.北京：商务印书馆,2019：137－167.

[139] 汪维辉.《诗经》"谁适为容""谁适与谋"解[J].古汉语研究,2019(4)：11－21.

[140] 汪维辉.汉语词汇史[M].上海：中西书局,2021.

[141] 汪维辉.再谈"给(gěi)"的来源：与赵葵欣先生商榷兼论字词关系的复杂性[J].方言,2022,44(3)：267－283.

[142] 汪维辉,秋谷裕幸.汉语"站立"义词的现状与历史[J].中国语文,2010

(4): 299－310.

[143] 汪维辉,胡波.汉语史研究中的语料使用问题: 兼论系词“是”发展成熟的时代[J].中国语文,2013(4): 359－370.

[144] 汪维辉,秋谷裕幸.汉语第三人称代词的现状和历史[M]//浙江大学汉语史研究中心.汉语史学报: 第17辑.上海: 上海教育出版社,2017: 14－59.

[145] 王大年.《尚书》中的宾语前置句式[J].古汉语研究,1994(1): 1－6.

[146] 王国维.书郭注方言后(二)[M]//观堂集林: 卷五.北京: 中华书局,1959.

[147] 王力.中国文法中的系词[J].清华大学学报,1937(1): 1－67.

[148] 王力.中国语法理论[M].北京: 商务印书馆,1944.

[149] 王力.汉语史稿[M].北京: 中华书局,1980.

[150] 王力.诗经韵读[M].上海: 上海古籍出版社,1980.

[151] 王力.汉语语音史[M].北京: 中国社会科学出版社,1985.

[152] 王力.汉语语法史[M].北京: 商务印书馆,1989.

[153] 王力.汉语词汇史[M].北京: 商务印书馆,1993.

[154] 王力.古代汉语: 校订重排本[M].3版.北京: 中华书局,1999.

[155] 王念孙.广雅疏证[M].南京: 江苏古籍出版社,1984.

[156] 王念孙.读书杂志[M].南京: 江苏古籍出版社,1985.

[157] 王强.出土战国秦汉选择数术文献神煞研究: 以日书为中心[D].吉林大学,2018.

[158] 王绍新.隋唐五代量词研究[M].北京: 商务印书馆,2018.

[159] 王引之.经传释词[M].长沙: 岳麓书社,1985.

[160] 王锳.云梦秦墓竹简所见某些语法现象[J].语言研究,1982(1): 130－134.

[161] 王云路,方一新.中古汉语语词例释[M].长春: 吉林教育出版社,1992.

[162] 魏培泉.汉魏六朝称代词研究[M].台北: 中央研究院语言学研究所,2004.

[163] 魏宜辉.再论马王堆帛书中的“是=”句[J].东南文化,2008(4): 56－57.

[164] 吴福祥.敦煌变文语法研究[M].长沙: 岳麓书社,1996.

[165] 吴福祥.试论现代汉语动补结构的来源[C]//江蓝生,侯精一.汉语现状与历史的研究: 首届汉语语言学国际研讨会论文集.北京: 中国社会科学出版社,1999: 317－345.

[166] 吴毓江.墨子校注[M].北京: 中华书局,1993.

[167] 吴玉芝.介词“关于”源自日语说[J].语言教学与研究,2016(6): 92－102.

[168] 向熹.简明汉语史: 修订本[M].北京: 商务印书馆,2010.

[169] 邢公畹.《诗经》“木”字说[J].中国语文,1991(6).

[170] 许世和.“＝”符省代功能与战国金文、战国秦汉简帛丛考[EB/OL].(2022-8-21)[2023-1-4]首届“朴学之光”研究生学术论坛,2022.

[171] 岩田礼.汉语方言解释地图[M].东京：白帝社,2009.

[172] 杨伯峻,何乐士.古汉语语法及其发展[M].北京：语文出版社,2001.

[173] 杨建国.补语式发展试探[M]//中国语文杂志社.语法论集：三.北京：商务印书馆,1959：29-48.

[174] 杨树达.词诠[M].2版.北京：中华书局,1979.

[175] 杨锡全.出土简帛文献中的“是＝”句及相关问题研究[D].西南大学,2011.

[176] 殷晓杰.再谈“人客”[J].中国语文,2008(6)：551-558.

[177] 余健萍.使成式的起源和发展[M]//中国语文杂志社.语法论集：二.北京：中华书局,1957：114-126.

[178] 俞理明.佛经文献语言[M].成都：巴蜀书社,1993.

[179] 尉迟治平.古代汉语：通论[M].大连：大连理工大学出版社,1992.

[180] 远藤光晓.东亚语言中的“铅笔”[M]//林庆勋,金彰柱.韩汉语言探讨.首尔：学古房,2013.

[181] 曾晓渝,刘春陶.《切韵》音系的综合性质再探讨[J].古汉语研究,2010(1)：2-8.

[182] 张万起编.世说新语词典[M].北京：商务印书馆,1993.

[183] 张涌泉.汉语俗字丛考[M].北京：中华书局,2000.

[184] 张永言.世说新语辞典,成都：四川人民出版社,1992.

[185] 张永言.语文学论集：增订本[M].上海：复旦大学出版社,2015.

[186] 张永言.训诂学简论：增订本[M].上海：复旦大学出版社,2015.

[187] 张永言,汪维辉.关于汉语词汇史研究的一点思考[J].中国语文,1995(6)：401-413.

[188] 赵葵欣.明清北京官话文献中表给予义的“给[kei]”的读音[J].方言,2021,43(3)：319-326.

[189] 赵立哲.秦汉间的系词“是”[J].中国语文,1957(2).

[190] 赵庸.杭州话白读系统的形成[J].语言研究,2012,32(2)：51-59.

[191] 郑伟.吴语和南部江淮官话音韵比较研究中的几个问题[M]//北京大学汉语语言学研究中心《语言学论丛》编委会.语言学论丛：第51辑.北京：商务印书馆,2015：110-133.

[192] 郑张尚芳.方言中的舒声促化现象[J].中国语言学报,1995(5)：172-183.

[193] 郑张尚芳.上古音系[M].上海：上海教育出版社,2003.

[194] 志村良治.中国中世语法史研究[M].江蓝生,白维国,译.北京：中华书局,1995.

[195] 钟明立.汉字例外音变研究[M].广州：广东高等教育出版社,2008.

[196] 周迟明.汉语的使成性复合动词[J].文史哲,1958(4).

[197] 周光午.先秦否定句代词宾语位置问题[M]//中国语文杂志社.语法论集：三.北京：商务印书馆,1959：128－192.

[198] 周祖谟.宋代汴洛语音考[M]//问学集：下.北京：中华书局,1966：581－655.

[199] 周祖谟.唐五代的北方语音[M]//周祖谟.周祖谟语言文史论集.杭州：浙江古籍出版社,1988：207－224.

[200] 周祖谟.唐五代韵书集存[M].北京：中华书局,2005.

[201] 朱城.出土文献"是是"连用后一"是"字的训释问题[J].古汉语研究,2004(4)：34－37.

[202] 朱城.出土文献"是是"句后一"是"字的训释问题再议[J].古汉语研究,2008(4)：71－77.

[203] 朱德熙.语法讲义[M].北京：商务印书馆,1982.

[204] 朱冠明.汉语语法史研究中的几个例句辨析[J].中国语文,2013(6)：518－525.

[205] 朱冠明.再谈近指代词"這"的来源[J].中国语文,2019(6)：643－664.

[206] 朱冠明,陈中源.义净译经中的"他"和"将"：以《根本说一切有部毗奈耶》为例[C]//雷汉卿,杨永龙,胡绍文.语林传薪：胡奇光教授八十华诞庆寿论文集.成都：四川教育出版社,2014：62－89.

[207] 朱彰年,薛恭穆,汪维辉,等.宁波方言词典[M].上海：汉语大词典出版社,1996.

[208] MATISOFF J A. Handbook of Proto-Tibeto-Burman [M]. Berkeley: University of California Press, 2003.

后 记

我从 2011 年秋季开始在浙大开设“汉语史”课程，转眼已经讲授了 11 轮。讲义虽然随时有所修订补充，但是没有大的改动。感谢胡可先教授垂顾，把这本讲义列入浙江大学中国古典学系列教材正式出版，让它走出浙大的课堂，有机会得到更多读者的指教。趁此契机我对讲义做了全面的修改，前后费时数月，艰辛备尝。因为是第一次编写本科教材，没有经验，许多问题拿捏不定，颇费踌躇，体例也时有反复。现在全书终于基本改定，即将付梓，有些话在这里向读者做个交代。

从大学时代起我就不喜欢面面俱到、四平八稳的教材，觉得那样的教材除了告诉学生一些枯燥的基础知识，既不能开拓视野，也不能启迪思维，更不能引起兴趣。我喜欢的教材是像我的老师张永言先生的《词汇学简论》《训诂学简论》和郭在贻先生的《训诂学》那样的，薄薄的一本小册子，内容精要，趣味盎然，启人心智，读来只觉其短，不觉其长，让人爱不释手，不知不觉间就爱上了一门学问。本着这样的初心，这本教材特别注重趣味性，以激发学生的学习兴趣为第一追求。趣味性主要体现在三个方面：一是把汉语史上经历过的各种充满趣味的变化及其蕴含的规律挖掘出来呈现给读者；二是通过举例说明道理，例子尽量挑有趣易懂且具有启发性的；三是融入了作者的研究心得和学界的最新成果，并且适当讲解其中的理念和方法。学生有了兴趣，就一切都好办了，在老师的适当指点下，他们会自己去找书来读，会自己发现问题去钻研思考，你不让他学都难。当然，趣味性必须以不损害科学性和严谨性为前提，这一点用不着多说。这本讲义是否达到了笔者的预期目标，只能请读者去评判了。

编教材和讲课不一样。讲课比较灵活，可以自由发挥，写教案不需要那么字斟句酌，引用各家的成果也不必顾及版权问题；编教材则不得不考虑体系性、平衡性、规范性等问题。但是教材毕竟又不同于学术论著，不可能处处都详细出注，否则会影响可读性。因此如何处理注释是编写教材的一大难题。尽管笔者主观上希望尽力做到不掠人之美，但是挂一漏万恐怕在所难免，只好请所涉成果的作者和广大读者谅解了。这里有一点需要特别说明："第二章第四节　词汇双音化进程"一节的内容基本上取自董秀芳教授的《词汇化：汉语双音词的衍生和发展》一书，因为原书论述精当，表达明通，如果改写只会弄巧成拙。笔者十分感谢董教授慷慨授权，许可我原原本本地引用。

为避免繁琐，常用的工具书如《汉语大字典》《汉语大词典》《现代汉语词典》以及常见的古籍均未列入参考文献。

书稿修改过程中曾就语音史问题向好友安徽师大储泰松教授请益，多承其指点；浙江大学文学院2020级本科生蔡浩昌同学提醒笔者重新考虑先秦有无系词"是"的问题并提供研究线索；友生戴佳文通读过书稿，多有匡助。在此一并致谢。感谢高等教育出版社张晶晶、叶也琦两位女士共同担任本书的责编，她们不仅敬业，而且专业，从内容到体例都提供了许多有益的建议，使本书增色不少，还核对了引文及文献出处，纠正了一些疏误。

汉语史博大精深，每个分支都学问浩瀚，从事这门课的教学和教材编写绝非易事，以笔者的知识结构和学养，深感力不从心，尤其是专业性很强的语音史部分。这本教材的内容和写法都还不成熟，因此书名用了"讲义"二字。期待读者诸君纠谬摘瑕，匡我不逮。

汪维辉
2022年11月1日于杭州港湾家园寓所

教学资源服务指南

扫描下方二维码，关注微信公众号“高教社极简通识”，学生可学习名校通识课，教师可学习教师培训课程、免费申请课件和样书、观看直播回放等。

名校通识课

点击导航栏中的“名校通识”，点击子菜单中的“课程专栏”，即可选择相应课程进行学习。

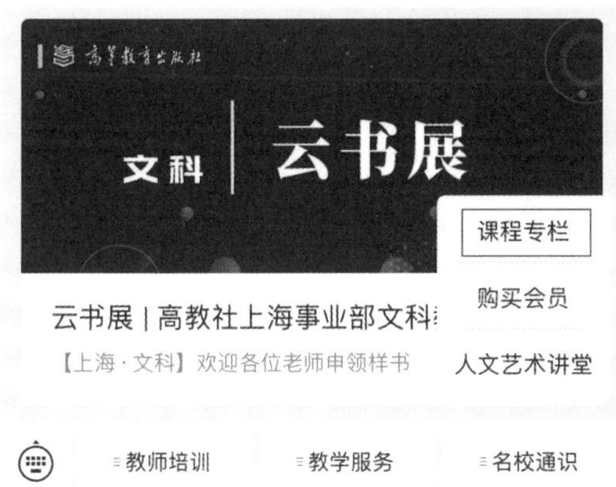

教师培训

点击导航栏中的“教师培训”，点击子菜单中的“培训课程”，即可选择相应课程进行学习。

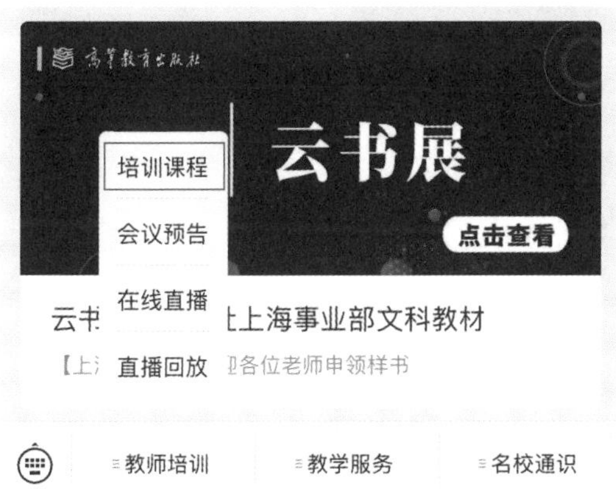

教学资源服务指南

课件申请

点击导航栏中的“教学服务”，点击子菜单中的“课件申请”，填写相关信息即可申请课件。

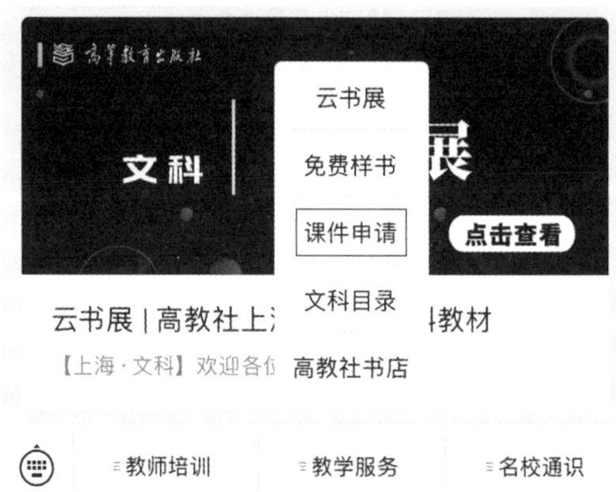

样书申请

点击导航栏中的“教学服务”，点击子菜单中的“免费样书”，填写相关信息即可免费申请样书。

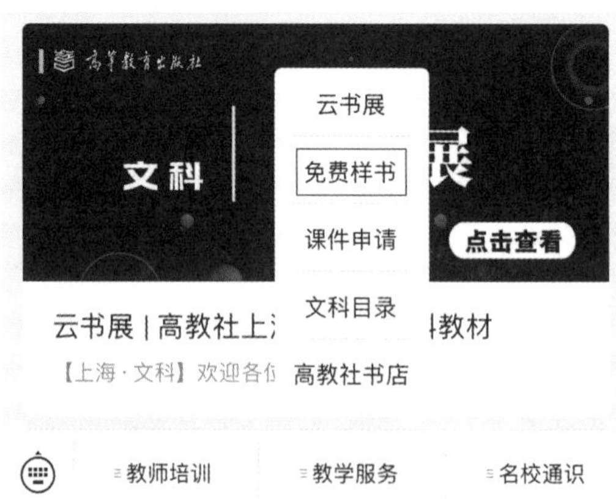